2023

绍兴鲁迅研究

绍兴鲁迅纪念馆
绍兴市鲁迅研究中心 编
绍兴市鲁迅研究会

上海社会科学院出版社
SHANGHAI ACADEMY OF SOCIAL SCIENCES PRESS

目　录

鲁迅思想作品研究

翘首东云惹梦思
　　——鲁迅诗赠日本友人 …………………… 黄乔生（3）
鲁迅文化与"於越"基因 ………………………… 那秋生（29）
鲁迅精神和会稽风度 ……………………………… 那　艳（40）
论鲁迅《颓败线的颤动》的"旷野呼告"与"世界性因素"
　　………………………………………………… 易文杰（49）
百岁祥林嫂
　　——"精神之母"论 ……………………… 谷兴云（64）
现代文本的生成与创制
　　——《朝花夕拾》初版本对原刊本标点符号的修改
　　………………………………………………… 丁　文（84）
鲁迅《未有天才之前》的署名问题 …………… 孙向阳（98）
离家路径的不同
　　——《伤逝》新解 ……………………… 孙拉拉（102）

史海钩沉

《斗士诚坚——上海鲁迅纪念馆藏左联作家手稿文献选》
　　………………………………………………… 李　浩（113）
覆盆桥周氏房族"智公祭"刍议 ……………… 陈佳利（119）

· 1 ·

鲁迅著译编广告辑校（上） ………………………… 彭林祥（125）
"要传播被虐待者的苦痛的呼声"
　　——鲁迅对爱罗先珂的译介 ……………… 黄艳芬（155）
李辉英和鲁迅的交往 ……………… 董卉川　张　宇（169）
由"仁"及"人"：王阳明与鲁迅仁爱观的精神联系
　　………………………………… 王锦楠　杜诺希（179）

纪念《呐喊》出版100周年

四面出击读《故乡》 …………………………… 姚要武（189）
百年已逝　《呐喊》有声 ………………………… 田　菁（202）
论《阿Q正传》的"绍兴戏"改编 ………… 徐依楠　卓光平（211）

书评

论黄乔生《〈阿Q正传〉笺注》的学术价值 ……… 古大勇（221）

鲁迅活动采撷

绍兴市推进全域文化繁荣、全民精神富有路径研究
　　——以绍兴鲁迅故里为例
　　………………………… 绍兴市鲁迅研究会课题组（235）
"古越精神：从大禹到鲁迅"青年学术工作坊
　　………………………………… 卓光平　周玉儿（243）

裘士雄·鲁迅文史资料

与鲁迅有关的人物像传（二） …………………… 裘士雄（257）

馆藏一斑

绍兴鲁迅纪念馆藏三封名人家书释读 …………… 周玉儿（289）

鲁迅日本时期《说文解字》笔记考 ················ 徐晓光（300）

鲁迅作品教与学

西南联大学生的鲁迅阅读
　　——以许渊冲为例 ···················· 张学义（305）

三味杂谈

鲁迅与大运河 ···························· 何信恩（319）
鲁迅的绍兴与绍兴的鲁迅
　　——鲁迅对绍兴城市文化建设的价值意义 ··· 蔡洞峰（326）
简析鲁迅幽默艺术成因 ······················ 王致湧（337）
浅谈家庭变故对鲁迅个性及创作影响 ··········· 姚　洁（348）

编后记 ································· （354）

鲁迅思想作品研究

翘首东云惹梦思
——鲁迅诗赠日本友人

黄乔生　北京鲁迅博物馆

一、今我来思

鲁迅一生与日本人交往很多,赠诗(主要是旧体诗,包括自作诗和中国古代诗词)是其很有特色的交往方式。日本文化受汉文化影响甚多,日本人对汉诗情有独钟,而与鲁迅交往者自然与中国有些渊源,能读汉诗甚至能写汉诗。

晚年的鲁迅,已经几乎不再写白话诗,即便将自己的白话小说集《呐喊》《彷徨》赠给日本人,鲁迅也用了两首旧体诗题端。在他写作的旧体诗中,有大部分赠给了日本友人。在日本人心目中,他不但是新文学的大师,更是中华文化传统的继承者,是整个中国文坛乃至整个中华文化的代言人。

在北京,特别是住在八道湾十一号期间,因为他在文坛上已有名气,而且与两个娶了日本媳妇的弟弟们住在一起,鲁迅与日本人的交往颇为频繁。

鲁迅和周作人的日记中记载了很多相关交往活动——惯常的情形是两兄弟一起与日本人会见。如,青木正儿曾到中国访问,拜访周宅。他是第一个将鲁迅的小说和新诗介绍给日本读者的日本人。又如,日本《读卖新闻》驻中国记者清水安三也是八道湾的常客。

鲁迅与日本人的"诗交"正是从这个时期开始的。

1923年1月5日,鲁迅、蔡元培、许寿裳与日本友人聚餐并合影。鲁迅当天日记记载:"晚访季市。永持德一君招饮于陶园,赴之,同席共九人,至十时归。"[1]东道主永持德一研究汉学,著述颇丰,有《中国剧鉴赏》《中国文明的基础知识》《日中习俗异同漫描》《中国人生活的变迁》等,他举办这次聚会的目的是将前来北京大学学习中国文学的竹田复介绍给蔡元培、鲁迅和许寿裳。

永持德一备了册页,请求在座各位的墨宝。鲁迅写的是《诗经·采薇》句:"昔我往矣,杨柳依依;今我来思,雨雪霏霏。一九二三年一月五日,永持先生属书,鲁迅。"蔡元培写了《孟子·滕文公下》的一节:"居天下之广居,立天下之正位,行天下之大道;得志,与民由之;不得志,独行其道。富贵不能淫,贫贱不能移,威武不能屈,此之谓大丈夫。写孟子一节,请永持先生正之。"[2]

有一个时期,特别是爱罗先珂在八道湾借住期间,常有日本人来拜访周氏兄弟和爱罗先珂。鲁迅日记里不断有记载,如1923年1月20日:"晚爱罗先珂君与二弟招饮今村、井上、清水、丸山四君及我,省三亦来。"[3]2月11日,贺慈章陪同今关天彭拜访鲁迅,今关以其所著《北京的顾亭林祠》一册相赠。1918年秋,今关到北京从事传统学术的整理工作,著有《宋元明清儒学年表》《东洋学术的整理》《颜李之学风》《汗漫游诗》《续汗漫游诗》《中国工商业之发达》《燕京画家感旧录》《现时中国画家及其画风》《中国现代之学术界》《中国现代之诗界》《中国现代之文章界》《清代文章概论》《北京的顾亭林祠》等。4月15日,"午丸山招饮,与爱罗及二弟同往中央饭店,同席又有藤冢、竹田、耀辰、凤举,共八人"。5月4日,"丸山君来部,为作一函致孙北海,绍介竹田、小西、胁水三君参观图书馆"。5月8日,"上午往大学讲。见丸山及石川半山二君。晚丸山君招饮于大陆饭店,同坐又有石川及藤原镰兄二人"。[4]

日本记者清水安三曾将自己写的汉诗拿给鲁迅请教。鲁迅不客气地批评他的诗"没有诗味",还劝他以后不必再写汉诗了。那时的鲁迅,虽然自己不大写旧体诗,但批评起日本朋友的汉诗来却当仁不让,底气十足。

二、每日见中华

鲁迅到上海后,与日本人来往更频繁,"诗交"也陡然多起来。内山完造开设的内山书店是一个中日文化界人士会面的好地方。住在上海的一些日本人发起组织"中国剧研究会",张罗其事的是上海丰田纺织厂的塚本助太郎,他在《鲁迅先生与内山完造》一文中回忆说:

> 一方面内山书店鉴于日本出版界的情况、上海日侨的激增、日中文化交流的发展,就从魏盛里迁移到施高塔路,以店主内山完造为中心,渐渐扩充强化,自然地结成了"上海文艺漫谈会",发行了充分发挥邬其山老板的人格的机关志《万华镜》。
>
> 邬其山老板的周围有很多兴趣相同的人,除了塚本、升屋、竹内即所谓"梨园三巨头"之外,还有秋元二郎、松尾兔洋、石井政吉、宫崎仪平、清水菫三、岛津四十起、蕨原贞雄、山本初枝等老朋友中的文艺爱好者。
>
> 在中国人方面,有欧阳予倩、田汉、郁达夫、唐有壬、唐槐秋、傅彦长、王独清、郑伯奇、陶晶孙等,也是我们的朋友。[5]

内山书店的双开间里,东西北三面放置一人多高的书架,房子中间一排书架后面摆了一张小桌子和一套藤沙发,就是所谓的"漫谈席"。据内山完造在《花甲录》中介绍,这个谈话的地方原本是为几个戏剧界的朋友设立的——研究歌德的石井政吉博士、研究戏剧的升屋治三郎和塚本助太郎、花山人辻,还有中国文艺界名流——东京大学毕业的郁达夫、东京高等师范毕业的田汉、京都大学毕业的郑伯奇、早稻田大学毕业的欧阳予倩等。[6]

漫谈会没有章程规则,也没有固定的会员,参加者就当时政治、文艺等问题自由漫谈。日本方面的参加者大多是生活在上海或短期访问的人文学者。由于内山书店所处的虹口一带是所谓"越界筑路"地段,因此,内山书店为中国文化人士特别是左翼文艺界人士会面谈话提供一个便利的场所。

1930年8月6日,鲁迅参加旅居上海的日本文化界人士和中国文化界人士举行的文艺漫谈会:"晚内山邀往漫谈会,在功德林照相并晚餐,共十八人。"[7]日记记录比较简略,从合影照片看,参加漫谈的中方人士有郁达夫、欧阳予倩等。

升屋治三郎是照片中第二排左起第三个。鲁迅有一首诗赠给他:

春江好景依然在,海国征人此际行。
莫向遥天望歌舞,西游演了是封神。

诗稿题署"辛未三月送升屋治三郎兄东归"[8]。后来收录《集外集》时题为《赠日本歌人》。实际上,升屋并非"歌人"。升屋原名菅原英次郎,笔名胡儿,当时是上海丰田纺织的职员,业余写戏剧评论。鲁迅这样命名这首诗,或有两个原因:一是诗是写给别人即一位"歌人"的,此次只是抄录给升屋;一是他平时与这些日本文艺爱好者尤其是戏曲爱好者并不十分熟悉,不大清楚对方的身份。

诗中的"春江"指春申江,是黄浦江的别称,因传说战国时期楚国春申君黄歇疏凿此江而得名。"西游"即《西游记》,"封神"指

《封神演义》,是当时上海演出的两部取材于同名小说的连台本京戏。鲁迅在诗中表达了对上海戏曲舞台的不满——鲁迅对中国传统戏剧特别是京剧兴趣不大,何况在政局动荡、国运不昌的时候,上海还上演此类神仙鬼怪的戏码。据郁达夫《回忆鲁迅》记述,有一天他与鲁迅谈话间说到京剧如何不适合表现现代生活:

> 我有一次谈到了予倩、田汉诸君想改良京剧,来作宣传的话,他根本就不赞成。并且很幽默的说,以京剧来宣传救国,那就是"我们救国啊啊啊啊了,这行么?"[9]

不管怎么说,因为有内山书店这样的场所,中国的文人们也有机会坐下来谈话,交流思想感情。太阳社、创造社的成员中有不少曾留学日本,也常来参加漫谈。鲁迅刚到上海时,遭到创造社和太阳社"革命文学家"的"围剿",被戴上"封建余孽""小资产阶级""二重反革命"等大帽子。此时,鲁迅一方面承受来自当局的政治压力,在言论上不自由;另一方面卷入文坛内部斗争,被多派文人攻击。鲁迅两面受敌,处境艰难。为了回应革命文学家的攻击,鲁迅阅读了很多革命文学理论书籍,还翻译了一些苏联的文论著作和文化政策文件。鲁迅在《三闲集》序言中说:"我有一件事要感谢创造社的,是他们'挤'我看了几种科学底文艺论,明白了先前的文学史家们说了一大堆,还是纠缠不清的疑问。并且因此译了一本蒲力汗诺夫的《艺术论》,以救正我——还因我而及于别人——的只信进化论的偏颇。"最后,在中国共产党的介入下,双方停止论争,共同组织左联。漫谈会上双方见面交谈,有助于矛盾的缓解。

当然,漫谈一两次,不一定能达到握手言欢、泯灭恩仇的效果。直到1934年12月18日,鲁迅还在给杨霁云的信中说:"叭儿之类,是不足惧的,最可怕的确是口是心非的所谓'战友',因为防不胜防。例如绍伯之流,我至今还不明白他是什么意思。为了防后方,我就得横站,不能正对敌人,而且瞻前顾后,格外费力。"[10]"绍伯"是田汉的化名。

三、岂惜芳馨遗远者

日本文学研究界对中国新文化运动提倡的新诗评价不高。青木正儿用日本的"茶淘饭"比喻中国白话新体诗,意思是平俗、清淡。他的意见很有代表性。

在上海,鲁迅用旧体诗作为交往手段,满足日本朋友的要求,答谢日本朋友的关心,很受欢迎。难以想象,鲁迅赠给他们新体诗。只有一次,鲁迅将自己早年写的打油诗《我的失恋》的一节写给内山完造。不过,这首诗严格地说也不是新体诗,而是"拟古的打油诗"。

当然,鲁迅作旧体诗,并不是为了对外交际应酬。且不说 20 世纪 30 年他为左联五位青年作家被杀害写的七言律诗《悼柔石》,虽然自称"积习抬头",实则情动于中,不得不发。就是一般赠送日本人诗,也无不是表达自己的感情和思想。

《送 O. E. 君携兰归国》是写给一位做兰花生意的日本人小原荣次郎的,1931 年 2 月 12 日鲁迅记载:"日本京华堂主人小原荣次郎君买兰将东归,为赋一绝句,书以赠之。"[11]"O. E."是小原荣次郎日语读音的罗马字拼音 Obara Eijiro 的缩写。小原在东京开设京华堂,经营中国文房四宝和古玩,后做中国兰草生意,售卖栽培,主办兰花展览会,翻译中国兰花典籍,还编辑出版大型兰花杂志。鲁迅的送行绝句写道:

椒焚桂折佳人老,独托幽岩展素心。
岂惜芳馨遗远者,故乡如醉有荆榛。

兰花在中国传统文化中代表高雅,是所谓"梅兰竹菊"四君子之一,乃历代诗人的吟诵对象。《离骚》:"杂申椒与菌桂兮,岂惟纫夫蕙茝。""椒"和"桂"都是香木,象征美好的人物。《淮南子·说山训》:"兰生幽谷,不为莫服而不芳。"空谷幽兰,孤芳自赏,不为俗态,因此,兰有"素心"的美誉。陶渊明喜欢用"素心"二字,《移居》中有:"闻多素心人,乐与数晨夕。"又《归园田居》中有:"素心正如此,开径望三益。"虽然陶渊明最有名的咏花诗句是"采菊东篱下,悠然见南山",但兰花却是他的最爱。

这首诗是鲁迅生前公开发表的为数不多的旧诗之一,1931年8月10日《文艺新闻》第22号以《O. E. 君携兰归国》为题与《无题(大野多钩棘)》《送 S. M. 君》(也称《湘灵歌》)同在《鲁迅氏的悲愤——以旧诗寄怀》的报道中刊出。编者加了一段说明文字,指出这是鲁迅抒发悲愤之作:

    闻寓沪日人,时有向鲁迅求讨墨迹以作纪念者,氏因情难推却,多写现成诗句酬之以了事。兹从日人方面,寻得氏所作三首如下……。

小原得到鲁迅的诗作,非常珍惜,编入影印线装的《兰华谱》内。该谱所收均为中国名人题咏兰花的诗画作品。郭沫若在《我是中国人》的第一节中写道,他在日本曾看到过鲁迅这首诗的手迹:

    京华堂就在斜对面的街上,我踱进那店里,打算去打听小原荣次郎的情形。我在这儿又看见了鲁迅写的那首诗(略)。

    那是一幅小中堂,嵌在玻璃匣里面,静静地悬挂在账台旁边的壁上。[12]

后来，郭沫若又在其他回忆文字中写道："那是一条长幅，有三尺多长，半尺余宽的光景，小原是把它嵌在玻璃框里的。每逢展览兰花时要拿出去挂，杂志和书籍上也有这诗的照片揭出。"[13]

1937年，郭沫若在旅日时期，曾应小原邀请，作诗一首：

菉葹盈室艾盈腰，谁为金漳谱寂寥；
九畹既滋百亩树，羡君风格独譙峣。
小原荣次郎君作兰华谱索题，赋此以应。丁丑新夏　郭沫若[14]

鲁迅在上海所作的旧体诗中，有许多首都是送给日本人的。《送 M. K. 女士》（后称《无题》）是1931年3月5日写赠给松藻小姐（即为日后的内山嘉吉夫人，当时尚未结婚）的：

大野多钩棘，长天列战云。
几家春袅袅，万籁静愔愔。
下土惟秦醉，中流辍越吟。
风波一浩荡，花树已萧森。

"战云"出自陆游诗《焉耆行》："汉家诏用李轻车，万丈战云来压垒。""秦醉"，汉张衡《西京赋》："昔者大帝说（悦）秦穆公而觐之，飨以钧天广乐，帝有醉焉。乃为金策，锡（赐）用此土，而剪诸鹑首。""鹑首"，星次名，中国古代将星宿分为十二次，配属于各国，鹑首指秦国疆土。"越吟"，典出《史记·张仪列传》：陈轸适至，秦惠王曰："子去寡人之楚，亦思寡人不？"陈轸对曰："王闻夫越人庄舄乎？"王曰："不闻。"曰："越人庄舄仕楚执珪，有顷而病。

楚王曰：'焉故越之鄙细人也，今仕楚执，贵富矣，亦思越不？'中谢对曰：'凡人之思故，在其病也。彼思越则越声，不思越则楚声。'使人往听之，犹尚越声也。今臣虽弃逐之楚，岂能无秦声哉。"

这首诗每一联都对仗，而"秦醉"对"越吟"是全诗的中心。秦是中国大一统的第一个朝代，具有开创之功，然而名声却很不好。始皇帝的专制统治虽至二世而斩，但中国自汉代以后一直沿袭这种政治体制，拘禁活动，钳制思想，迟滞社会发展，造成畸形文化。文人学士每每埋怨天帝可能是醉酒糊涂而眷顾秦国。庾信《哀江南赋》："以鹑首而赐秦，天何为而此醉。"李商隐《咸阳》："咸阳宫阙郁嵯峨，六国楼台艳绮多。自是当时天帝醉，不关秦地有山河。"相比之下，"越吟"就比较苦痛。王粲《登楼赋》："钟仪幽而楚奏兮，庄舄显而越吟；人情同于怀土兮，岂穷达而异心！"

此诗写作前10多天，1931年2月18日，鲁迅致信李秉中说："时亦有意，去此危邦，而眷念旧乡，仍不能绝裾径去，野人怀土，小草恋山，亦可哀也。"[15] 不愿生活在专制独裁、混乱暴虐的国家，但又不忍离开故土，正是鲁迅当时的处境和心情。更何况"长天列战云"，中国正处在内战动荡和外侵威胁下。

松藻女士是内山完造的弟弟内山嘉吉的未婚妻。内山嘉吉出生于1900年，当时担任日本东京成城学园小学部美术教师。1931年8月，他到上海度暑假期间，应鲁迅之邀为暑期木刻讲习班讲授木刻技法，鲁迅亲自担任翻译。嘉吉与松藻于同年8月22日在上海结婚，鲁迅到贺。同年8月和9月夫妻两人先后回日本，此后常与鲁迅通信。

1981年，内山嘉吉夫妇向日本《朋友》杂志记者讲述了鲁迅赠诗给内山松藻的事。原来，他们是通过内山完造向鲁迅提出请求的。除这一幅外，内山松藻离开上海时，鲁迅又书写欧阳炯词相赠：

洞口谁家，木兰船系木兰花，红袖女郎相引去，游南浦，

笑倚春风相对语。录欧阳炯南乡子词奉应 内山松藻女史雅属 鲁迅[16]

内山嘉吉回忆说:

　　贱内比我还受到了鲁迅先生的喜爱(笑)。我没有请鲁迅先生写点什么,但是他却给贱内写了两帧条幅。这条幅,原打算在许广平先生来日本参加战后召开的禁止核弹世界大会时交还给她,可是没有来得及;在她回国以后,又把它裱糊好,才寄到中国去的。我们说这就放心了,我们有个复制品就可以了。在那以后不久,就寄回来了经过裱糊的漂亮的复制品。[17]

四、石头城上月如钩

　　鲁迅在1931年6月14日日记中记载,为宫崎龙介书一幅和白莲女士各书一幅,这便是后来收录《集外集拾遗》的《无题二首》:

大江日夜向东流,聚义群雄又远游。
六代绮罗成旧梦,石头城上月如钩。

雨花台边埋断戟,莫愁湖里余微波。
所思美人不可见,归忆江天发浩歌。

　　"群雄",手迹作"英雄","不可见"作"杳不见"。[18]"六代"指的是三国时期的吴国,东晋,南朝的宋、齐、梁、陈6个朝代,均建都南京,合称六朝。"绮罗",华美的丝织品。"石头城",本名金陵城,故址在今南京清凉山,东汉末年孙权重筑,改称"石头城",代指南京。雨花台在南京城南聚宝山上,也称石子岗。据《高僧传》,南朝梁武帝时,云光法师在此讲经,感动上天,落花如雨,因而得名。辛亥革命时,革命军进攻南京,曾在此血战多日。莫愁湖在南京水西门外,相传六朝洛阳女子卢莫愁曾居于此,故名。"浩歌"语出《楚辞·九歌·少司命》:"望美人兮未来,临风怳兮浩歌。"王逸注:"望司命而未肯来,临疾风而大歌,望神之来至。"谢朓《暂使下都夜发新林》中有"大江流日夜",南京北依长江,是六朝故都。

宫崎龙介是一位律师,其父宫崎寅藏,又名宫崎滔天,号白浪庵滔天,曾赞助孙中山领导的民主革命运动,并以此经历写成自传体小说《三十三年落花梦》。宫崎寅藏为开展社会主义运动创办了《革命评论》杂志,提倡土地公有,反对军国主义,呼吁世界和平。1906年,鲁迅回乡结婚后返回日本,在东京拜访过宫崎寅藏。《宫崎滔天全集》第五卷《年谱》记载:"一九零六年十月一日,'矶风'、野奇某、周树人来社。"[19]白莲女士,即柳原烨子,宫崎龙介的夫人。夫妻二人此次去国民政府首都南京参访,所以鲁迅诗中多用南京典故。

辛亥革命胜利后,南京临时政府曾在莫愁湖边建阵亡将士纪念碑,孙中山题"建国成仁"碑额。这些都是鲁迅所熟悉的,因为他曾两度在南京居住,一次是读书;另一次是短期在中华民国临时政府教育部工作。而这也是受赠人将去访问的地方。

《赠画师》是写给一位日本画家望月玉成的:

风生白下千林暗,雾塞苍天百卉殚。
愿乞画家新意匠,只研朱墨作春山。

现存这幅诗稿有残缺,是"申年之春写请……生教正……"。[20]尽管题赠对象的名字和鲁迅自己的署名均被涂去,但写作日期在日记中有明确的记录:"为画师望月玉成君书一笺云(略)"。

1933年1月26日,农历大年初一,鲁迅为许寿裳、望月玉成、内山完造、台静农各写了一幅字,算是新年礼物。

白下城,故址在原南京金川门外。唐武德九年(626年)移金陵县治于此,改名白下县,故白下为南京别称。诗的前两句写时局的黑暗,"千林暗""百卉殚"形容专制统治下一片肃杀萧条的景象。后两句希望画家别具匠心,以一支画笔描绘出美好景象。望月玉成,生于京都,祖父望月玉泉、父亲望月玉溪均为日本知名画家。望月玉成毕业于京都绘画专门学校,师从于西山翠嶂和父亲望月玉溪,其作品曾入选帝展、日本美术协会展等。此时,他来为绘画寻找题材。鲁迅对南京的关注,不但因个人经历,更因这里是当时中国的首都和政治中心。

值得一提的是,也就是在日本友人来访之时,中国共产党的前领导人陈独秀正被关押在南京的老虎桥监狱。

鲁迅和陈独秀的人生经历都与南京有关联。鲁迅在南京上过学,做过官;陈独秀青年时代在南京参加过科举考试,后来却在南京服刑。陈独秀在南京监狱中写成了组诗《金粉泪》,其中有两首:

放弃燕云战马豪,胡儿醉梦倚天骄?
此身犹未成衰骨,梦里寒霜夜渡辽。

自来亡国多妖孽,一世兴衰照眼明。
幸有艰难能炼骨,依然白发老书生。[21]

五代时,后晋石敬瑭以燕、云十六州割让给契丹,借外力以巩固自己的统治,造成了中原地区长期的战乱,因此"燕云"二字是媾和的象征。"天骄"是汉代匈奴的自称,即天之骄子。契丹族在中国北方建立的政权称辽。南京是六朝金粉之地,虎踞龙蟠之都,历史上屡经兴衰,沧海桑田,令人扼腕叹息:无能之辈祸国殃民,正义之士徒唤奈何。

面对国民党统治下的内乱纷争和黑暗的政治局面,鲁迅的颓丧心情和愤怒情绪与陈独秀一样强烈。1932 年 1 月 23 日,鲁迅写过这样一首无题诗,赠给日本人高良富子:

> 血沃中原肥劲草,寒凝大地发春华。
> 英雄多故谋夫病,泪洒崇陵噪暮鸦。

"肥劲草",《后汉书·王霸传》:"光武谓霸曰:'颍川从我者皆逝,而子独留。努力!疾风知劲草。'"《诗·小雅·小旻》:"谋夫孔多,是用不集。"郑玄笺:"谋事者众,而非贤者,是非相夺,莫适可从。""崇陵",高丘。"暮鸦",钱起《送崔十三东游》:"丹凤城头噪晚鸦。"国民政府文武官员勾心斗角,互相倾轧,明哲保身,贪图享受,不关心国民福祉和国家前途,忘了初心和使命,将革命元勋的教导置于脑后。开国元勋的陵墓气氛凄凉,乌鸦聒噪,令人扼腕叹息。

陈独秀是新文化的倡导者,这时候却也做起旧体诗来。然而,这是监狱里产生的诗,陈独秀是新文化的老英雄了。陈独秀一代人如此,他们的下一代人——新文化培育下成长的一代——也是如此。鲁迅的弟子辈,如聂绀弩、胡风、冯雪峰、萧军等,都曾在囚禁中写诗——这是后话。

陈独秀在监狱中对当时的文坛有所议论,涉及"五四运动"以来的诗歌创作。他主张用白话文代替文言文,主要指文章,但对诗歌应用白话还是文言,他没有拿出肯定的意见。之所以不谈,是想看看白话是不是可以写出好诗来。现在看起来,白话诗还不能证明它已建立起来,可以取古体诗而代之。新诗很少有让人诵吟不厌的优秀作品。陈独秀说:"诗歌究竟不同于散文,它要有情趣,要读之铿锵作声,要使读者有同情之心,生悠然之感。我反对诗不像诗,文不像文,不费推敲,小儿学语式地乱写。"针对当代青年人要不要学作古诗的问题,陈独秀的意见是:"我不提倡也不赞成。因为古诗讲究音韵格律,青年搞这一套太浪费时日,音韵格律是写诗一大障碍,有人穷毕生之力,也不能运用自如。要么严守格律,写出东西来毫无生气,要么破律放韵,仅求一句之得,据此而求千古绝唱,难矣。"[22]可见他还是觉得古诗必须讲韵律。律诗是中国诗歌体裁中最标准的诗体。律诗的影响非常大,齐梁以下的诗人中,诗集中如果没有律诗,就仿佛缺了灵魂。历代"试帖诗"都以律诗为正体。唐以后的词曲都是律诗的化身。宋以后,律诗创作就都是对于唐风宋调的模仿,如钱锺书《谈艺录》所言:"自宋以来,历元明清,才人辈出,而所作不能出唐宋之范围,皆可分唐宋之畛域。"[23]

鲁迅的意见与陈独秀的意见相近。新文化运动发起者的一代都受过旧体诗的训练,深知它的烦难,因此不愿青年人花很多时间和精力去练习。鲁迅在《重三感旧》一文中,就有关《庄子》《文选》的争论发表意见,奉劝青年人不要钻进故纸堆里,从古书中寻章摘句:

> 有些新青年,境遇正和"老新党"相反,八股毒是丝毫没有染过的,出身又是学校,也并非国学的专家,但是,学起篆字来了,填起词来了,劝人看《庄子》《文选》了,信封也有自刻的印板了,新诗也写成方块了,除掉做新诗的嗜好之外,简直就如光绪初年的雅人一样,所不同者,缺少辫子和有时穿穿洋服而已。[24]

从上文可知,鲁迅的态度与他1920年代中期宣言"不读中国书"的主张一致,就是希望不要以烦难而用处不大的东西耽误青年人的

时间,阻碍他们的进步。他后期还从自身经验出发为"不读中国书"的观点做了辩解:

> 我读确是读过一点中国书,但没有"非常的多";也并不"偏不让人家读"。有谁要读,当然随便。只是倘若问我的意见,就是;要少——或者竟不——看中国书,多看外国书。这是这么一个意思——我向来是不喝酒的,数年之前,带些自暴自弃的气味地喝起酒来了,当时倒也觉得有点舒服。先是小喝,继而大喝,可是酒量愈增,食量就减下去了,我知道酒精已经害了肠胃。现在有时戒除,有时也还喝,正如还要翻翻中国书一样。但是和青年谈起饮食来,我总说:你不要喝酒。听的人虽然知道我曾经纵酒,而都明白我的意思。我即使自己出的是天然痘,决不因此反对牛痘;即使开了棺材铺,也不来讴歌瘟疫的。[25]

可是话说回来,鲁迅和陈独秀在文学革命后却也写起旧体诗,给人"言不由衷""说一套做一套"的印象。这是中国现代文学的一个奇特的现象,一方面当然可以说是古典诗词的魅力,中国传统文学影响力,中国对旧学功底不深的青年人有很大的诱惑;另一方面也说明新诗还不能取代旧诗。

如今,旧体诗词仍然活跃在文坛。

五、心随东棹忆华年

当中日两国交战,鲁迅写给日本友人的诗也显得凝重了,如《一·二八战后作》:

> 战云暂敛残春在,重炮清歌两寂然。
> 我亦无诗送归棹,但从心底祝平安。

鲁迅一生,中国发生了许多次战争,但仗打到自己家门口的只有一次,就是1932年初的上海一·二八抗战,带给他极大的震撼,也促使他思考很多问题。

1月28日,驻上海日军突然向闸北中国守军发起进攻,鲁迅的住地北四川路拉摩斯公寓陷于火线中。屋子中了四弹,窗子玻璃震碎甚多。数日后的2月6日他得到内山完造的帮助,避入福州路内山书店支店楼上,直到战事缓和后的3月19日才复回原寓。

日本友人山本初枝女士也住在虹口一带,战乱中曾写信向鲁迅问安,鲁迅回旧寓后,她又登门慰问。当年7月,山本初枝离开住了10多年的上海,随同丈夫回日本。鲁迅手书一条幅为之送行,写的就是这首七绝。"战云暂敛"表明鲁迅对时局的观察和对未来形势的估量:更大的战事还在后头。

写于1931年12月2日的《送增田涉君归国》是送别增田涉的:

扶桑正是秋光好,枫叶如丹照嫩寒。
却折垂杨送归客,心随东棹忆华年。

"扶桑"是日本的别称。据《南史·东夷传》:"扶桑在大汉国……"中国常以"扶桑"指称日本。"折垂杨"是中国古代风俗,送别时折柳赠送。《三辅黄图》有言:"灞桥在长安东,跨水作桥。汉人送客至此,折柳赠别。"诗中的"华年"一词,让人想起李商隐《锦瑟》中的"一弦一柱思华年"。这里,当指鲁迅在日本留学的青春年代。鲁迅在秋末冬初写的这首诗,但他不愿写冬字,因为秋已经够萧瑟的了。他怀念自己的青春时代,所以即便是在秋天和冬天,也要用"杨柳"这样的春天植物来装点字面。

增田涉是日本岛根县人,1929年在东京大学文学部中国文学科毕业,历任岛根大学、大阪市立大学、关西大学教授,著有《中国文学史研究》等。

增田涉于1931年3月来到上海,经内山夫妇介绍与鲁迅认识,就鲁迅作品中的疑难问题向鲁迅请教,准备翻译成日文。4月11日晚,鲁迅宴请内山完造夫妇和增田涉。从此,鲁迅每天下午抽出三四个小时与他商量译事,延续了3个月。期间,鲁迅给增田涉以多方面的帮助,介绍他作讲演,参观画展,还陪同他拜访郑振铎、郁达夫等文化名人。增田涉后来回忆:"就我个人来说,直到现在所接触过的人——当然日本人也算在内,和鲁迅比较起来,在为人上我最尊敬他,对他感到亲爱。"[26]鲁迅也用"很愉快"三个字总结他与增田涉相处的约8个月时光。

同年12月,增田涉离沪回国。此后,他在翻译和研究中遇有疑难问题就写信请教鲁迅。从1932年1月—1936年10月,两人每月约有两次书信往返。增田涉珍藏了鲁迅的来信和鲁迅寄给他的书籍,身后捐给了关西大学,书信后来由华东师范大学出版社以《鲁迅增田涉师弟答问集》之名出版。[27]

《中国小说史略》日译本于1935年在东京出版,装帧设计精美。鲁迅当年6月10日写信给增田涉说:"《中国小说史》豪华的装帧,是我有生以来,著作第一次穿上漂亮服装。我喜欢豪华版,也许毕竟是小资产阶级的缘故罢。"[28]鉴于翻译过程中鲁迅付出了很多精力,增田涉写信给鲁迅,提议署两人合译,鲁迅婉言谢绝。[29]

后来,日本多所大学用《中国小说史略》为教材,鲁迅的学术研究成果在日本汉学界产生影响,增田涉功不可没。

中日之间的师生情谊在鲁迅的交游中早有先例,他与增田涉的友情应该说是他与藤野先生师生情谊的延续。

《偶成》一诗表现鲁迅对日本的美好印象和怀念之情,也写于一·二八抗战之后:

文章如土欲何之,翘首东云惹梦思。
所恨芳林寥落甚,春兰秋菊不同时。

屈原《九歌·礼魂》:"春兰兮秋菊,长无绝兮终古。"唐石贯《和主司王起诗》:"绛帐春衿同日贵,春松秋菊异时荣。"杜甫《咏怀古迹》:"萧条异代不同时。"鲁迅诗的受赠人名字中有一个"松"字。

这首诗是鲁迅躲避战火回寓后写的,来自亲身感受:文章如同尘土,我还能到哪里去呢?举目遥望,东瀛风景明瑟,青年时代曾经游览,引起无限思念。所谓"文章如土",事有所本:1932年3月20日,鲁迅致信母亲,详述寓所受损情况:"现男等已于十九日回寓,见寓中窗户,亦被炸弹碎片穿破四处,震碎之玻璃,有十一块之多。当时虽有友人代为照管,但究不能日夜驻守,故衣服什物,已有被窃去者,计害马衣服三件,海婴衣裤袜子手套等十件,皆系害马用毛线自编,厨房用具五六件,被一条,被单五六张,合共值洋七十元,损失尚算不多。两个用人,亦被窃去值洋二三十元之物件。惟男则除不见了一柄洋伞之外,其余一无所失,可见书籍及破衣服,偷儿皆看不入眼也。"[30]

芳林寥落,兰菊何在?文艺园林一片荒凉,鲁迅感到痛心,寄希望于春兰秋菊相继开放。

六、岁暮何堪再惆怅

即便躲在小楼中,鲁迅也仍能看到上海滩上的种种生活场景,人民的苦难——至少从报纸上感知。这些苦难还表现在文学作品中,刻画在美术作品中。写作者只能用文字表现同情。鲁迅的杂感承担了揭露时弊、抨击乱象的任务,他的诗作中自然也会有这样的描写。但诗歌比起杂感,要含蓄蕴藉得多。

从公义上说无产阶级革命的大众文学,可以义愤填膺,拉开积极斗争的架势；但具体到个人的苦难和伤痛，在文字中特别是在诗词中表现时，就可能需要柔和委婉。1932年12月31日，鲁迅书赠内山夫人的《所闻》一诗，写的是在一个宴会上对歌女的观察：

华灯照宴敞豪门，娇女严装侍玉樽。
忽忆情亲焦土下，佯看罗袜掩啼痕。

许寿裳在《亡友鲁迅印象记》中说，这首诗"一面写豪奢，一面写无告。"[31]读者对这种场景并不陌生。"朱门酒肉臭，路有冻死骨"，杜甫及之前更早的诗人都有这种对社会阶层差异的描绘，是颇为悠久的传统。

鲁迅写《无题》二首赠给两位日本朋友。第一首还曾写赠许广平，第二首还书赠给日本友人森木清八。

故乡黯黯锁玄云，遥夜迢迢隔上春。
岁暮何堪再惆怅，且持卮酒食河豚。

皓齿吴娃唱柳枝，酒阑人静暮春时。
无端旧梦驱残醉，独对灯阴忆子规。

1932年12月31日，鲁迅写给日本朋友时，"食"作"吃"。滨之上，即滨之上信隆；坪井，即坪井芳治。他们都是上海日本筱崎医院的医生。1932年12月28日晚，坪井芳治邀鲁迅往日本饭店共食河豚，滨之上信隆曾同座，据鲁迅日记1932年12月28日："晚坪井先生来邀至日本饭馆食河豚，同去并有滨之上医士。""岁暮何堪再惆怅"是鲁迅晚年状态的生动写照：内心惆怅，身体劳累，很想休息一下，然而又舍不下工作，放心不下小家庭的生活。

鲁迅一直就有到外地、外国,尤其是到日本休养的想法,1931 年 2 月 18 日在给李秉中的信中就说:

> 日本为旧游之地,水木明瑟,诚足怡心,然知之已稔,遂不甚向往,去年颇欲赴德国,亦仅藏于心。今则金价大增,且将三倍,我又有眷属在沪,并一婴儿,相依为命,离则两伤,故且深自韬晦,冀延余年,……[32]

"柳枝"原为古代民间曲调,名《折杨柳》或《折柳枝》。唐代进入教坊,名《杨柳枝》。白居易有《杨柳枝词》八首,其中有"古歌旧曲君休问,听取新翻《杨柳枝》"的句子。他又在《杨柳枝二十韵》题下自注:"《杨柳枝》,洛下新声也。""子规"即杜鹃,常在暮春时啼血而死。师旷《禽经》:"春夏有鸟如云不如归去,乃子规也。"

据鲁迅日记,第一首诗写于 12 月 28 日(当天晚上吃河豚),诗中的"上春"临近元旦;第二首写作时间是"暮春时",或是 1932 年一·二八抗战结束后签订停战协定。两首诗不是同时写的,为什么不单独成篇,而合在一起编为"无题"两首?可能是因为滨之上和坪井同在一家医院工作,又曾一同赴河豚宴。《集外集拾遗》的书名由鲁迅自己拟定,未编完因病而中止,1938 年由许广平编成,印入《鲁迅全集》,并未经过鲁迅的终审,因此,如此排列并不符合鲁迅的本意。1934 年 12 月 9 日鲁迅致杨霁云信中说:"赠人(这与'越女……'那一首是一起的):秦女端容理玉筝,……。"而 1931 年 6 月 14 日赠宫崎和白莲夫妇的都是咏史诗,内容、主题、形象接近,且都与南京有关。

这些酬唱之作,内容其实与受赠人没有多少联系。因为与这些日本人交往并不深,或者只能说些应景的话,或者就借机抒发自己的情怀。按说,酬唱之作应该有喜悦气氛,然而鲁迅的此类篇章却总表达"惆怅",有点儿煞风景。好在日本朋友拿到毛笔书写的诗轴或条幅,虽然也许一时不很明白诗句的含义,却仍然雀跃喜欢——"中国的文豪给我写字了!"

鲁迅与日本人的诗交,总体上是不平衡的,就是他赠送日本友人诗多,收到的回赠很少,更少步韵唱和之作。除了关于三义鸽的那首《题三义塔》外,只与日本女诗人山本初枝有少许诗文来往。

1931年5月,鲁迅开始与山本初枝交往。山本初枝的丈夫是日清汽船公司的职员山本正雄。1932年"一·二八"抗战爆发,鲁迅一家和山本初枝母子都到内山书店楼上避难,朝夕相处了一个星期,友情更加亲密。不久,山本初枝随丈夫回国,向鲁迅辞行时,请赐墨宝。鲁迅当时没有写,后来写了两幅,委托内山完造转寄,一幅是《一二八战后作》,另一幅是《无题(惯于长夜过春时)》。山本收到鲁迅报平安的信,写了一首短歌,其中有这样两句:"战火分离各东西,鲁迅无恙心欢喜。"他们之间保持着通信,鲁迅的信中谈及自己的处境,颇多怨愤之语。如1932年11月7日的信中说:"近来,很想写点东西,可是什么也不能写。政府及其鹰犬,把我们封锁起来,几与社会隔绝。"1933年7月1日的信中说:"倘用暗杀就可以把人吓倒,暗杀者就会更跋扈起来。他们造谣说,我已逃到青岛,我更非住在上海不可,并且写文章骂他们,还要出版,试看最后到底谁灭亡。"

山本初枝珍视与鲁迅的友谊,回国后写了一些怀念鲁迅的短歌:

> 居家在毗邻,鲁迅常与共。
> 相处又相宜,今思尤有幸。

还有:

浓眉黑须现眼帘,寂寞今夜更怀念。

自是俳句风味。

鲁迅总是写悲愤情绪,会不会让人产生这样的感觉:他痛恨中国文化,不愿生在中国,有可能里通外国,因此就有了所谓"汉奸"嫌疑。即便自己没有通敌、助敌的主观愿望,客观上也会被日本军国主义者利用,作为反对中国政府的工具。1935年,日本诗人、庆应大学教授野口米次郎访问印度途经中国,在上海见到鲁迅。10月21日,朝日新闻社在六三园设宴,鲁迅、野口和内山完造等聚谈。同年11月12日,东京《朝日新闻》发表了野口的《与鲁迅的谈话》[33],引起鲁迅不满。鲁迅在给增田涉的信中抱怨:"和名流的会见,也还是停止为妙。野口先生的文章,没有将我所讲的全部写进去,所写部分,恐怕也为了发表的缘故,而没有按原样写。……我觉得日本作者与中国作者之间的意见,暂时尚难沟通,首先是处境和生活都不相同。"[34]看来,野口米次郎用了诗人夸张的手法,并且用了新闻记者的某些手段。谈话中,鲁迅对中国的现实特别是政治说了一些十分失望、严厉批评的话:"可怜的是那些普通老百姓,可幸而他们对时下的政治是全然无关的。不管是谁来统治,他们精神全部用在这上面,总是像蚂蚁一样,像蜜蜂一样生活着。他们和政治无关这件事,可以说是自从有了国家以来就是这样的。所以,如果中国有亡掉的时候,中国这个民族,是永远不会亡掉的。"

让鲁迅不满的是野口的一个提问。根据野口记述,他向鲁迅提出了"谁来管理中国更好"的问题:

我对鲁迅说:"像英国人在印度那样,如果雇请某个国家来当女管家似地治理中国,那一般老百姓也许会更幸福吧?"他立刻回答说:"横竖都是被榨取的话,与其让外国人来,那情愿让本国人榨取。总之，与其让别人拿走财产，还不如给自家的小孩用……归根结底，这是一个感情问题。"

很显然，这样的问题让鲁迅难堪。但在大是大非问题上，鲁迅不会迟疑。在与日本学会学家圆谷弘会见时，鲁迅批评了日本军国主义政府宣扬的所谓"亚细亚主义"："日本用军队来维持中国的时候，中国就已经是日本的奴隶了。我想，日本打出'亚细亚主义'的幌子，也只是日本的一部分人的想法，这并不是日本人民说的话。日本人也与中国人一样，不能自由地说话吧？即使对'亚细亚主义'，日本的人民与中国的人民也不可能以同样的想法接近。中国，必须由中国人自己走出路来。"[35]

"岁暮何堪再惆怅"的下一句是"且持卮酒食河豚"。河豚是可以致命的食物，给食客一种危险的警告和大胆尝试的刺激，让日常凡俗生活中的人产生一种解脱的快感，显示出孤勇和决绝的气概。

1936年初，鲁迅的身体已经相当虚弱。日本改造社社长山本实彦到上海，通过内山完造引荐，在上海新月亭宴请鲁迅。山本的回忆文章写道：

> 冬天一个微寒的日子。三个人悬肘曲肱轻松地吃着烧鹌鹑。那天，他脸色很苍白，但情绪却分外愉快，好像从平日的忧郁之中解放了出来。他威严的眼睛眯起来，这是愉快时刻不留痕迹的一种表情。……他在那段日子里似乎已经想到自己在人世的日子不多了。死亡的预感好像已经不知不觉间偷偷挨近了他的身边。在那瞬息间的笑脸上笼罩着一丝阴云，然而他几次一饮倾杯，说肉的味道很好，不时把筷子伸到锅里。他一只手夹着香烟，一只手拿着筷子，没有一点

倦怠的样子。[36]

这次,鲁迅没有留下诗作。他已经不堪"再惆怅"了吧!而且,"且持卮酒食鹌鹑"也缺少诗意。

鲁迅是悲愤诗人式作者,几乎不写歌颂诗文,笔下所写多是惆怅甚至愤怒的情绪。在"千林暗""百卉殚"的氛围里,能写出一句"只研朱墨作春山",已经很难得了。话说回来,岁暮何堪再惆怅,在浓重的寂寞和哀愁中,应该也必须有点儿温暖和明朗。

注释

[1] 鲁迅:《鲁迅全集》第十五卷,人民文学出版社 2005 年版,第 457 页。

[2] 鲁迅:《鲁迅手稿全集》,第五册,文物出版社 1979 年版,第 474 页。参见黄乔生:《鲁迅像传》(修订版),生活·读书·新知三联书店 2022 年版,第 148 页。

[3] 鲁迅:《鲁迅全集》第十五卷,人民出版社 2005 年版,第 458 页。

[4] 鲁迅:《鲁迅全集》第十五卷,人民出版社 2005 年版,第 461、468 页。

[5] 塚本助太郎:《鲁迅先生与内山完造——回忆上海文艺漫谈会》,上海鲁迅纪念馆编:《高山仰止——鲁迅逝世五十周年纪念集》(1986 年),第 221 页。

[6] [日]内山完造:《花甲录》,(日本)岩波书店 1960 年版,第 230 页。

[7] 鲁迅:《鲁迅全集》第十六卷,人民出版社 2005 年版,第 207 页。

[8] 鲁迅:《鲁迅手稿全集》第五册,文物出版社 1979 年版,第 431 页。

[9] 郁达夫:《回忆鲁迅》,黄乔生:《郁达夫散文》,现代出版社 2016 年版,第 296 页。

[10] 鲁迅:《19341218 致杨霁云》,《鲁迅全集》第十三卷,人民出版社 2005 年版,第 301 页。

[11] 鲁迅:《鲁迅全集》第十六卷,人民出版社 2005 年版,第 243 页。

[12] 郭沫若:《郭沫若选集》第二卷,四川人民出版社 1982 年版,第 72 页。

[13] 郭沫若:《沫若文集》第八卷,第 322 页。

[14] 陈梦熊:《鲁迅和郭沫若书赠日本友人的题兰绝句》,《破与立》第一期

(1979年1月)。

[15] 鲁迅：《1931218致李秉中》，《鲁迅全集》第十二卷，人民出版社2005年版，第257页。

[16] 鲁迅：《鲁迅手稿全集》第五册，文物出版社1979年版，第483页。

[17] [日]山田敬三采访：《漫谈鲁迅》，江流译，《鲁迅研究资料》第十一辑，天津人民出版社1983年版。

[18] 鲁迅：《鲁迅手稿全集》第五册，文物出版社1979年版，第435—436页。

[19] 《宫崎滔天全集》第五卷《年谱》记载："一九零六年十月一日，'矶风'、野奇某、周树人来社。"

[20] 鲁迅：《鲁迅手稿全集》第五册，文物出版社1979年版，第453页。

[21] 陈独秀：《金粉泪》第一和第五十六首，《陈独秀诗存》，安徽教育出版社2006年版，第83,106页。

[22] 濮清泉：《我所知道的陈独秀》，《陈独秀被捕资料汇编》，《文史资料选辑》第71期，河南人民出版社1982年版，第251页。

[23] 钱锺书：《谈艺录》，中华书局1984年版，第3页。

[24] 鲁迅：《重三感旧》，《鲁迅全集》第五卷，第342—343页。

[25] 鲁迅：《这是这么一个意思》，《鲁迅全集》第七卷，人民文学出版社2005年版，第274页。

[26] 增田涉：《鲁迅的印象·日常生活中的鲁迅》，钟敬文译。

[27] 书信由华东师范大学出版社以《鲁迅增田涉师弟答问集》出版(伊藤漱平、中岛利郎编、杨国华译、朱雯校，1989年版)。

[28] 鲁迅：1935年6月10日致增田涉信，《鲁迅全集》第十四卷，人民文学出版社2005年版，第359页。

[29] 鲁迅：1935年4月30日致增田涉信，《鲁迅全集》第十四卷，人民文学出版社2005年版，第355—356页。

[30] 鲁迅：《19320320致母亲》，《鲁迅全集》第十二卷，人民文学出版社2005年版，第291页。

[31] 许寿裳：《亡友鲁迅印象记》，长江文艺出版社2019年版。

[32] 鲁迅：《19310218致李秉中》，《鲁迅全集》第十二卷，第257页。

[33] 流星译：《一个日本诗人的鲁迅会谈记》，《晨报·书报春秋》1935年11月23日；《和鲁迅的对话》，《大美晚报》1935年11月30日。

[34] 鲁迅:《19360203 致增田涉》,《鲁迅全集》第十四卷,人民文学出版社 2005 年版,第 381—382 页。
[35] [日]圆谷弘:《与鲁迅对话》,《中国社会的测量》。中译文见《鲁迅研究月刊》1991 年第 5 期(陈福康译)。
[36] [日]山本实彦:《鲁迅某种内心的历史》,《改造》1936 年 12 月。

鲁迅文化与"於越"基因

那秋生　绍兴市鲁迅研究会

一、一方密码，揭示民族基因

绍兴龙山风景区的古代摩崖石刻中，有一方"於越"大字神采焕发。集越地、越族、越国三位一体的古越文化，驱使笔者去追根溯源——这个"於越"堪称一大文化密码。《竹书纪年》记载：周成王"二十四年，於越来宾。"据《公羊传》："於越者，未能以其名通也；越者，能以其名通也。"可见"於越"是俗称，早在越国之前就有了。

史载，夏后帝少康之庶子无余，被封于会稽，自号於越。所以有人以为，"於越"即是"无余"也。其实远古的"於越"民族，属于东夷，为百越之一，指江浙一带越族部落。其他的如浙东之"瓯越"（瓯同鸥）、福建之"闽越"（闽为蛇）、江西之"扬越"（扬即扬州）、广东之"南越"（南是南蛮）、广西之"雒越"（雒为壮语，是鸟田之意），还有滇越、巴越、夔越、濮越、荆越等。

据《说文解字》："於，象古文乌省。"又《康熙字典》："於……同乌，隶变作於，古文本象乌形。"可见"於"就是"乌鸟"，是古越先民留于后人的重要文化基因。从"乌鸟"中可以分解出双重意思：其一是"崇鸟"，鸟儿化作生命保护神；其二是"尚乌"，乌黑形成生活流行色。

"於"即"乌"这类的鸟，"於越"就是"乌鸟佑护越人"的意思。

鸟为越族部落的原始图腾即护身符,在《山海经》就有记录。据《博物记》载:"越地深山中有鸟,如鸠,青色,名冶鸟……越人谓此鸟为越祝之祖。"注意这个"青色"就是"黑色"。越族中早已流行的鸟书与鸟语,鸟纹服与鸟形器,还有鸟居、鸟田……关于"鸟田",这个"田"即"佃"(耕作之意),实际上是巫者模仿鸟类动作的一种祭祀舞蹈。

"乌",一名孝鸟。所谓孝,是说当老乌鸦不能捕食时,儿女们会给父母喂食,来报答父母哺育之恩。它有反哺之孝德,而为世人所效仿。孝道,体现着"仁"的品德。人们强调"百善孝为先",孔子认为孝是"德之本也,教之所由生也"。舜帝是道德文化的鼻祖,"天下明德,皆自虞舜始。"民间流传的说法是:"乌乃舜之影。"为有孝女曹娥,人间广为示范,越中上虞被赞为"孝德之乡"。

"乌",一名玄鸟。玄,即黑色。越族"尚乌",黑色也因此成为一种流行色。号称"南镇"的黑色会稽山,为大禹精神的象征,一座顶天立地的丰碑。众所周知,"越为禹之后"。黑,在夏朝时为"正"色,具有特殊的象征意义。自古人们常用来表示坚毅、刚正,以及大公无私、甘愿牺牲的可贵品格。大禹是天下行义的第一人,在《山海经》中化为"黑熊"正是一种大义凛然、坚韧不拔的民族精神,就是"利天下而为之"的禹墨精神。

於越与先圣有幸结缘:代表"孝道"的虞舜之德,与天缘同在。代表"义道"的夏禹之功,与地脉共存。他们分别成为诸子百家中儒家与墨家的祖师爷。舜之仁德,禹之义功,秉承越人,气贯长虹。所谓"海岳精液,善生俊异"这八个字对古越的自然环境与人文历史做了一个精辟的概括。绍兴的"物华天宝""地灵人杰",一直为世人自豪地传颂着。亘古"於越"风流,乃为越人品质之传统血脉,或曰越中名士之文化基因也。

正如鲁迅《文化偏至论》说的那样:"外之既不后于世界之思潮,内之仍弗失固有之血脉,取今复古,别立新宗,人生意义,致之深邃。"[1]绍兴人传承的"於越"民族基因,至今依然遗留的一些文化习俗在江南是别具一格的,有着十分深厚的历史渊源,必然能成为旅游文化中的强大吸引力。

二、二位先祖,遗传精神底蕴

鲁迅的《故事新编》是历史小说,其中两篇写到了古越先祖。他引以为豪的是:"于越故称无敌于天下,海岳精液,善生俊异,后先络绎,展其殊才;其民复存大禹卓苦勤劳之风,同勾践坚确慷慨之志,力作治生,绰然足以自理。"[2]鲁迅言出行随,他的一生都在实践着"卓苦勤劳之风"与"坚确慷慨之志",这也就是越文化的核心与特征。

毛泽东《纪念鲁迅八十寿辰》的诗曰:"博大胆识铁石坚,刀光剑影任翔旋。龙华喋血不眠夜,犹制小诗赋管弦。"这里有两个重要意象:一是"石坚",好比是会稽山上耸立的大禹丰碑;二是"剑影",也就是越王勾践的铸剑雪耻的精神。合起来正是鲁迅所传承的会稽风骨呀!发誓"身为越人,未亡斯义"的鲁迅,从前贤那里找到了自己的人格榜样和精神偶像。

《理水》是说大禹治水的故事。这是一位"中国的脊梁",他那种"卓苦勤劳"的作风,正是古越先民不畏艰险、不折不挠、战天斗地、开创家园的历史写照。鲁迅赞美大禹"拼命硬干"的精神,就是中华民族智慧与力量的象征。小说正面再现了大禹的形象,展示了大禹的高尚风格与可贵品质。你看,从"粗手粗脚""面貌黑瘦"的苦行,到"每天孳孳"、忧思下民的苦想,更有那句画龙点睛的苦心之言:"做皇帝要小心,安静。对天有良心,天才会仍旧给你好处!"[3]读者可以从内心深处去证明他是真实的、质朴的、可亲可敬的。

鲁迅向群众激情演讲大禹精神:"我们从古以来,就有埋头苦干的人,有拼命硬干的人,有为民请命的人,有舍身求法的人……

这就是中国的脊梁。"[4]作为思想家的鲁迅,他的话语意味深长,至今仍有余响。如今大禹精神已经被视为中华民族精神核心价值的基石。

如铁一般的坚,像石一般的硬,这就是鲁迅的意志与人格。绍兴的石宕风景,如吼山、柯岩、东湖等,曾被称为"残山剩水",可以视为越中人文精神的化身,它们穿过历史风云,不断地拓展与延伸着。"石中之火"的比喻,来自越中前贤的史学论说,形容中华民族内美的集聚千秋,及其巨能的融铸万古。要记住鲁迅那铁石般的定论——"石在,火种是不会绝的。"[5]

《铸剑》反映了越王勾践复仇雪耻的历史。勾践卧薪尝胆,指剑为誓,"十年生聚,十年教训",终于完成了复仇雪耻的大业。"越王剑"从此成为天下最著名的武器。鲁迅一直铭记着:"会稽乃报仇雪耻之国,非藏垢纳污之区也"(王思任语)。小说中鲁迅创造了"眉间尺"与"黑色人"的艺术形象,以曲折波澜的情节引人入胜。鲁迅一直秉承着那种异端思想与偏执性格,被大家称为"斯诚越人也,有卧薪尝胆之遗风。"

鲁迅一生与"剑"有着不解之缘。"戛剑生"是鲁迅先生最早使用的一个笔名,18岁别亲离乡,孤身前往南京求学,此时他怀着一颗复仇的心。途中有所见闻与感怀,他写下了《戛剑生杂记》,成为鲁迅文学生涯的一个发端。弃医从文的鲁迅,以笔为剑、以文为胆,游走在人间。正是:"千年磨一剑,霜刃未曾试。今日把示君,谁有不平事?"(贾岛)《故事新编》的《铸剑》,取材于《列异传》与《搜神记》里干将莫邪铸剑复仇的故事,"剑"在这里成为一种力量、信念的象征。鲁迅借主人公"眉间尺"之口宣言:"我已经改变了我的优柔性情,要用这剑报仇去!"[6]

如今在绍兴旅游业要利用好会稽山与大禹文化、卧龙山与越国文化,这是两块金字招牌。绍兴每年春季的祭禹规制已经形成"北有黄帝陵,南有大禹陵",地处会稽山的大禹陵风景区已进入国家级非物质文化遗产名录。在绍兴城区中心的卧龙山是古越国的都城,纪念勾践的越王台、范蠡将军建筑的飞翼楼、文种大夫的墓园,都是越国历史的见证。龙山上犹如一个露天博物馆,山下就是绍兴博物馆,上下可以连通一气,相映生辉。

三、三种情结,标志生命意象

第一,鲁迅崇鸟。新文化运动中第一篇用白话文写的小说《狂人日记》,署的是"鲁迅"笔名,先生是怎样解释这一笔名含义的呢? 一是姓"鲁",跟了母亲姓,两姓颇有渊源,《左传》有"周礼尽在鲁矣"之说。孔子自称"鲁叟",一生在鲁国"克己复(周)礼"。二是名"迅",同"卂"字,是鹰隼的意思。他在《致章廷谦》中说:"禹是虫,故无其人;据我最近之研究:迅盖禽也,亦无其人,鼻当可聊以自慰欤。案迅即卂,卂实即隼之简笔。"[7]鲁迅还说,自己就是乘风"迅行而来"[8]的。清代段玉裁《说文解字注》曰:"卂,疾飞也。引申为迅疾之偁。故擅下曰卂也。辵部迅,从卂。飞而羽不见者,疾之甚也。此亦象形。息晋切。"从此"鲁迅"这一名称和他的个人形象、文化精神融为一体,永远不可分离。

鲁迅崇鸟,特别表现在喜欢夜间活动的猫头鹰身上。枭是鹰的另类,又叫猫头鹰,原是钱玄同给鲁迅起的绰号。好一个"黑夜里的猫头鹰",真是形神毕露。鲁迅说:"爱夜的人要有听夜的耳朵和看夜的眼睛,自在暗中,看一切暗。"[9]鲁迅就是一只"讨人嫌"的老乌鸦,居然在主人之子的生日喜庆时说:"这孩子将来是要死的。"[10](《立论》)他在黑夜里哑哑嘶叫,偏要在邪恶者主宰的欢乐世界里添一些不圆满。在小说《药》的坟场情景中,鲁迅描绘出乌鸦的形象:"张开两翅,一挫身,直向着远处的天空,箭也似的飞去了。"[11]鲁迅《题三义塔》:"奔霆飞熛歼人子,败井颓垣剩饿鸠。偶值大心离火宅,终遗高塔念瀛洲。精禽梦觉仍衔石,斗士诚坚共抗流。度尽劫波兄弟在,相逢一笑泯恩仇。"[12]鲁迅把这只鸽子(精卫鸟)作为自己的化身,尽管力量弱小,但是仍然不停为中日和平友好真诚而坚定地努力工作。

第二,鲁迅尚黑。鲁迅的小说中,乌黑通常是人物的写实具象。《理水》中的大禹,显示出"粗手粗脚""面貌黑瘦"。《非攻》中的墨子,有一张"乌黑的脸"。《铸剑》中的黑衣人,"黑须,黑眼睛,瘦得如铁",名叫宴之敖,正是鲁迅的一个笔名。特别是在《过客》中,老翁穿的是黑长袍,女孩穿的是白底黑方格长衫,还有一个"黑须,乱发,黑色短衣裳破碎,赤足著破鞋"的过客形象,他就是鲁迅的化身。关于中国戏曲的脸谱,鲁迅说:"黑表威猛,更是极平常的事,整年在战场上驰驱,脸孔怎会不黑,擦着雪花膏的公子,是一定不肯自己出面去战斗的。"[13]还有一个重要的标志,鲁迅小说的时空背景几乎都是发生在黑夜里。

当然,"尚黑"是与鲁迅的生活、生存、生命密切相关的。一是展示如黑铁一般的生活习性。鲁迅平时穿的是缁(黑色)衣,吃的是乌干菜,欣赏的是黑白分明的版画。他对黑夜也已经习以为常了,所谓"惯于长夜过春时"[14]。二是反映像黑土一样的生存状态。黑色玄秘幽深,包容万象:家道中落、自身痼疾、包办婚姻、亲友死亡,敌人围剿……仿佛皆是黑土的包容。三是表达与黑夜一体的生命意志。鲁迅的外号是猫头鹰,"夜游的恶鸟"。他的文字都浸染着黑夜的颜色,内心的黑暗同时代的黑暗搅在了一起。他是黑夜的"宠儿",也是黑夜的"逆子",他是"中华民族的心灵黑暗的在场者"。

第三,鲁迅爱《山海经》。"会稽山"之名分别出现了两次:一是《山海经·南山经·南次三经》中"会稽之山,四方,其上多金玉,其下多砆石,勺水出焉,而南流注于湨。"二是《海经·海内东经》中"会稽山在大(楚)越南。"这是鲁迅最早的藏书——一部木刻绘图,小小的书,纸张很黄,刻印都十分粗拙,图像差到几乎全用直线凑合,连动物的眼睛都是长方形的。可是年幼的鲁迅如获至宝。所谓"海岳精液,善生俊异"这八个字正是对《山海经》全部内涵做了一个精辟的概括。我们知道,这个说法并不是鲁迅独创的,而是源远流长,绍兴的"地灵人杰"与"物华天宝",一直被故乡人自豪地传颂着。

《山海经》中最精彩的部分就是浪漫奇异的神话故事,比如女娲造人、女娲补天、精卫填海、战神蚩尤、巨人刑天、共工触山、夸父追日、羿射九日、嫦娥奔月、大禹治水等,千百年来一直活在人们的心中,激励着人们去追求美好的理想,献身于黎民百姓,成就祖国兴旺发达的伟大事业。这种神话思维对浪漫主义文学创作传统的深远影响:一是丰富的想象力和巨大的想象空间,二是取之不尽的创作素材,三是返璞归真的原始生命观。鲁迅心目中的《山海经》,是一本促其精神成长的"宝书"。《山海经》中反映的是古代英雄们与自然、社会的强大力量抗争的故事,其中所体现出的自强不息、坚韧不拔的大无畏精神,是中华民族的精神财富。后来鲁迅写作《故事新编》中,就有取材于其中的《理水》《补天》和《奔月》。

绍兴人传承於越文化是不遗余力的,比如说"崇鸟"情结吧,受人喜爱的"百鸟乐园",就在秀丽的大禹陵景区。有来自世界各地七大类百余品种近万只鸟,主园区由占地2.5万平方米的巨网凌空覆盖。园内山坡平谷相间、林幽树密,建有茶楼亭阁等园林建筑;辟有天鹅湖、鸵鸟园、鸳鸯洞、相思谷、观景长廊、鸟语花香等10个赏鸟与休闲区域;设有人鸟对话、雀鸟剧场、斗鸡观摩以及孔雀东南飞等娱乐参与项目。

四、四乌风俗,体验乡土特色

绍兴习俗这种尚黑之风得以世代传承,与绍兴人的脾性也不无关系。黑色是一种凝重的色调,代表着神秘和莫测高深,给人的感觉是肃穆、庄重、安静,它不显眼,不会招惹旁人的注意,这与绍兴人一向低调、内敛的为人风格相吻合。世代尚黑的风气造就了绍兴人低调、内敛的为人风格,同时也让他们钟情于包含一切的黑色。绍兴至今还有"四乌"风情呢,这就是以乌毡帽、乌干菜、乌台门、乌篷船为特征的民俗风情。

一是"衣"的代表乌毡帽。其最早出现在唐人皮日休的诗中:"病久新乌帽,闲多著白衫。"(《江南书情二十韵》)人们对乌毡帽的喜爱持续时间之长,都可以视作绍兴尚黑习俗的一种典型反映。鲁迅《自嘲》诗中也有:"破帽遮颜过闹市,漏船载酒泛中流。"人们还爱穿玄色(黑色)衣服,无论男女日常穿的以黑色衣衫为多,"玄色马褂"就是旧时绍兴最常见的服饰。

二是"食"的代表乌干菜。干菜在刚晒制好的时候,并不是黑色的,需要反复蒸后,颜色才慢慢变黑,成为乌干菜。乌干菜是绍兴民间最普遍的"下饭"(菜),也是他们一年四季的常备食物。1935年3月15日,鲁迅先生自上海寄给他母亲的信中说:"小包一个,亦于前日收到,当即分出一半,送与老三(指周建人)。其中的干菜,非常好吃,孩子们都很爱吃,因为他们是从来没有吃过这样干菜的。"可见鲁迅先生对故乡所产的乌干菜是由衷的赞赏与喜爱。

三是"住"的代表乌台门。且不说绍兴粉墙黛瓦的建筑风格,单以台门为例,像鲁迅故里的周家老台门、周家新台门,周恩来祖居百岁堂和秋瑾故居和畅堂等,无一不是黑漆台门,而且其二门、仪门的门框、门板,大厅的串枋、门枋及各处屋柱等也都漆成黑色。这样的建筑风格于简单中显现庄严,在质朴里透出韵味。这是古城最深幽的一道风景,里面隐藏着江南的精致文化与迷人风情。

四是"行"的代表乌篷船,与绍兴悠久的舟船文化相关的,还在于其独特的划船方式,如此手脚并用的划船方式似乎并不多见。这是一种珍贵的非物质文化遗产。船夫手脚并用,除用手划短楫外,还用脚"躅"(蹬)长桨,所以绍兴人又把这种小船称作"脚划船"或"躅桨船"。乌篷船正是这种尚黑习俗的一种悠远而典型的传承,维系着越族深挚的"乌鸟"情结。陆游描述乌篷船:"轻舟八尺,低篷三扇,占断萍州烟雨。"(《鹊桥仙》)这儿就是诗人流动的家。李白第一次到越州,坐在乌篷船中吟诗:"人游月边去,舟在空中行。"(《送王屋山人魏万》)。那是一种多么奇妙的感觉。船头,雕有似虎头形象的"鹢",其状神秘可怖。传说"鹢"这种怪鸟"居海内,性嗜龙,龙见而避之"。所以,行船雕刻"鹢"以祈平安。船中,乌篷呈弧形,不就像鸟儿张开的翅膀吗?笔者忽发奇想:篷者,鹏也,好一个大鹏展翅。乌篷船呈现了越中水乡的美丽风情。如果说河水是故乡的骨架与经脉,那么乌篷船就是流动的精魂和灵感。俗话说"越风流行舟水间",鲁迅的思绪自然会随着乌篷船飞扬起来。

鲁迅的小说中,绍兴的韵味全在乌篷船里了。《社戏》里写到"我"与双喜、阿发、桂生这些小朋友,看见"六一公公棹着小船,卖了豆回来了"[15]。这种小船只要用手划桨就行了,故绍兴人又称它为"划船",船篷则是白色的,主要用于生产,如打渔、摘菱、载货等。《长明灯》写到几个孩子跑到庙里去游戏,猜谜,这个谜语是:"白篷船,红划楫,摇到对岸歇一歇,点心吃一些,戏文唱一出。"[16]白篷船也是"六一公公"用的那种,它是用红划楫划的,这种楫的划水部分通常漆成红色。《故乡》中留下了这样一幕情景:"我们的船向前走,两岸的青山在黄昏中,都装成了深黛颜色,连着退向船后梢去。"[17]为了饱览水乡景色,鲁迅从小就喜欢乘坐脚划乌篷船,他在《好的故事》中回忆:"我仿佛记得曾坐小船经过山阴道,两岸边的乌桕,新禾,野花,鸡,狗,丛树和枯树,茅屋,塔,珈蓝,农夫和村妇,村女,晒着的衣裳,和尚,蓑笠,天,云,竹,……都倒影在澄碧的小河中,随着每一打桨,各各夹带了闪烁的日光,并水里的萍藻游鱼，一同荡漾。诸影诸物，无不解散，而且摇动、扩大，互相融和；刚一融和，却又退缩，复近于原形。边缘都参差如夏云头，镶着日光，发出水银色焰。"[18]

绍兴是得天独厚的旅游风景地，特别是在城区内河道通行的乌篷船成为一大亮点，包括鲁迅故里与陆游沈园区间，城市广场与仓桥古街区间，书圣故里与八字桥历史街区间。人们可以在水上欣赏沿河的古桥和水街民风，看到最原汁原味的绍兴古城。还有一条绍兴环城河游线，外与浙东古运河、鉴湖相连，内与城区河道相通。沿着12千米古老的环城河两岸，为古城绍兴镶嵌了一个充满生机和活力的翠环，面积达114万平方米，其中水域60万平方米，串起八大景区(稽山园、鉴水苑、治水广场、西园、百花苑、迎恩门、河清园、都泗门)，荣获国家级水利风景区称号。当年鲁迅去外婆家安桥头、到皇甫庄看社戏，都是坐乌篷船的，有兴趣的游客就可以去寻访鲁迅的足迹。如此，东到东湖、南到禹陵、西到柯岩、北到梅山，都可以开辟乌篷船旅游线。

注释

[1] 鲁迅：《坟·文化偏至论》，《鲁迅全集》第一卷，人民文学出版社2005年版，第57页。

[2] 鲁迅：《集外集拾遗补编·〈越铎〉出世辞》，《鲁迅全集》第八卷，人民文学出版社2005年版，第41页。

[3] 鲁迅：《故事新编·理水》，《鲁迅全集》第二卷，人民文学出版社2005年版，第400页。

[4] 鲁迅：《且介亭杂文·中国人失掉自信力了吗》，《鲁迅全集》第六卷，人民文学出版社2005年版，第122页。

[5] 鲁迅：《且介亭杂文二集·"题未定"草》，《鲁迅全集》第六卷，人民文学出版社2005年版，第449页。

[6] 鲁迅：《故事新编·铸剑》，《鲁迅全集》第二卷，人民文学出版社2005年版，第437页。

［7］鲁迅:《书信·270817致章廷谦》,《鲁迅全集》第十二卷,人民文学出版社2005年版,第64页。

［8］鲁迅:《华盖集续编·〈阿Q正传〉的成因》,《鲁迅全集》第三卷,人民文学出版社2005年版,第395页。

［9］鲁迅:《准风月谈·夜颂》,《鲁迅全集》第五卷,人民文学出版社2005年版,第395页。

［10］鲁迅:《野草·立论》,《鲁迅全集》第二卷,人民文学出版社2005年版,第212页。

［11］鲁迅:《呐喊·药》,《鲁迅全集》第一卷,人民文学出版社2005年版,第472页。

［12］鲁迅:《集外集·题三义塔》,《鲁迅全集》第七卷,人民文学出版社2005年版,第157页。

［13］鲁迅:《集外集·脸谱臆测》,《鲁迅全集》第六卷,人民文学出版社2005年版,第138页。

［14］鲁迅:《南腔北调集·为了忘却的记念》,《鲁迅全集》第四卷,人民文学出版社2005年版,第501页。

［15］鲁迅:《呐喊·社戏》,《鲁迅全集》第一卷,人民文学出版社2005年版,第596页。

［16］鲁迅:《彷徨·长明灯》,《鲁迅全集》第二卷,人民文学出版社2005年版,第67页。

［17］鲁迅:《呐喊·故乡》,《鲁迅全集》第一卷,人民文学出版社2005年版,第509页。

［18］鲁迅:《野草·好的故事》,《鲁迅全集》第二卷,人民文学出版社2005年版,第190页。

鲁迅精神和会稽风度

那 艳 绍兴图书馆

鲁迅念念不忘两位会稽名士的话，一是三国时的虞翻曰："（吾越）海岳精液，善生俊异，是以忠臣系踵，孝子连间，下及贤女，靡不育焉。"（《会稽掇英总集》）二是明末王思任云："会稽乃报仇雪耻之乡，非藏垢纳污之地。"（《明季南略》）这就是"会稽风度"的概括写照，乃越人品质之传统血脉，越中名士之文化基因，其特征可以归结为：一是硬气，这种敢于抗争的阳刚之气，犹如会稽山石；二是韧性，这种坚韧不拔的阴柔之性，恰似鉴湖清水。两者合二为一，相互交融，这就是中国文化渊源的"阴阳之道"啊！

细品深味"会稽风度"，可以揭示鲁迅这个"民族魂"所产生的文化背景。正是越中前贤培养了鲁迅的精神，使之成为越文化的集大成者，同时表现出对越文化的自觉坚守与不懈传承。

一、续放翁之诗魂

1961年，毛泽东写下《纪念鲁迅八十寿辰》："鉴湖越台名士乡，忧忡为国痛断肠。剑南歌接秋风吟，一例氤氲入诗囊。"他盛情赞美越乡名士可贵的精神气质，以及越文化的优良传统。其中，同鲁迅颇有诗缘的就是陆游（号放翁），他们两人在越乡名士中的文学成就最高，因而极具代表性。

从陆游到鲁迅，一脉相承，所谓"一例氤氲入诗囊"。"剑南歌"即陆游的《剑南诗稿》八集，有9300余首诗。"秋风吟"应是指鲁迅最后写的一首律诗《亥年残秋偶作》,也泛指鲁迅的诗文佳作。在鲁迅为我们留下的丰富文学遗产中,旧诗是极少的一部分,却是精华之作,正如郭沫若的评价:"鲁迅先生无心作诗人,偶有所作,每臻绝唱。"

诗人对于秋天是特别敏感的。陆游在《悲秋》一诗中吟:"逢秋未免悲,直以忧国故。"这是贯穿"剑南歌"的情感脉络,最能引发后人的共鸣。此类的诗作很多,如《秋怀》《秋夜将晓》《秋思》《秋风曲》等。鲁迅亦然,在《亥年残秋偶作》中一腔悲戚,忧国忧民。其他还有《秋夜有感》、散文诗《秋夜》等,构成了"秋风吟"的悲凉基调。

正是古今同感,心有灵犀。陆游《秋风曲》有云:"秋风吹雨鸣窗纸,壮士不眠推枕起。"鲁迅《秋夜有感》曰:"中夜鸡鸣风雨集,起然烟卷觉新凉。"他们一样处于象征国难民忧的"风雨"之中,一个惊悚的"起"字,异口同声,都是"忧忡为国痛断肠"啊!

陆游的生命自白:"秘传一字神仙诀,说与君知只是顽。"(《鹧鸪天》)鲁迅则说:"世间有一种无赖精神,那要义就是韧性。"(《娜拉走后怎样》)一个说"顽",一个说"韧",尽管文字不同,但含义相通,这是对越乡名士精神的精辟概括。诗人有缘,陆游的书斋名曰"风月小轩",而鲁迅的一本杂文集名曰《准风月谈》。原来两人都在借题发挥,以嘲讽方式反抗政局高压,不屈不挠表达正义心声,可见他俩是心心相印的。

陆游与鲁迅皆懂医道,他们以"救病"为己任,用诗文做良药,履行着神圣的天职。陆游用的是"诗疗"——"不用更求芎芷辈,吾诗读罢自醒然。"(《山村经行因施药》)鲁迅则是"文疗"——用小说"揭出病苦,引起疗救的注意"(《我怎么做起小说来》)。事实上,他们都在"欲治其病,先治其心"。陆游认为"灵府不摇神泰定,病根已去脉和平。"(《仲秋书事》)鲁迅则强调:"我们的第一要著,是在改变他们的精神。"(《〈呐喊〉自序》)

经过一番文本比较与研究,笔者作了个统计:鲁迅66首旧诗中,竟有18首同陆游的诗有着关联,占27%;其中完全相同的诗眼,如梦、空、风雨、荒鸡、浩歌等共计28处之多。由此可见,在鲁迅的诗歌创作过程中,陆游所给予他的启发与影响是明显的。

二、承文长之奇才

青藤书屋里有一副十分显眼的对联:"几间东倒西歪屋,一个南腔北调人。"这不由得使人联想到鲁迅先生,他的一本杂文集题目就叫《南腔北调集》。正是:穿越三百年的历史风云,鲁迅与这位先贤有了神遇。

徐渭(字文长)以"南腔北调"自称,便体现了他的叛逆个性,证明着这是一个不伦不类的人。他是一个"大杂家",诗、书、文、画,乃至戏曲都出人头地。鲁迅是一个独具个性的思想家与文学家,"南腔北调"已经成为"离经叛道"的代名词了。

徐渭是文学奇才,非一般人所能比;他的人生遭际更奇,也非一般人所能遇。他身怀奇才而遭逢不偶,坎坷一生,布衣终身,他的奇特身世,奇异性格,在中国文学史上罕有其匹。清人评价:"文长之为文长者,乃其无所借傍,一任其天性之自由亢起、自由创制,加之其秉性卓迈,故所涉无不发挥至其天性之极也。"(《闲雅小品集观》)这样的"天性",唯"奇才"是有。鲁迅同样"有才",其诗曰:"曾惊秋肃临天下,敢遣春温上笔端。"一个具有良知的文人知道手中这支笔的分量,更明确自己的历史使命。

徐渭的艺术主张是"顺情从心",他是以情为本色写杂剧,并在《选古今南北剧序》中如此宣称:"人生堕地,便为情使。聚沙作戏,拈叶止啼,情昉此已。迨终身涉境触事,夷拂悲愉,发为诗文骚赋,璀璨伟丽,令人谈之而颐解,愤而眥裂,哀而鼻酸,恍若与其人即席挥麈,嬉笑悼唁于数千百载之上者,无他,摩情弥真则动人弥易,传世亦弥远。"鲁迅也是"有情"的,其诗曰:"无情未必真豪杰,怜子如何不丈夫。"(《答客诮》)这就是文豪的自白,他也以情为本色写文章,打动了一代又一代的读者。

徐渭的传《狂鼓史》,表现了祢衡在阴间击鼓大骂曹操的情景。徐渭曾以祢衡自比,也代表了那些敢于参劾严嵩的文士,并且借用他阴间的"鬼话",来说出自己怀才不遇、壮志难酬的野心与狂气,真是淋漓痛快至极。鲁迅非常熟悉历史,他说:"汉末政治黑暗,一般名士议论政事,其初在社会上很有势力,后来遭执政者之嫉视,渐渐被害,如孔融、祢衡等都被曹操设法害死,所以到了晋代底名士,就不敢再议论政事,而一变为专谈玄理;清议而不谈政事,这就成了所谓清谈了。"(《中国小说的历史变迁·第二讲　六朝时之志怪与志人》)他对文人论政是肯定的,对曹操的功绩也是肯定的。

文人的灵犀,可以穿越时空,寻求历史的回响。鲁迅《自嘲》:"破帽遮颜过闹市,漏船载酒泛中流。"这也许是受到徐渭的影响,其诗《恭谒孝陵》曰:"瘦驴狭路愁官长,破帽青衫拜孝陵。"

徐渭当过"绍兴师爷",他的才情是独具一格的。在鲁迅的身上,也有"绍兴师爷"那种冷峻、精辟、尖刻的风气。我们似乎看见徐渭的影子闪现在鲁迅的小说中:科举失落、穷困潦倒,犹如"孔乙己";精神分裂、癫狂反常,恰似"狂人"……

三、通宗子之史识

晚明遗民是一个重要的文人群体,他们具有鲜明的历史人文的理性精神。正如《清史稿·遗逸传》所说:"天命既定,遗臣逸士犹不惜九死一生,以图再造。及事不成,虽浮海入山而回天之志终不少衰。迄于国亡已数十年,呼号奔走,遂坠日以终其身,至老死不变。何其壮哉!"张宗子就是一个"不屈的灵魂"。

诚然,他们对鲁迅有过非常深刻的影响,张岱(字宗子)是一个杰出人物,他首先是史学家,其次是文学家。《鲁迅全集》中有九处提到其人其事,并尊此为"越中遗风"。鲁迅十分看重历史,把它比作"血的流水账簿"(《〈争自由的波浪〉小引》),他还说:"历史上都写着中国的灵魂,指示着将来的命运。"(《忽然想到》)

张岱著史的原则是"事必求真""宁阙勿书",态度十分严谨。其才识过人,成就在"浙东四大史家"(还有谈迁、万斯同、查继佐)之首。其代表作《石匮书》(原名《明书》),取名于故乡的石匮山(又称玉笥山),有深藏其间、秘而不宣之意。他从历史事实出发,总结并揭示了明王朝灭亡的深层原因是:"烈矣哉,门户之祸国家也。"(《石匮书后集》)鲁迅对历史"洞若观火",他明确地指出:"中国向来的历史上,凡一朝要完的时候,总是自己动手,先前本国的较好的人,物,都打扫干净,给新主子可以不费力气的进来。"(《350209致萧军萧红》)两人的看法何其一致。

鲁迅对张岱所记的"多越事"印象深刻,他的散文集《朝花夕拾》中也多有张岱的投影与记忆:"现在看看《陶庵梦忆》,觉得那时的赛会,真是豪奢极了,虽然明人的文章,怕难免有些夸大。"(《五猖会》)"目连戏的热闹,张岱在《陶庵梦忆》上也曾夸张过,说是要连演两三天。"(《无常》)这些记录民俗、贴近生活的散文,具有十分浓郁的乡土文化特色。鲁迅感慨地说:"这样的白描的活古人,谁能不动一看的雅兴呢?可惜这种盛举,早已和明社一同消灭了。"(《五猖会》)

张岱有一句名言:"忠臣义士,多见于国破家亡之际,如敲石出火,一闪即灭。人主不急起收之,则火种绝矣。"(《越绝诗小序》)鲁迅铭记在心,并将之演化为一个颠扑不破的真理:"石在,火种是不会绝的。"(《"题未定"草》)真是言简意赅,回响深远!

毛泽东赞誉绍兴为"名士乡",越文化的人文精神就是中华民族古老传统的一个缩影。俗话说"留得青山在,不愁没柴烧。"历史上在此感召与影响下,多少志士仁人前仆后继,何其壮哉!

张岱的格言:"人无癖不可与交,以其无深情也;人无疵不可与交,以其无真气也。"鲁迅的格言:"有缺点的战士终竟是战士,完美的苍蝇也终竟不过是苍蝇。"(《战士和苍蝇》)像这样的语言不谋而合,情趣、意趣、理趣都熔铸一体了。

四、铸谑庵之文魄

越中先贤不计其数,鲁迅心中有一个重要的人物,那就是王思任。他在《女吊》一文里写着:"大概是明末的王思任说的罢,'会稽乃报仇雪耻之乡,非藏垢纳污之地!'这对于我们绍兴人很有光彩,我也很喜欢听到,或引用这两句话。"鲁迅称此为"越中遗风",它深远地影响着后人的文风。

王思任(号谑庵)此人有两个显著的特点。一是硬气,敢说敢当。他那一句名言即可为证,斥责奸相马士英的投降政策,高度概括了古越民族的复仇精神;二是谑性。他自号谑庵,代表作《文饭小品》以诙谐幽默著称,对世风人情极尽冷嘲热讽之能事。两者合二为一,形成十分鲜明的文魄与独特的色彩。

硬气加谑性,这也恰恰是鲁迅的个性与风格。鲁迅之"硬",乃敢于斗争也,如毛泽东所赞:"鲁迅的骨头是最硬的,他没有丝毫的奴颜和媚骨。"鲁迅之"谑",乃善于斗争也,他说:"用玩笑来应付敌人,自然也是一种好战法,但触着之处,须是对手的致命伤,否则,玩笑终不过是一种单单的玩笑而已。"(《玩笑只当它玩笑(上)》)正如鲁迅《小品文的危机》一文所说:"生存的小品文,必须是匕首,是投枪,能和读者一同杀出一条生存的血路的东西;但自然,它也能给人愉快和休息,然而这并不是'小摆设',更不是抚慰和麻痹。"

王思任曰:"古之笑出于一,后之笑出于二,二生三,三生四,自此以后,齿不胜冷也。"(《笑词》)鲁迅也说:"古埃及的奴隶们,有时也会冷然一笑,这是蔑视一切的笑。"(《过年》)在这"冷笑"之中,似乎有着思想的默契。王思任《笑词》感叹:"胸中五岳坟起,醉眼尽行囊括。"鲁迅有《"醉眼"中的朦胧》一文，预计"不远总有一个大时代要到来。"彼此之间的"醉眼"，仿佛是心灵感应。

王思任写下《脚板赞》，宣告自身的立场与操守："曾入帝王之门，曾踏万峰之顶，曾到齐晋云间欺官之署，曾走狭邪非礼亡赖之处；而不曾投刺于东林魏党，乞食墦间，沽名井上。所以然者，脚底有文，脚心有骨。"鲁迅也有自我警示："走人生的长途，最易遇到的有两大难关。其一是'歧路'，……其二便是'穷途'了……"（《两地书 二》）"但这些都由它去，我自走我的路。"（《两地书 一一二》）路是人走出来的，英雄所见略同。王思任还说："尺牍者，代言之书也，而言为心声，对人言必自对我言始。凡可以对我言者，即无不可以对人言。"鲁迅亦有同感："书信是最不掩饰，最显真面的文章。"（《两地书 序言》）言为心声，他们是心心相印的。

谐谑是一种智慧豁达的品格，鲁迅称之为"油滑"——"嬉笑怒骂，皆成文章。"看以下妙语："他们都是自私自利的沙，可以肥己时就肥己，而且每一粒都是皇帝，可以称尊处就称尊。有些人译俄皇为'沙皇'，移赠此辈，倒是极确切的尊号。"（《沙》）"假使我的血肉该喂动物，我情愿喂狮虎鹰隼，却一点也不给癞皮狗们吃。"（《半夏小集》）"野牛成为家牛，野猪成为猪，狼成为狗，野性是消失了，但只足使牧人喜欢，于本身并无好处。"（《略论中国人的脸》）"我们从来没有见过候补的饿莩在沟壑边吟哦；鞭扑底下的囚徒所发出来的不过是直声的叫喊，决不会用一篇妃红俪白的骈体文来诉痛苦的。"（《"碰壁"之后》）

在越文化深厚的土壤里，人才辈出，正如鲁迅《文化偏至论》说的那样："外之既不后于世界之思潮，内之仍弗失固有之血脉，取今复古，别立新宗，人生意义，致之深邃。"从王思任到鲁迅，他们都秉承着那种异端的思想与偏执的文魄，"纠缠如毒蛇，执着如冤鬼"，始终坚持着"韧性的战斗"。

五、效越缦之厉风

1912年5月5日,《鲁迅日记》的第一篇这样写着:"上午十一时舟抵天津。下午三时半车发,途中弥望黄土,间有草木,无可观览。约七时抵北京,宿长发店。夜至山会邑馆访许铭伯先生,得《越中先贤祠目》一册。"李慈铭是《越中先贤祠目》的编者,该祠就设在北京的绍兴会馆里。

1936年10月3日,鲁迅临终之前的一篇日记又提到李慈铭:"夜三弟来并为买得《越缦堂日记补》一部十三本,八元一角。"《鲁迅日记》中一头一尾遥相呼应,这样的巧合难道不是一种心灵的默契吗?

鲁迅对李慈铭早就发生了兴趣,并着手越文化的研究,包括乡邦文献与乡贤旧籍的整理,他还辑录校勘了《会稽郡故书杂集》,历时十余年。蔡元培为《鲁迅全集》作序:"综观鲁迅先生全集,虽亦有几种工作,与越缦先生相类似的;但方面较多,蹊径独辟,为后学开示无数法门,所以鄙人敢以新文学开山目之。"

鲁迅与先贤李慈铭(号越缦)有着灵犀般的神交。李慈铭的《越缦堂日记》风行天下,他喜欢"骂人":骂考官"不识字",骂士子"不知羞",骂学者"不读书",骂官场"贪弊成风"……说到"骂人",兴许是绍兴文人的一种传统,是谓:心直笔尖,一吐为快;臧否人物,不留情面。史载李慈铭为人清刚,曾多次向光绪皇帝上奏折,痛指时弊,弹劾朝官,颇具"厉风",正是一个典型的会稽名士。鲁迅的杂文总被说成是"骂人"的,其针砭弊病之犀利,绝不亚于越缦老人。他说:"骂人是中国极普通的事,可惜大家只知道骂而没有知道何以该骂,谁该骂,所以不行。现在我们须得指出其可骂之道,而又继之以骂。那么,就很有意思了,于是就可以由骂而生出骂以上的事情来的罢。"(《通讯(复吕蕴儒)》)

在鲁迅的心目中,李慈铭、周福清一辈都是深受封建科举制度毒害的书生,他们的灵魂被扭曲,言行烙上了腐朽的印记,经历十分坎坷辛酸。这些后来都成为鲁迅的创作素材,因此在他的小说里出现了"孔乙己"(《孔乙己》)与"陈士成"(《白光》)之类的人物,揭示出那一代人的悲剧性命运。比如,鲁迅写的《白光》中有个细节:陈士成"屈指计数着想,十一、十三回,连今年是十六回"。而李慈铭恰恰是参加过 11 次科举考试的,如此不谋而合,岂非天意吗?"哀其不幸,怒其不争"就是鲁迅创作小说人物的思想动机。

李慈铭钟情稽山鉴水,致力"胜事传夸于吴越,幽光照烛于东南"。怀念时兴叹"山阴如美人,会稽如名士";记忆里感念"看晓色宜山,看暝色宜水"。他著述的《霞川花隐词》《柯山侵录》《湖塘林馆骈体文钞》等,皆以他在绍兴的居地命名,为的是"志无一日去其乡也"。(《自序》)我们看鲁迅的旧诗中,也有不少怀念故乡绍兴的内容:"梦魂常向故乡驰,始信人间苦别离。"(《和仲弟送别元韵并跋》)"下土惟秦醉,中流辍越吟。"(《无题》)"明眸越女罢晨装,荇水荷风是旧乡。"(《赠人》)"芰裳荇带处仙乡,风定犹闻碧玉香。"(《莲蓬人》)"岂惜芳馨遗远者,故乡如醉有荆榛。"(《送 O. E. 君携兰归国》)他倾情"越吟"(《史记》的典故),表明越人的思乡情怀。他写的许多小说都是以鲁镇(绍兴)为背景的。

"会稽风度"的核心是超越,能够超越于世俗、功利之上,寻找人生的境界。会稽名士的群体,其实质是人才文化,而人才永远是国运之系、故土之恋。他们有求于社会的甚少,能给予社会的甚多。鲁迅"身为越人,未亡斯义",从前贤那里找到了自己的人格榜样和精神偶像。今天,我们必须大力张扬"会稽风度",借助于传统文化与精神遗产,化育市民的人文素质。绍兴在向世人宣示:鲁迅精神支撑着我们时代生活中的文明建设,成为持之以恒的基础力量。

论鲁迅《颓败线的颤动》的"旷野呼告"与"世界性因素"

易文杰　厦门大学台湾研究院

荣格指出,原型是一种记忆蕴藏,来源于同一经验的无数过程的凝缩,因而是某些不断发生的心理体验的积淀。[1]神话原型批评的代表人物诺思洛普·弗莱(Northrop Frye),其思想深受荣格的影响,也认为:文学起源于神话,而神话中包含了后代文学发展的所有形式与主题。在他的西方文化背景中,神话主要的指《圣经》神话故事,"《圣经》为文学提供了一个神话体系……从时间上讲,这个宇宙从上帝创世一直延续到世界末日;从空间上讲,它从天堂一直延伸到地狱。"[2]而"旷野呼告"正是《圣经》中的经典文化母题,"一个希伯莱先知向来自荒漠的犹太人发出号召,要他们填平沟谷,削平山头,为上帝开出一条路来,但是犹太人没有听从先知的号召,因此,先知的号召成为旷野上无人应答的呼声。"[3]它叙述先知(先驱者)的呼告不被大众所理解的故事,象征着人在绝望中的悲苦无告,是西方文学中对灵魂不息探索的象征。舍斯托夫指出:旷野上无人应答的呼号,正是来自灵魂深处的呼号。也正是这种来自灵魂的呼号(而不是逻各斯中心主义的思辨哲学),为人们开辟了走向真理、走向担荷人间苦难的思想大道,所谓"在精神存在的共同庄园里旷野呼声同样是必要的,就像传播于人群密集之处、广场、教堂的呼声。"[4]

因此,刘再复、林岗认为,"中国文学缺乏的正是'旷野呼号',而与之对立的是乡村情怀"。[5]即缺少一种灵魂维度,并认为鲁迅先生在《阿Q正传》中设置了一个叩问民族劣根性的精神法庭,而没有设置另一个叩问个体灵魂的陀氏法庭。尽管发出呼叫,但在阿Q身上并没有明显且动人心魄的灵魂的对话与论辩。因此,他们得出"在新文化运动中诞生的中国现代文学,有它先天的弱点,和最伟大的文学相比终究存在隔膜……鲁迅尚且如此,更毋庸论及其他。"[6]然而,笔者认为并非如此。刘再复和林岗先生的观点颇有文化本质主义的偏颇。陈思和在《我对20世纪中国文学的世界性因素的思考与探索》中认为,"中国20世纪文学不可能是孤立的中国文学,它一开始就是在'世界'的观照下形成其自身的历史。……文学中的一个基本特点,由这一特点沟通了中国文学与世界的'关系'。它可以包括作家的世界意识、世界眼界以及世界性的知识结构,也包括了作品的艺术风格、思想内容以及各种来自'世界'的构成因素,但是更为重要的是,中国在20世纪已经不是一个封闭型的国家,它越来越积极加入了与世界各国的对话,自然而然成为'世界'的一部分。"[7]受基督教文化影响又对其进行辩证否思的鲁迅,不仅在《野草·复仇》等篇章中改写耶稣受难这一母题,更在从《呐喊·自序》开始就对"旷野呼告"这一母题进行深沉的思索,在《彷徨》《野草》中更频繁地出现"旷野"以及"旷野呼告"这些意象与思想命题,如《复仇》《雪》《过客》《孤独者》《颓败线的颤动》等篇章。与此同时,这也是他思想重组,将精神创伤升华的重要时期。将这些作品进行互文性地对读,可见其丰富的"情感结构"[8]与"世界性因素"。

当然,关于鲁迅的"旷野呼告",前人也有精彩论述:如魏韶华《旷野呼告——鲁迅与舍斯托夫》从存在主义本体论出发,比附鲁迅与舍斯托夫的"旷野呼告",指出舍斯托夫以其反抗西方逻各斯中心主义的理性霸权,而鲁迅则以其反抗东方的"泛文化"宰制;如林贤治《鲁迅三论》中也论述了鲁迅的"旷野意识",认为其体现了鲁迅如孤狼一般在旷野中反抗庸众的精神。[9]但以上论述大多从文化意识为命题,指出鲁迅先生关于旷野的论述,勾勒鲁迅的旷野呼告与旷野意识,缺乏对鲁迅具体作品的细读;而本文就通过对鲁迅《颓败线的颤动》的细读,结合对其他作品的互文性阅读,揭橥鲁迅先生"旷野呼告"的"世界性因素"。

一、母题重构:"弃妇"如何"旷野呼告"

弗洛伊德的得意弟子奥托·朗克在《生之创伤》中认为:人类在这个世界上出生时就已经受到了创伤。在分娩过程中,从母体中挤出的身体经历了可怕而痛苦的冲击。这种创伤的恐惧和痛苦是人类心理活动和心理活动的最底层的开始,然后他们又要经历一系列的替代性创伤经历,如创伤在疾病中的复发、儿童的恐惧、成人的精神病和异常心理等,人们的生活和所有的文化创造都是在不同的道路上,借助于不同的方法,去消除和克服生活的创伤。要彻底克服创伤,只有通过文艺创作的方式。[10]鲁迅先生正是把创伤体验转化为创造经验,从创伤的苦痛中寻找克服危机的文艺道路。当然,鲁迅从《呐喊·自序》开始,便有惨伤的、愤怒的和悲哀的"旷野呼告",书写创伤体验。"独有叫喊于生人中,而生人并无反应,既非赞同,也无反对,如置身毫无边际的荒原,无可措手的了,这是怎样的悲哀啊,我于是以我所感到者为寂寞。"[11]鲁迅经历了亲人去世的创伤,"学新学,走异路"后又遭受了启蒙失败的创伤。于是在《呐喊·自序》中的"旷野呼告",是一种惨伤的、愤怒的和悲哀的呼告。这种书写与《圣经》中的"旷野呼告"有着异曲同工之妙,叙述了先进知识分子的呼告不被大众所理解的故事,象征着人在绝望中的悲苦无告,是文学中对灵魂不息探索的象征。

鲁迅对"旷野呼告"这一神话母题有所更新。《颓败线的颤动》中的"旷野呼告"正是如此。他的写作除了描绘人在绝望中的悲苦无告,更通过"呼告"来"反抗绝望",将创伤性体验升华。从荣格的"原型"理论与弗莱的神话原型批评理论来看,鲁迅的《颓败线的颤动》所书写的女性出卖肉体的牺牲与被弃故事,即一位青年寡妇通过出卖肉体来换取子女的生存,她在子女长大,自己衰老成为老妇人之后,遭到子女与幼童的背弃与嘲弄,是东方文化中一种较为普遍和久远的"弃妇母题"。这在民间传说、文人创作、佛经故事中都有出现,如《救风尘》《杜十娘怒沉百宝箱》《李娃传》《灰阑记》《霍小玉传》等,沉淀为了一种文化语码。但除了个别篇章之外,大部分是以大团圆为结局,那些牺牲又被遗弃的女性们最后夫贵妻荣,享尽荣华富贵。

然而,鲁迅先生引进了《圣经》中的"旷野呼告"母题,使中国传统文学中的母题提升了悲剧意识:在牺牲却不被理解后,老妇人愤而从家出走,走到了荒无人烟的旷野之中,开始其痛苦的"旷野呼告"。"旷野呼告"的背景是三幕鲜明的图卷:一是一位青年寡妇通过出卖肉体来换取子女的生存;二是她在子女长大,自己衰老成为老妇人之后,遭到子女与幼童的背弃与嘲弄;三是老妇人愤而从家出走,走到了荒无人烟的旷野之中,开始了"旷野呼告"。鲁迅如此写道:

> 她在深夜中尽走,一直走到无边的荒野;四面都是荒野,头上只有高天,并无一个虫鸟飞过。她赤身露体地,石像似的站在荒野的中央,于一刹那间照见过往的一切:饥饿,苦痛,惊异,羞辱,欢欣,于是发抖;害苦,委屈,带累,于是痉挛;杀,于是平静。……又于一刹那间将一切并合:眷念与决绝,爱抚与复仇,养育与歼除,祝福与咒诅……。她于是举两手

尽量向天，口唇间漏出人与兽的，非人间所有，所以无词的言语。[12]

一方面从散文诗的表层结构而言，是被侮辱与被损害的妇人通过呼告抒发绝望而"反抗绝望"的诗篇，是对中国古代文学母题的改写。将《颓败线的颤动》与1924年鲁迅所写的小说《祝福》对读，我们能发现老妇人的主体性：这"旷野呼告"是"人与兽的，非人间所有，所以无词的言语"。呼告，然而非人间所有；呼告，然而无词——在这没有能指的所指所彰显的充沛的语词张力背后，也蕴含着难以言说的"丰富，与丰富的痛苦"（穆旦），以及对灵魂深处的探寻。在游荡的传统中国的幽灵里，知识与权力同构，底层女性缺乏抗争的话语权。《祝福》中的祥林嫂是缺乏主体性的，没有自己的话语，就只能用头撞流血来抗争，最后在神权与父权的侵害下更是走向灵魂的麻木。老妇人的处境与之有相似之处，"无词"除了彰显老妇人当时的深重的苦痛，也体现了老妇人当时的地位卑下与文化失语。

另一方面这更凸显出老妇人的抗争性之可贵。妇人的呼告是作为被侮辱与被损害者的个体的呼告，是在有其深广的人道主义意义。老妇人年轻时卖身求存，似乎是肉体上的污秽者，似乎是应该被"审问者"揭发她的恶；但在呈现她的恶的同时，却在恶下面彰显出了她"真正的洁白"，即身为一名底层母亲的坚忍与负责。反倒是指责她污秽的家人才是真正的污秽。这老妇人"无词的言语"，来源于生存与道德的张力，所爆发出来的无声而深切的悲痛与无声而深厚的母爱，彰显了鲁迅与陀思妥耶夫斯基所共同具有的对底层人灵魂深处进行深刻剖析与悲悯的人道主义思想。老妇人的抗争就体现出她要通过言语来控诉的话语权意识。虽然她的词语是沉默尽绝的"无词的言语"，但并不意味着她的诉说是虚无的，她这些言语可以转换为颤动和力量，外化为壮阔的沸水、暴风雨、荒海、太阳光、飓风、荒野。这是被侮辱与被损害者灵魂由屈辱走向奋起的重要特征。弃妇固然在绝望中悲苦无告,但更通过"呼告"来"反抗绝望",将创伤性体验升华。这是被侮辱与被损害者灵魂由屈辱走向奋起的重要特征。这更体现出鲁迅的人道主义并非柔弱的人道主义,而是具有力量的人道主义。

二、"梦中之梦"与精神创伤的升华
——知识分子视野下的"旷野呼告"

仅仅把本散文诗的主题局限于此,不免局限了它情感结构的深度。不可忽视的是,老妇人的"旷野呼告"是发生在"我"的梦境中。在故事中,不仅有老妇人在参与,而且还有"我"的参与,"我梦见自己在做梦……空中突然另起了一个很大的波涛,和先前的相撞击,回旋而成旋涡,将一切并我尽行淹没,口鼻都不能呼吸。"[13]从精神分析理论出发,作者描写的"梦中之梦"是现实中所压抑的欲望与情感的扭曲、变形、象征。艺术创作与梦一样,也是被压抑的潜在欲望的宣泄的途径。弗洛伊德指出,"梦是一个(受压制的或被压抑的)欲望的(伪装的)满足……焦虑的梦是带有性内容的梦,属于性内容的力比多已转变为焦虑。"[14]因此,也有学者认为,《颓败线的颤动》中妇人出卖肉体所得到的片刻的满足与伴随的苦闷,是"以妇女的生存欲求隐晦地传达出自我内心深处隐含的本能欲望……长期处于无爱婚姻的鲁迅面对许广平真诚的爱的流露并非无动于衷,但内心深处传统伦理道德的约束使他在面对本能欲望与爱时异常纠结、矛盾、焦虑、苦闷"。[15]

然而,将一切都归结为"性"的"泛性论"也是弗洛伊德学说的缺陷。结合当时的历史背景,知识分子的"性焦虑"本质上也夹杂着"启蒙与救亡"(李泽厚语)的时代焦虑。"梦中之梦"既是知识分子力比多压抑的象征,又是民族寓言,昭示灵魂从颓败与绝望中的突围,将创伤升华。西方马克思主义理论家杰姆逊认为:"第三世界的本文,甚至那些看起来好象是关于个人和利比多内趋力的本文,总是以民族寓言的形式来投射一种政治:关于个人命运的故事包含着第三世界的大众文化和社会受到冲击的寓言。"[16]因此,笔者认为,散文诗这个"梦中之梦"的深层结构,表征着在西方冲击下,遭遇各种危机的第三世界知识分子矛盾、复杂、痛苦的心灵。

(一)反抗颓败的创伤升华

从弗洛伊德的创伤理论来看,《颓败线的颤动》体现了鲁迅"反抗颓败"的生命意识。这里的"颓败",指的是生命的衰老与颓败。鲁迅是长期深受肺病折磨的。自兄弟失和(1923年)之后,鲁迅便肺病复发,并留下了病根,此后断断续续地反复发作,一直到其去世。写于1924—1926年的《野草》可以说是鲁迅先生疾病体验的见证。将《颓败线的颤动》与《野草》中其他篇章进行对读,我们更能理解这种"颓败"的意蕴。在《颓败线的颤动》中,指的是"垂老的女人";在《野草·希望》中,则是"我大概老了。我的头发已经苍白,不是很明白的事么?我的手颤抖着,不是很明白的事么?那么,我的魂灵的手一定也颤抖着,头发也一定苍白了"[17]。在《野草·腊叶》中,则是"这将坠的被蚀而斑斓的颜色"[18]。在生命"颓败"加以对青年失望的境遇下,鲁迅毅然选择了反抗。在《野草·希望》中,他自称纵使寻不到身外的青春,也总得自己来一掷身中的迟暮,在《颓败线的颤动》中,他则毅然以文学的"旷野呼告"来反抗"颓败的苦闷"了。

弗洛伊德也在《文明及其不满》中指出:"我们受到来自三个方面的痛苦的威胁:来自我们的肉体,它注定要衰老和死亡,它如果失去了痛苦和焦虑这样的危险信号,甚至就不可能存在;来自外部世界,它可能以势不可挡、冷酷无情的毁灭力量疯狂地对付我们;最后,来自我们与他人的关系。来自与其他人关系方面的痛苦也许比任何其他痛苦更严重。"[19]在写作《颓败线的颤动》之时,鲁迅正遭遇了弗洛伊德所说的三重创伤:生命的衰老(肺病)、国家民族的外忧内患、牺牲反遭背叛(兄弟失和,对弟弟等青年的付出被背叛)的痛苦,最令鲁迅痛苦的是兄弟失和问题。1923年7月19日的鲁迅日记中,记录了周作人与他绝交的信件。此事给他带来了巨大的精神打击。间接导致他两个月之后肺病复发,终生未愈。因此可以说,1924—1926年的鲁迅陷入了"第二次绝望"。这在鲁迅与许广平的通信中也可见一斑:"生活的路上,将血一滴一滴地滴过去,以饲别人……现在呢,人们笑我瘦弱了,连饮过我的血的人,也来嘲笑我的瘦弱了。"[20]"一个希伯莱先知向来自荒漠的犹太人发出号召,要他们填平沟谷,削平山头,为上帝开出一条路来,但是犹太人没有听从先知的号召,因此,先知的号召成为旷野上无人应答的呼声。"鲁迅正如同《圣经》中的先知一般,不被大众所理解。因此,我们可以将老妇人看作是鲁迅的自喻,他通过文学书写来反抗着这些痛苦的创伤。

(二)反抗绝望的创伤升华

从弗洛伊德的创伤理论来看,《颓败线的颤动》也反映了鲁迅"反抗绝望"的意识。老妇人的呼告也是在当时半殖民地半封建的中国下,面对西方的冲击,鲁迅作为第三世界知识分子自我牺牲进行启蒙却难以被青年人理解的"旷野呼告",是类似《圣经》与舍斯托夫所比拟的,作为先知无人应答的,来自灵魂深处的悲哀呼声。知识分子的个人主义与庸众(抑或说忘恩负义的青年)之间产生了剧烈的冲突,产生了深重的痛苦。《颓败线的颤动》看似是写一个妓女卖身之后成为老妇人却被儿女嘲笑的故事,但实质是隐喻了当时风雨飘摇的政局下中国知识分子的境遇。不过,鲁迅先生绝不仅仅写的只是一个"感时忧国"的民族寓言,而是在解剖知识分子灵魂同时彰显了知识分子个体灵魂的维度与深度。

就鲁迅先生自己而言,也曾像青年母亲一般为青年牺牲,却像老妇人一般被忘恩负义的青年、盲目的庸众误解、被嘲笑,于是,鲁迅先生以老妇人自喻,说出了那"无词的言语"——时代大潮下,知识分子在启蒙与救亡的双重变奏下自我牺牲不被青年/庸众所理解而陷入挣扎与痛苦的一首悲歌。正如丸尾常喜所说:"《颓败线的颤动》就是鲁迅将其解体的'进化论'的全身的痛苦挣扎结晶为诗的作品。"[21] 为何说是"进化论"的"解体"?为何说是"痛苦"的"挣扎"与"结晶"?

这种"旷野呼告",在思考牺牲/启蒙命题的同时,也体现了对"进化论"神话的反思,对现代性线性进步史观的深刻反思。由于严复对《天演论》中社会达尔文进化概念的译介与想象,以及梁启超在《夏威夷游记》中采用西历——对"时间"的重写,以及现代中国对"进步"的焦灼,"进化论"所代表的现代性线性进步史观日益成为中国现代思想史的一个神话——"新"一定比"旧"好,"今"一定比"古"好。必须承认,鲁迅先生也不可避免地受到"进化论"的影响,在写作《狂人日记》时,进化论是一种批判的武器,唤醒民众起来捣毁铁屋。然而,"进化论"的神话在"后五四"时期《新青年》同人的分化、鲁迅面临的青年背叛问题、"五卅"惨案、女师大学潮运动和"三一八"惨案的冲击下出现了裂隙。与此同时,对时代潮流思想的不断否思,对自我灵魂的不断解剖,这正是鲁迅先生的深刻之处。对"进化论"神话的反思,也正是鲁迅先生《颓败线的颤动》中"旷野呼告"重要的思想内涵。《颓败线的颤动》中通过两个梦描述了两个时代:第一个时代是母亲为养活儿女而自我奉献的时代,也就是"过去";第二个时代却是长大了的青年儿女反过来责备衰老的母亲的时代,也就是"现在"——"过去"的"未来"。当初母亲所寄托于儿女,或者说未来的希望并未实现,"现在"—"过去"的"未来"并未胜过"过去",反倒还劣于"过去"。当母亲在一刹那间"照见了过往的一切",又于一刹那间"将一切并合","进化论"的神话逻辑就自然龟裂,"线性的进步"变为了"颓败线的颤动",母亲也自然呼出了那"无词的言语"。

但对"自我牺牲"的启蒙危机与"进化论"神话的反思并不意味着鲁迅就沉溺于自己的绝望,而是由"进化论"转向深刻的"历史中间物"意识(汪晖),所以他自称为来自旧壁垒的"中间物",但仍然继续给旧壁垒以反戈一击。他对启蒙的深刻思考是为了更好地推进启蒙,继续热心于青年的工作。但他不盲信青年这一新生力量。当新生事物以"新"自居之时,则反而陷入顽固。唯有不断地"革命",不断地抗战,方可保持新生。在之后,他还由"进化论"转向革命的"阶级论"。

综上所述,《颓败线的颤动》有着双重情感结构:表层结构是弃妇的"旷野呼告":鲁迅将中国传统女性出卖肉体的牺牲与被弃这一东方母题进行改写,凸显了高远的悲剧意识;深层结构是知识分子的"旷野呼告":"梦中之梦"既是知识分子力比多压抑的象征,又是民族寓言,昭示灵魂从绝望与颓败中突围。

三、生命哲学与存在主义式的情感结构

从形而上的生命哲学视域观照,《颓败线的颤动》通过呈现个人主义与人道主义的冲突与张力,彰显主体建构的灵魂危机,提出了孤独个体旷野呼告的灵魂天问,呈现了一种存在主义式的情感结构。当"眷恋"换来了"决绝","爱抚"换来了"复仇","养育"换来了"歼除","祝福"换来了"咒诅",老妇人的人道主义与知识分子的个人主义存在冲突时,一种存在的荒谬与主体的分裂感便浮现了:启蒙危机从更深层次来说,是一种灵魂的危机,是一种主体、本体的"无地彷徨"。于是,个体由"他人组成的地狱"——即那座小屋中突围,走向旷野,走向呼告,走向灵魂的天问。这种"旷野呼告"所体现出的"旷野意识"与情感结构是独特的。它与"广场意识"(陈思和)不同,它并不是主体与主体之间在广场上平

等的、开放的对话,而是孤独的个体在广漠的旷野上的灵魂独语、灵魂天问;它也与"荒原意识"(艾略特)不同,它并非是对现代社会对自然与人性戕害的反思与审视,而是在前现代社会的现代转型中,孤独的个体超前的先锋呼喊。它指向的是一种存在主义式的个体反抗与灵魂升华。

互文性理论指出,文本作为对其他文本的吸收和转化,形成了一个具有无限潜力的开放网络,"每一篇文本都联系着若干篇文本,并且对这些文本起着复读、强调、浓缩、转移和深化的作用。"[22]可以说,任何一篇文本都是一种互文。将《颓败线的颤动》与《孤独者》进行互文性地对读,我们可以发现,这是一种惨伤的、愤怒的和悲哀的呼告,但更是一种"反抗绝望"式灵魂的自我清理、更新,是创伤性体验的升华。如《孤独者》结尾中"我"的呼告,就与《颓败线的颤动》中的呼告有着相似之处:

> 我快步走着,仿佛要从一种沉重的东西中冲出,但是不能够。耳朵中有什么挣扎着,久之,久之,终于挣扎出来了,隐约像是长嗥,像一匹受伤的狼,当深夜在旷野中嗥叫,惨伤里夹杂着愤怒和悲哀。我的心地就轻松起来,坦然地在潮湿的石路上走,月光底下。[23](《彷徨·孤独者》)

> 当她说出无词的言语时,她那伟大如石像,然而已经荒废的,颓败的身躯的全面都颤动了。这颤动点点如鱼鳞,每一鳞都起伏如沸水在烈火上;空中也即刻一同振颤,仿佛暴风雨中的荒海的波涛。她于是抬起眼睛向着天空,并无词的言语也沉默尽绝,惟有颤动,辐射若太阳光,使空中的波涛立刻回旋,如遭飓风,汹涌奔腾于无边的荒野。[24](《野草·颓败线的颤动》)

正如钱理群所言:"鲁迅自己又对这样的绝望提出了质疑:他

在宣布'希望'为'虚妄'的同时,也宣布了'绝望'的'虚妄'……绝望后的挑战,然后戛然而止……这当然不是纯粹的结构技巧,更是内蕴着'反抗绝望'的鲁迅哲学和他的生命体验的。"[25]是的,《颓败线的颤动》中"呼告"后的"平静","将一切并合",与《孤独者》中的"轻松""坦然"是有异曲同工之妙的:这表征的是一种"反抗绝望"的思想能量,以文学书写来疗愈创伤。这种能量得到的是:"其纠葛化为呻吟从她的口唇间漏出,她的全身发生的颤动与空中的颤动相撞,卷起铺天盖地的旋风,这个意象让我们感到溶解重铸已出现裂缝的'进化论'的巨大能量,也让我们预想到鲁迅身上的母性的复活。"[26]因此,日本学者片山智行也指出,作品的几次"颤动",并非仅仅是表现愤怒、怨恨、复仇的情感,而是在"表现包含心理的'内心的深刻痛苦'的同时,也表现了对新世界痛切希求的生命力的爆发""汹涌奔腾于'无边的旷野'的,正是伤痕累累的'垂老的女人'的生命之力。"[27]

将《颓败线的颤动》与《野草》中其他篇章进行互文性对读,我们可以更好地理解鲁迅如何将"创伤"通过文艺书写"升华",如何"反抗绝望"。在《颓败线的颤动》中,在旷野上,老妇人举手向天,露出无词的言语,进行"天问",当她的言语沉默尽绝,她的颤动与天空的颤动碰撞(可理解为"呼告"的回声),则"使空中的波涛立刻回旋,如遭飓风,汹涌奔腾于无边的荒野"。[28]在《野草·雪》那孤独的雪、死掉的雨、雨的精魂,在无边的旷野上闪闪地旋转升腾,"弥漫太空,使太空旋转而且升腾地闪烁"[29]。这里的"天",笔者以为,并不是简单的自然之天,而是象征着某种终极意义,抑或历史理性的天。中国传统儒家哲学中的"天",是道德观念与原则的本原。正如屈原向天发泄义愤,追问生命的意义,遂成《天问》。中国古代的主流追求"天"与"人"的和谐平静。但在鲁迅的笔下,"人"与"天"是一种互相碰撞共振的关系,孤独的个体在对"天"追问与颤动、升腾时,其力量会使"天"也产生改变,其生命哲学中的存在主义意蕴,值得玩味。呼告,产生于生命的张力,但又爆发出了巨大的生命的力量。孤独的个体生命,只要不断地抗战,反抗黑暗与虚无,反抗绝望,重构自己裂变的主体,则亦能与"天"相互碰撞,产生巨大的能量。

而《野草·复仇》中,广漠的旷野,复仇者对赏鉴的庸众坚定地拒绝与反转式的赏鉴;《野草·过客》中,过客踉跄要闯进野地,再接着如西西弗斯般不息地走下去……这种将创伤升华的书写实践,在《野草》中其他篇章的"旷野"环境中也历历可见。"旷野呼告"是一种突围的姿态,而旷野上的行动——那又是另外一种呼告,是一种行与言合一的呼告,以"行"解决"问"的迷惑,以"行"重新建构裂变的主体。总的来说,"旷野呼告"这一《圣经》中的经典神话母题,不仅在西方文学经典时有变奏,而且受基督教文化影响的鲁迅先生也有书写。这一母题在鲁迅先生的笔下嬗变,彰显丰富的情感结构:不仅停留在对"彷徨""绝望"的"呐喊",更是"反抗绝望""反抗颓败"的"呐喊"。在陷入了矛盾、孤寂、迷茫和犹豫的困境后,鲁迅创造了一个文学的梦境,将生存的苦闷释放,将压抑的创伤性体验升华。

总的来说,"旷野呼告"这一传说母题,在西方文学与思想中多有阐发,如亚伯拉罕、约伯、莎士比亚笔下的李尔王、克尔凯郭尔、陀思妥耶夫斯基和舍斯托夫。而鲁迅的书写中也有体现。彰显了反抗绝望的姿态。紧张的思想历程与生命困境折射在文本之中,体现了他复杂而深广的思想,与世界思想中《圣经》的"旷野呼告"与舍斯托夫的"旷野呼告"遥相呼应,体现了深刻的先锋性。或者说,鲁迅的《野草》也昭示了"20世纪中国文学的世界性因素"的繁复与丰富。

注释

[1] [瑞]卡尔·荣格:《心理学与文学》,冯川译,生活·读书·新知三联书

店 1987 年版。

[2] [加]诺思洛普·弗莱:《诺思洛普·弗莱文论选集》,中国社会科学出版社 1997 年版,第 155 页。

[3] 魏韶华:《旷野呼告——鲁迅与舍斯托夫》,《东方论坛》1995 年第 3 期。

[4] [俄]列夫·舍斯托夫:《旷野呼告》,方珊、李勤译,华夏出版社 1995 年版,第 24 页。

[5][6] 刘再复、林岗:《中国文学的根本性缺陷与文学的灵魂维度》,《学术月刊》2004 年第 8 期。

[7] 陈思和:《我对 20 世纪中国文学的世界性因素的思考与探索》,《中国比较文学》2006 年第 2 期。

[8] "情感结构"一词由雷蒙·威廉斯提出,并主张以"情感结构"取代意识形态。他认为:"感觉结构(另翻译为情感结构)可以被定义为溶解流动中的社会经验,被定义为同那些已经沉淀出来的、更为明显可见的、更为直接可用的社会意义构型迥然有别的东西。""大多数现行艺术的有效构形都同那些已经非常明显的社会构形,即主导的或参与的构形相关,而同新兴的构形相关的则主要是溶解流动状态的感觉结构。"参见雷蒙·威廉斯:《马克思主义与文学》,王尔勃、周莉译,河南大学出版社 2008 年版,第 143 页。转引自马海洋:《反宰制、抗辩与主体性追寻——论陈映真小说的身体书写》,《文学评论》2022 年第 1 期。

[9] 林贤治:《鲁迅三论》,《收获》2000 年第 1 期。

[10] [苏]巴赫金、沃洛希诺夫:《弗洛伊德主义批判》,张杰译,中国文联出版公司 1987 年版,第 75—76 页。

[11] 鲁迅:《呐喊·自序》,《鲁迅全集》第一卷,人民文学出版社 2005 年版,第 439 页。

[12] 鲁迅:《野草·颓败线的颤动》,《鲁迅全集》第二卷,人民文学出版社 2005 年版,第 210—211 页。

[13] 鲁迅:《野草·颓败线的颤动》,《鲁迅全集》第二卷,人民文学出版社 2005 年版,第 209—210 页。

[14] [奥]西格蒙德·弗洛伊德:《释梦》,孙名之译,商务印书馆 1996 年版,第 140 页。

[15] 王彬:《鲁迅的"梦中之梦"——重读〈颓败线的颤动〉》,《中北大学学报》

(社会科学版)2017年第1期。

[16] 张京媛编:《新历史主义与文学批评》,北京大学出版社1993年版,第235页。

[17] 鲁迅:《野草·希望》,《鲁迅全集》第二卷,人民文学出版社2005年版,第181页。

[18] 鲁迅:《野草·腊叶》,《鲁迅全集》第二卷,人民文学出版社2005年版,第224页。

[19] [奥]弗洛伊德:《论文明》,国际文化出版公司2007年第2版,徐洋译,第72—73页。

[20] 鲁迅:《两地书·九五》《鲁迅全集》第十一卷,人民文学出版社2005年版,第253页。

[21] [日]丸尾常喜:《颓败下去的"进化论"(选刊)——论鲁迅的〈颓败线的颤动〉》,《鲁迅研究月刊》1993年第6期。

[22] [法]蒂费纳·萨莫瓦约:《互文性研究》,邵炜译,天津人民出版社2003年版,第5页。

[23] 鲁迅:《彷徨·孤独者》,《鲁迅全集》第二卷,人民文学出版社2005年版,第110页。

[24] 鲁迅:《野草·颓败线的颤动》,《鲁迅全集》第二卷,人民文学出版社2005年版,第211页。

[25] 钱理群、温儒敏、吴福辉:《中国现代文学三十年》,北京大学出版社1998年版,第43页。

[26] [日]丸尾常喜:《颓败下去的"进化论"(选刊)——论鲁迅的〈颓败线的颤动〉》,《鲁迅研究月刊》1993年第6期。

[27] [日]片山智行:《鲁迅〈野草〉全释》,李冬木译,吉林大学出版社1993年版,第92—93页。

[28] 鲁迅:《野草·颓败线的颤动》,《鲁迅全集》第二卷,人民文学出版社2005年版,第211页。

[29] 鲁迅:《野草·雪》,《鲁迅全集》第二卷,人民文学出版社2005年版,第186页。

百岁祥林嫂
——"精神之母"论

谷兴云　阜阳师范大学文学院

鲁迅于1924年3月发表《彷徨》中的首篇小说《祝福》。从此，一个典型的旧时代妇女文学人物——"祥林嫂"降临人世。正所谓生不逢时，在小说里，这个出身卑贱的山村女人以四十上下年纪，先被人们弃在尘芥堆中，后被无常打扫得干干净净。如今，这一文学经典人物已是百岁老人矣，似乎尚未被读书界（首先是学者、评论家等人士）看好，屡获负评乃至诟病。百年为界，笔者认为是认识和恢复其真面目的时候了。

一

《祝福》（祥林嫂），从问世之日起，就跌落在文学殿堂的一角，难得引来关注目光。

（一）作者"遗忘"，评论家忽视

关于现代小说的开创，鲁迅说："从一九一八年五月起，《狂人日记》《孔乙己》《药》等，陆续的出现了，算是显示了'文学革命'的实绩，又因那时的认为'表现的深切和格式的特别'，颇激动了一部分青年读者的心。"[1]他的第一本小说集《呐喊》于1923年8月出版，嗣后即创作《彷徨》诸篇。最初的新鲜感和成就感，也许此时已经失去，以至对新作《祝福》，写了就写了，似乎并不放在心上，甚至被"遗忘"。如，《狂人日记》《孔乙己》等篇，尤其《阿Q正传》,在刊出的当时及其后多年,或见于文章,或见于书信、谈话等,鲁迅多有对作品的解释、说明(包括列举),但《祝福》是例外,鲁迅从未说过有关的片言只语。又如,1933年出版《鲁迅自选集》,从《呐喊》《彷徨》《故事新编》《野草》《朝花夕拾》五种著作中,选小说、散文、散文诗共22篇,这是鲁迅仅有的一本自选集,可称其代表性作品的荟萃。所选小说12篇,分别从《呐喊》选5篇(《孔乙己》《一件小事》《故乡》《阿Q正传》《鸭的喜剧》),从《彷徨》选5篇(《在酒楼上》《肥皂》《示众》《伤逝》《离婚》),从《故事新编》选2篇(《奔月》《铸剑》),而《祝福》落选。再如,1935年鲁迅编《中国新文学大系·小说》二集,所选自己作品是《狂人日记》《药》《肥皂》《离婚》四篇;在序中,提到《呐喊》以后的创作:"此后虽然脱离了外国作家的影响,技巧稍为圆熟,刻画也稍加深切,如《肥皂》,《离婚》等,但一面也减少了热情,不为读者们所注意了。"[2]这句话中无一字涉及《祝福》(祥林嫂)。

与作者"遗忘"相似,评论家对《祝福》也持忽视态度。比如,著名评论家茅盾,曾撰写《鲁迅论》《读〈呐喊〉》等专论,对鲁迅创作给予积极评价。其中,论及《呐喊》中的《狂人日记》《孔乙己》《阿Q正传》等篇;关于《彷徨》,说道:"《彷徨》中的十一篇,《幸福的家庭》和《伤逝》是鲁迅所不常做的现代青年的生活描写。"[3]又说,"《彷徨》还有两篇值得对看的小说,就是《在酒楼上》和《孤独者》。""上述《幸福的家庭》等四篇,以我看来,是《彷徨》中间风格独异的四篇。"[4]所论小说多篇,而对《祝福》未置一词。评论家这种对《祝福》不予置评的状况,从其问世起,延续至1940年代末。

(二) 文学史家"无感"或"冷处理"

进入1950年代以后,陆续出版多种中国现代文学史著作。或许受到作者和评论家的影响,文学史家之于《祝福》,要么"无感",要么"冷处理",即在其著作中不着一字,或仅是一提而过。前者如新文艺出版社于 1954 年出版的《中国新文学史稿》,评述《彷徨》中的 11 篇小说,首先是"《幸福的家庭》和《伤逝》",称其内容"是他不常写的青年生活的面影"。其次论及《在酒楼上》和《孤独者》,两者"都写传统的灰色环境如何挤扁了满怀热忱的知识分子",《祝福》等则被冷落,只说:"其余都和《呐喊》差不多,集中在反封建和讽刺着古老的灰色的人生,而且同样表现出反抗的要求。"[5]再如,二三十年后香港出版的《中国新文学史》(上卷),也对《祝福》"无感"。在其第三编"成长期(1921—1928)"之第十一章《短篇小说欣欣向荣(上)》中,著者论及《彷徨》中《肥皂》和《离婚》两篇,进而表示"特别欣赏《在酒楼上》那篇小说",并将"《孔乙己》《故乡》和《在酒楼上》",合称"鲁迅的三篇杰作"[6]。对《祝福》及《彷徨》中其他诸篇均未谈及。

文学史家对《祝福》一提而过的,如作家出版社 1955 年 7 月出版的《中国现代文学史略》,以及同一出版社于同年 12 月出版的《新文学史纲》(第一卷)。前者论及鲁迅"高度的爱国主义革命思想",在小说中表现出的特色:"第一是热爱祖国的劳动人民。"所举实例,重点是《故乡》《一件小事》两篇,列举有《社戏》《孔乙己》和《离婚》,最后说:"在《祝福》和《明天》中对于农村妇女在旧礼教制度下牺牲的愤怒等等,都充分显示了鲁迅对于劳动人民的热爱。"[7]后者倒是两次提到《祝福》(祥林嫂),一次是论述鲁迅杂文表现的战斗精神,说及:"在小说中,也是有的。在《彷徨》中,例如《祝福》中的祥林嫂……"一次是说,"鲁迅也有其悲观、消沉的一面。"列举一些实例,包括"(祥林嫂,爱姑,也终于失败。)"[8]等。

(三)被诟病和被贬抑

也是从 1950 年代起,学者、评论家开始关注《祝福》,陆续发表关于祥林嫂的研究文章。普遍的基调是在肯定的同时,又加以诟病乃至贬抑。如此置评,从彼时延续至今。论者主要观察点之一是祥林嫂被逼再嫁时,头撞香案角这一举动。对此,如1980年代学者说:"这里面还含有对'失节事极大'的理学法则的遵从,她宁可撞死,也不再嫁。"[9] 近年则有:"她的性格是:求稳。这样的性格使祥林嫂在丈夫去世后,会自觉遵守封建礼教的'守节'要求,表现出顺从的态度。"[10] 以及:"祥林嫂本人就是'伪儒'文化的受害者,她坚守节操誓死不嫁。""祥林嫂之所以会激烈反抗,是因为她笃信'失节事极大',这种保全自己名声的悲壮之举,既愚蠢又值得人们去同情。"[11] 等。

(四) 被虚无和被挤压

《祝福》研究发展到当下,已经不仅是对祥林嫂某一举动的否定,而是整体压低其意义和分量,比如被虚无和被挤压。关于被虚无,有学者认为《祝福》"这一'虚无'世界有四个基本的构成体:'我'、鲁四老爷、鲁镇人、祥林嫂。此处的'虚无'是在价值层面上说的,意指一种无真实价值坚守、无真正意义取舍的生存状态。"[12] 对此所谓"虚无"和"一种无真实价值坚守、无真正意义取舍的生存状态。"不知如何确切理解,祥林嫂与鲁四老爷等人均为"虚无"的存在?祥林嫂的"生存状态"与鲁四老爷等人相同,均为"无真实价值坚守、无真正意义取舍"?比方考察有关具体情节:她为维护自我尊严、抗拒逼迫再嫁而头撞香案角,这是不是一种"真实价值坚守"?她逃离严厉的婆婆,选择到鲁镇做工,这是不是一种"真正意义取舍"?关于被挤压,其源头是1993年发表的"两个故事"说,即《祝福》有两个故事":"'我'的故事与祥林嫂的故事。"[13] 这一说法获得新的发展、新的解释,如:(祥林嫂的故事)"只能算是'我的故事'的一部分,属于'故事中的故事'。一定要把小说归纳为'一个故事'的话,《祝福》讲述的其实是'我'的'归乡故事'。"[14] 既然是"两个故事",那就有"两个主人公":"'我'的故事里嵌套着祥林嫂的故事""两位主人公的河边相遇,一番问答,成为整个叙事的高潮,也是非常经典的语篇段落。"[15]令人不解的是,如此挤压祥林嫂,那么,所谓"祥林嫂故事"和"'我'的'归乡故事'",两者有没有一个中心故事,即叙事主线?故事叙述人"我"和叙述对象祥林嫂("两个主人公")之间,谁居于中心位置?

二

回看鲁迅作品研究史,《祝福》作为经典小说,祥林嫂作为文学经典人物,之所以不被一些学者、评论家看好,也许可从鲁迅论《红楼梦》中求得答案:"单是命意,就因读者的眼光而有种种:经学家看见《易》,道学家看见淫,才子看见缠绵,革命家看见排满,流言家看见宫闱秘事……。在我的眼下的宝玉,却看见他看见许多死亡;证成多所爱者,当大苦恼,因为世上,不幸人多。"[16]即因为论者眼光(观念)不同,或者说,以既定观念"先入为主",从而导致种种不同结论。那么,倘能调整"眼光",以"本"(文本)为本(根本),且"顾及全篇"[17],"加以比较,研究"[18],其著述结论,或许能切近作品实际和原义吧。

在《呐喊》《彷徨》两篇小说集中,鲁迅先后创造了孔乙己、阿Q、祥林嫂三个有代表性的文学人物。通观这些典型形象,"顾及全篇",并"加以比较,研究",不难看出,祥林嫂是其中唯一正面典型,即没有"缺点"(性格中不含消极因素)的典型。

比如,以祥林嫂相比于孔乙己。作者通过叙述者"我"(小伙计),评价孔乙己"在我们店里,品行却比别人都好",同时又有所"批评":

> 幸而写得一笔好字,便替人家钞钞书,换一碗饭吃。可惜他又有一样坏脾气,便是好喝懒做。坐不到几天,便连人和书籍纸张笔砚,一齐失踪。如是几次,叫他钞书的人也没

有了。孔乙己没有法,便免不了偶然做些偷窃的事。[19]

可见,孔乙己有好喝、懒做和偷窃三个坏毛病。

对于祥林嫂,作者也是通过叙述人"我"(归乡者)表明"态度",但作者毫无"批评"之意,只有同情和愤慨:

> 这百无聊赖的祥林嫂,被人们弃在尘芥堆中的,看得厌倦了的陈旧的玩物,先前还将形骸露在尘芥里,从活得有趣的人们看来,恐怕要怪讶她何以还要存在,现在总算被无常打扫得干干净净了。……在现世,则无聊生者不生,即使厌见者不见,为人为己,也还都不错。[20]

读此"无聊生者不生,即使厌见者不见,为人为己,也还都不错"等语,可深切感知,这是以愤激的反语,表达对"无聊生者"的同情,对"厌见者"的抗议。

比之于孔乙己的坏毛病,祥林嫂恰恰相反,其为人做事全是正面、积极的:在生活上没有嗜好或特别需求,吃饭时食物不论;在主人家干起活来,力气是不惜的;与"偷窃的事"毫不沾边,主人极愿雇用她,等等。

再如,以祥林嫂与阿Q比较。关于阿Q典型,据作者自白:"鲁迅作的一篇《阿Q正传》,大约是想暴露国民的弱点的。"[21]其对阿Q的态度,是所谓"哀其不幸"和"怒其不争"[22],而于祥林嫂则绝然不同:"作者是以最尊敬的态度在对待这一个被践踏、被损害、被人们弃在尘芥堆中的女人的。……为了这个女人的被损害,作者一面在悲愤,在提出抗议,一面又在她本人身上去寻找她自己的力量。"[23]

读《阿Q正传》可知,阿Q之"国民的弱点",最突出的表现就是"精神上的胜利法"。请看以下片段:

凡有和阿Q玩笑的人们,几乎全知道他有这一种精神上的胜利法,此后每逢揪住他黄辫子的时候,人就先一着对他说:

"阿Q,这不是儿子打老子,是人打畜生。自己说:人打畜生!"

阿Q两只手都捏住了自己的辫根,歪着头,说道:

"打虫豸,好不好?我是虫豸——还不放么?"

但虽然是虫豸,闲人也并不放,仍旧在就近什么地方给他碰了五六个响头,这才心满意足的得胜的走了,他以为阿Q这回可遭了瘟。然而不到十秒钟,阿Q也心满意足的得胜的走了,他觉得他是第一个能够自轻自贱的人,除了"自轻自贱"不算外,余下的就是"第一个"。状元不也是"第一个"么?"你算是什么东西"呢?![24]

同样是被众人欺辱,看祥林嫂如何对待:

自从和柳妈谈了天,似乎又即传扬开去,许多人都发生了新趣味,又来逗她说话了。至于题目,那自然是换了一个新样,专在她额上的伤疤。

"祥林嫂,我问你:你那时怎么竟肯了?"一个说。

"唉,可惜,白撞了这一下。"一个看着她的疤,应和道。

她大约从他们的笑容和声调上,也知道是在嘲笑她,所以总是瞪着眼睛,不说一句话,后来连头也不回了。她整日紧闭了嘴唇,头上带着大家以为耻辱的记号的那伤痕,默默的跑街,扫地,洗菜,淘米。[25]

相对于阿Q的"自轻自贱"和"精神上的胜利",祥林嫂则是"瞪着眼睛,不说一句话,后来连头也不回。""整日紧闭了嘴唇"。

即无声的抗议,"最高的轻蔑""连眼珠也不转过去"[26]。

要之,无论孔乙己或阿Q,相比于祥林嫂,差异均十分明显。她是鲁迅塑造的唯一正面典型,虽系生存在社会底层的卑贱女人,却保有并维护人的本性和自身尊严。

三

1924年问世的祥林嫂,作为经典文学人物,其形象的内涵十分丰富。比起鲁迅此前创造的孔乙己(1918)和阿Q(1921),祥林嫂形象的丰满度有过之而无不及。如果依照福斯特在《小说面面观》中阐述的观点,即,将小说中的人物分为扁平人物和圆形人物两种,那么,祥林嫂应属于圆形人物,孔乙己和阿Q两个形象则较多具有扁平人物的特质——"其最纯粹的形式是基于某种单一的观念或品质塑造而成的"。就两种人物的作用而言,"只有圆形人物堪当悲剧性表演的重任,不论表演的时间是长是短;扁平人物诉诸的是我们的幽默感和适度心,圆形人物激发的则是我们拥有的所有其他情感。"就人物的生活面而言,"圆形人物的生活宽广无限,变化多端——自然是限定在书页中的生活。小说家有时单独利用它们,更经常的则是结合以其他种类的人物,来成就其活现真实生活的抱负,并使作品中的人类与作品的其他方面和谐共处。"[27]

以祥林嫂相比于孔乙己。据孙伏园忆述鲁迅的谈话:"《孔乙己》作者的主要用意,是在描写一般社会对于苦人的凉薄。"[28]可知,鲁迅之于孔乙己形象塑造,是基于"描写一般社会对于苦人的凉薄"这一观念,读者的第一感受是他的滑稽可笑。作品显示的生活场景集中于咸亨酒店,人物限于酒客、掌柜、小伙计等。祥林嫂与之不同,其形象是立体的,多面的。除了抗拒社会凉薄外,还包括她的人生道路、感情生活等方面;其悲剧内容也更丰富,更深刻——"中国农村妇女所受的痛苦的深度,是再没有比在鲁迅这篇小说里表现得更充分的了。"[29]祥林嫂活动范围不止于做工的主人家，而扩大到整个鲁镇，乃至卫家山和贺家墺；鲁迅通过祥林嫂与婆婆、柳妈等人物的复杂关系，即圆形与扁平两种人物的结合，反映出前现代时期，我国浙东地区的社会风貌、民众精神痼疾及其日常生活状态等。

祥林嫂相比于阿Q，情况复杂一些。可以肯定的是，鲁迅创作阿Q是基于"暴露国民的弱点"这一出发点(见上引文字)，原是为《开心话》栏目而写，幽默讽刺的色彩浓烈，常常引起读者会心一笑等，均贴近扁平人物的特性。祥林嫂不属于这种情况。鲁迅塑造此典型，并非出于"某种单一的观念"，而是取材于"病态社会的不幸的人们中"，以"揭出社会底层病苦，引起疗救的注意"[30]，即福斯特所谓"活现真实生活"。祥林嫂的悲剧是严格意义上的悲剧，读者的阅读感受，止于对被伤害者遭遇的惊异、感叹和同情，对施害者的愤怒、憎恨和鄙夷，而绝无嬉笑之感。

在鲁迅《呐喊》《彷徨》两篇小说集中，以女性人物为主人公的，有《呐喊》中的《明天》，《彷徨》中的《祝福》《伤逝》和《离婚》，中心人物(主人公)分别是：单四嫂子、祥林嫂、子君、爱姑。笔者比较和研究这四个女性形象，只有《祝福》塑造的祥林嫂，昭示读者以女人完整一生。"虽然她最后是一步一步的被那个旧世界所撕碎，毁灭了，但作为一个人的形象，她却是完整的。"[31]何谓完整？笔者以祥林嫂与单四嫂子、子君和爱姑做比较，完整的含义体现在三个层面。

一是演绎生命全部过程。祥林嫂初到鲁四老爷家做工时，年约二十六七；嗣后以四十上下年纪，殒命于鲁镇。这十几年，是她一生的重要阶段，文本采用的是实写手法。此前人生阶段，即，做祥林未婚妻的十几年，以及她的幼年时期，采用的是虚写手法，只点明她的童养媳身份(丈夫比她小十岁)。两种写法显示出祥林嫂的一生遭际，由此可形成对其命运的整体认知，加深祥林嫂悲剧的深刻性。比较单四嫂子、子君、爱姑,各文本所写内容,或为生活片段(《明天》,宝儿夭亡前后;《离婚》,听七大人评理过程),或系一个阶段(《伤逝》,爱侣同居的始与末);内容(涵盖面)不同,读者认知以及艺术效果,自然存在明显差异。

二是体验苦乐两种生活。祥林嫂的一生,在幼年时期(生活于山村贫穷人家),乃至童养媳阶段,过的都是苦日子,品味不到生活的幸福,其情感体验与快乐绝缘。但在一生的最后十几年,情况有所改变,两次品味到生活的喜乐。一次是成功逃离严厉的婆婆,到鲁四老爷家做工,既有工钱可挣,又不受虐待,她为此感到满足,口角边有了笑影。另一次是被逼嫁给贺老六,意外得到中意的丈夫,两人合组一个温馨之家,真可谓喜从天降,十分幸运,以至事后说起贺老六她就笑。尽管这两次的喜乐生活,为时较为短暂(前一次三个半月,后一次约两年),毕竟均有所体验。其他女人,如单四嫂子、子君、爱姑等,难得有这种幸运。

三是完成女人两件大事。"男大当婚,女大当嫁",这是我国传统观念。从人女到人妻,这是传统女人一生的首件大事。祥林嫂两次嫁人,虽然均非自主、自愿,却是完成了首件大事。单四嫂子、子君、爱姑三人,于此亦不欠缺(子君系现代女性,选择同居也是嫁人),但就女人的第二件大事——生子而言,三人存在差别:单四嫂子与祥林嫂都有可爱的孩子,而子君、爱姑则有无子之憾(原因不同)。如完成"嫁人—生子"两件事,才是完全的女人,祥林嫂和单四嫂子没有区别;不同的是,丈夫(贺老六)和孩子(阿毛),都是祥林嫂心之所爱,三口之家幸福美满;单四嫂子的丈夫如何,文本无交代。

四

在《祝福》以往研究中,与上文不看好祥林嫂的学者不同的是著名理论家、鲁迅研究家陈涌和冯雪峰。他们分别评价祥林嫂是

"真正的人",或"高贵伟大的女人"。两位研究家对祥林嫂的基本品格做了评述:"鲁迅在他的《祝福》里写出了这样一个平凡的、善良而纯朴的农村妇女的悲剧,写出了她的一生的悲惨的命运,写出了一个真正的农村妇女的灵魂。"[32]"鲁迅以最朴素和极经济的笔,叙述了关于祥林嫂的一些平常的事情,这些事情却每一件都足以说明祥林嫂的纯洁、善良、坚毅、朴厚的性格和灵魂。"[33]

(一)纯朴

祥林嫂生在山村,长在山村,母家和婆家均为贫穷人家,在艰苦岁月里,她养成单纯朴实的品性,对生活要求不高。正如陈涌所说:"我们的祥林嫂,我们中国的纯朴的劳动妇女,对生活有过什么所谓分外的要求吗?她不是明明付出很多,而得到很少吗?而这情形在她已经感到满足。如果这样的生活并不受到侵扰,并没有很快便遭受破坏,祥林嫂也许便这样连她自己也感到无憾的度过了她的一生。""这个纯朴的农村妇女所要求的生活,始终不过是一种平凡的起码的生活。"[34]

验之以文本,如,她初到鲁四老爷家,在四婶眼里:"看她模样还周正,手脚都壮大,又只是顺着眼,不开一句口,很像一个安分耐劳的人";在鲁镇人看来,"人们都说鲁四老爷家里雇着了女工,实在比勤快的男人还勤快。到年底,扫尘,洗地,杀鸡,宰鹅,彻夜的煮福礼,全是一人担当,竟没有添短工。然而她反满足,口角边渐渐的有了笑影,脸上也白胖了"。[35]——这是对祥林嫂纯朴品性,最实际的注脚。

(二)善良

认识祥林嫂的善良,莫过于和文中另两个寡妇:柳妈及祥林嫂的婆婆作比较。

同为苦命女人的柳妈(丧夫而家贫),据说是善女人,也在鲁四老爷家做工,她不仅不对命更苦的祥林嫂发善心,反而接连施加伤害。先是,当祥林嫂自诉失子之痛时,她立即打断,不许说下去;接着责问,祥林嫂为什么依从了贺老六,断定祥林嫂是"自己肯了";再就是,说再嫁是一件大罪名,是一世的罪名,将来到阴司去,阎罗大王要锯开来,分给两个男人;最后,将所谓"自己肯了"的话传扬开去,引起鲁镇众人争相挑逗、嘲笑祥林嫂。

年轻丧夫的祥林嫂婆婆,一向对儿媳严厉凶狠,在祥林死后,强逼儿媳再嫁,而且是嫁到深山野坳,为的是可以得到大价钱,给小儿子娶媳妇。其强逼计划,是先侦查祥林嫂行踪,然后实施暴力:派壮汉到鲁镇突袭,把她绑架回卫家山,堵住嘴无法出声,绳捆索绑塞进花轿,三个男人使劲擒住拜天地……其手段,可谓无所不用其极。

相比于柳妈的伤害,祥林嫂婆婆的凶狠,祥林嫂是被害对象。纵观祥林嫂一生,她只有被伤害、被摧残,而从未以恶意对待他人,更不必说伤害他人,因为她只有一颗善良的心。

(三) 勤劳

"穷人的孩子早当家",祥林嫂在幼儿时期就学着干活。做了祥林家的童养媳以后,她要伺候一家大小,更是不停地干活,即使和祥林成了亲,依然是家里重要劳力。因此,干活是她生活的重要内容,人生的第一要务。文中对其勤劳的描写,主要是初到鲁四老爷家时的试工,以及到年底的干活情况,即"安分耐劳""比勤快的男人还勤快"相关描述。祥林嫂的勤劳有两个特点,一是主动性,发自内心想干活。这点和柳妈相比更明显:四叔家过新年事多活忙,雇了善女人柳妈做帮手,她却以吃素不杀生为由,不愿杀鸡、宰鹅,也不愿干别的活,只肯洗器皿;祥林嫂很想干杀鸡、宰鹅等各种活,却不许她干,只能在灶下烧火。二是善于学习,会干活。她的前夫祥林家以打柴为生,不会别的营生,小叔子十多岁,也能打柴了,她自然也要参与打柴;而在后夫贺老六家,她很能干活,打柴摘茶养蚕都会做。摘茶养蚕等是她后学的,而且很快就学会了。

(四) 坚毅

屡经苦难磨砺的祥林嫂,内心坚定有主见,为人做事有毅力:自幼离开父母,到婆婆家做童养媳,一二十年里含辛茹苦,虽受尽婆婆虐待,却只能隐忍在心,不可有半点违抗,为的是,等待祥林长大成人,结为正式夫妻,能改变命运。可是,天不遂人愿,未曾想,成亲只有一年光景,祥林就一命呜呼,撒手人寰,美好愿望落了空。不仅如此,更大的灾难迅即降临,婆婆以高价把她卖进深山野坳。祥林嫂忍无可忍,立即和婆婆一刀两断,逃到鲁镇,自寻生存之路。这是她第一次为自己作出决断,既已和婆婆家了结,就永不回头。第二次的决断是以死相拼,头撞香案角,反抗婆婆的逼嫁。其后,还有一系列类似行动和作为,如,强忍鲁镇人的嘲笑,默默地跑街、扫地、洗菜、淘米,约一年时间后,取出积存的工钱,到土地庙捐门槛;苦挨五年寻机会,等"我"回鲁镇,只为向"我"问一件事,一个人死后有没有魂灵,以求死掉的一家人在地狱里都能见面等。

五

鲁迅笔下的祥林嫂,是具有非凡意义的文学人物。就其社会价值和启迪作用而言,她是国人的精神之母。山村女人祥林嫂之所以成为中国人的精神母亲,是因为其高尚精神,包含以下朴素而珍贵的内容:爱,希望和追求,抗争。

(一) 爱

"爱"是人的第一感情,是人的天性。人之所以活着,是因为"爱";有"爱",生活才有意义。鲁迅反复说道:"我现在心以为然的,便只是'爱'。""独有'爱'是真的。""所以觉醒的人,此后应将

这天性的爱,更加扩张,更加醇化;用无我的爱,自己牺牲于后起新人。"[36]祥林嫂是富于爱心的女人:

首先是爱自己。"无论何国何人,大都承认'爱己'是一件应当的事。这便是保存生命的要义,也就是继续生命的根基。""单照常识判断,便知道既是生物,第一要紧的自然是生命。"[37]爱自己就是爱生命,爱生活。祥林嫂四十年的生命史,就是一部自存自救的奋斗历史。从童养媳阶段的忍辱负重,直到生命终结时寻求一家人见面,她都力求享受生命,享受生活,哪怕是备尝艰辛的生活,乃至地狱里的另一种生活。对于女人来说,"爱自己"的意义,不只限于自身,还关系到丈夫、孩子和家庭。祥林嫂如果没有先前的隐忍自存,就没有后来的结缘贺老六,并互相成全对方,更没有可爱的乖宝宝阿毛,以及温馨的三口之家。

其次是爱亲人。贺老六和阿毛,是祥林嫂仅有的亲人,都是她心之所系,尤其贺老六。他们的夫妻之爱,是两人共同培养的,为时约两年。在贺老六死后,她无限依恋,念念在心,两次在话语中显露出来:一次是在哭诉失子之痛时,她反复说"我们的阿毛"如何如何,"我们"就是她和贺老六,意在强调,阿毛是夫妻共同的心肝宝贝。一次是盼望在地狱里一家人见面,实现她和贺老六、阿毛的全家团聚。

最后是爱孩子。"父母生了子女,同时又有天性的爱,这爱又很深广很长久,不会即离。"[38]祥林嫂对于阿毛的爱,远超寻常女人的母爱:一则因为阿毛是在她吃了那么多苦,遭了那么多罪之后,以近30岁的高龄生养而成;二则因为阿毛又是她和贺老六——一对孤男寡女、患难夫妻共同的亲骨肉。这种异于寻常的母爱,在文本中表现为:1.最初的精心喂养,母亲也胖,儿子也胖;2.祥林嫂两次到鲁镇后,撕心裂肺地哭诉失子之痛,而且是反复地向鲁镇人哭诉;3.在哭诉中,一再夸赞阿毛听话,"句句听";4.看到别人的孩子,就想起阿毛,引出他的故事,想起阿毛如果还在,也就有这么大了。

（二）希望和追求

鲁迅说:"我现在心以为然的道理,极其简单。便是依据生物界的现象,一,要保存生命;二,要延续这生命;三,要发展这生命（就是进化）。"[39]又说:"人类总有一种理想,一种希望。虽然高下不同,必须有个意义。"[40]祥林嫂立足于现实,既活在现实里,保存和延续着生命,又活在希望中,追求生命的发展。

祥林嫂的希望和追求,因现实处境不同,内涵和目标也不同。在做童养媳的十多年里,她精心伺候前夫祥林,盼望他早一天长大,成亲生子,由此改善自己在家里的地位,不再挨打挨骂,备受虐待。这是她最初的目标。但未料成亲不久,丈夫就过世了,两人也没有留下孩子。十几年的希望和追求,立即化为泡影。生活既失去盼头,又要被婆婆卖进深山,此时的她,新的希望滋生:即刻脱离苦海,走自主谋生之路。这一目标因在鲁镇做工而实现,她为此第一次感受到生活的称心如意。之后,祥林嫂的生命向更美好方向发展:她因祸得福,虽被逼再嫁,却幸遇体恤她的男人贺老六。随之,新的希望和追求是两人共建和谐家园,生育可爱的孩子。这两个密切相关的目标,一一如愿以偿,虽然生活的美好,为时短至仅两年左右,却是她意想不到的幸运。

祥林嫂因再嫁贺老六,而升入生命的巅峰,也因再嫁而跌入谷底,直至四十上下的年纪,早早终止生命。即使在厄运中,她依然没有丧失希望和追求:出自逆境的生命目标。贺老六死于伤寒后,祥林嫂本可以守住阿毛,相依为命度余生,生活还有希望。哪知孩子意外遭了狼,大伯随即来收屋,把她逐出家门。身处绝境,为保命求生存,她第二次到鲁镇,再求原主人鲁四老爷和四婶收留。虽被勉强接纳,但这一次的境遇截然不同,一是身体、精神大不如前,干活不行了;二是身为再嫁再寡又失子的女人,被视为犯了重罪的罪人,不可接触的贱人。诸如,主人家的祭祀活动,不许她沾手;受鲁镇人讽刺、嘲笑,成为他们作贱的对象;尤其柳妈直斥她犯了大罪,阎罗大王要把你锯开,分给两个男人,使她陷于恐怖之中;她按柳妈说的做,到土地庙里捐门槛当替身,却赎不了罪,四婶依然不许她沾手祭祀,而且把她赶了出去。祥林嫂在流落街头,成为乞丐以后,还有最后的希望:等待有机会见到"我",寻求关于地狱的答案,追求在另一世界和贺老六、阿毛见面,实现一家人的团聚。

(三) 抗争

在祥林嫂的短暂人生中,遭遇重重天灾与人祸,苦难连连。面对前者(祥林和贺老六先后病死,阿毛被狼吃),她无力救赎,只能承受;但对于后者——来自不同方面的压迫、伤害、作贱等,她如何应对? 鲁迅指出:"人被压迫了,为什么不斗争?"[41]他倡导"对于有害的事物,立刻给以反响或抗争"[42],否定"遇见强者,不敢反抗"[43]的卑怯,责问道:"倘使连这一点反抗心都没有,岂不就成为万劫不复的奴才了?"[44]祥林嫂正是以斗争应对压迫,以抗争排斥有害的事物,以反抗回击强者。

祥林嫂的抗争,因对手的压迫形式不同,而应之以不同形式:或决绝的行动,或无声的抗拒,乃至"伟大的疑惑"等。如,祥林嫂作为童养媳,婆婆压迫她十余年,后来为了强逼她再嫁,像对待猪一样,把她捆绑回卫家山,再捆绑到贺家墺,逼迫成亲拜堂;她以决绝行动相抗争,先是义无反顾地出逃,终结婆媳关系,后是头撞香案角,拼死命对抗。又如,鲁镇人烦厌她,唾弃她,又冷又尖地嘲笑她,她的抗拒方式(见上引文字),是瞪着眼睛,不说一句话,或连头也不回,整日紧闭了嘴唇等,这是无声的抗拒。

"伟大的疑惑"是冯雪峰对祥林嫂反抗精神的高度评价,特指她关于灵魂的疑惑:"这个乞丐在临终之前,却发生疑惑了,疑惑一个人死了之后究竟有没有灵魂,阴间有没有地狱。这真是一个伟大的疑惑!"祥林嫂的疑惑就是对于人间社会和命运的怀疑:"她总是已经怀疑这个人间社会给她排定的这个命运了。无论她希望死后有灵魂,或希望没有灵魂,都说明她已经不愿意服从别人替她排定的这个运命了。""最重要的,是她的这个怀疑,显然又正是她对于现实的压迫势力的一个反抗。"[45]关于祥林嫂的疑惑,文本写明的还有四婶不许她取烛台,她转了几个圆圈,终于没有事情做,只得疑惑的走开。此处的疑惑,针对的是鲁四老爷及礼教,和祥林嫂关于灵魂的疑惑相一致。

以上,关于祥林嫂精神内涵的阐述,连同上文对其高贵品格的解析,是基于陈涌、冯雪峰等前贤有关评论,所做的进一步思考,一种理解,一种认识。鲁迅在写作《祝福》一年后(1925 年 3 月)呼唤道,"此后最要紧的是改革国民性"。[46]如果说,《阿 Q 正传》"是想暴露国民的弱点的"。那么,《祝福》则写了"国民的优点",即国民性的积极方面。通过平凡而伟大的山村女人祥林嫂,鲁迅刻画出中国人灵魂的正面,为此塑造了中国人的精神之母。

注释

[1]鲁迅:《〈中国新文学大系〉小说二集序》,《鲁迅全集》第 6 卷,人民文学出版社 2005 年版,第 246 页。

[2]鲁迅:《〈中国新文学大系〉小说二集序》,《鲁迅全集》第 6 卷,人民文学出版社 2005 年版,第 247 页。

[3]茅盾:《鲁迅论》,《茅盾论中国现代作家作品》,北京大学出版社 1980 年版,第 66 页。

[4]茅盾:《鲁迅论》,《茅盾论中国现代作家作品》,北京大学出版社 1980 年版,第 70、72 页。

[5]王瑶:《中国新文学史稿》(上册),新文艺出版社 1954 年版,第 87 页。

[6]司马长风:《中国新文学史》(上卷),(香港)昭明出版社有限公司,1980 年版,第 150、152 页。

[7] 丁易:《中国现代文学史略》,作家出版社1955年版,第188页。

[8] 张毕来:《新文学史纲》(第一卷),作家出版社1955年版,第186、187页。

[9] 范伯群、曾华鹏:《逃、撞、捐、问——对悲剧命运徒劳的挣脱——论〈祝福〉》,范伯群、曾华鹏《鲁迅小说新论》,人民文学出版社1986年版,第243页。

[10] 赵新顺:《叙述层次制约下的言说边界——基于叙述学知识的〈祝福〉解读》,《鲁迅研究月刊》2013年8期。

[11] 宋剑华:《反"庸俗"而非反"礼教":小说〈祝福〉的再解读》,《鲁迅研究月刊》2013年11期。

[12] 彭小燕:《"虚无"四重奏——重读〈祝福〉》,《中国现代文学研究丛刊》2012年1期。

[13] 钱理群:《〈祝福〉:"我"的故事与祥林嫂的故事》,《语文学习》1993年第7期。

[14] 段从学:《重读〈祝福〉:"祥林嫂之问"与"鲁迅思想"的发生》,《文学评论》2021年2期。

[15] 姜异新:《"呐喊"之后的"重压之感"——〈祝福〉细读》,《文艺争鸣》2022年第2期。

[16] 鲁迅:《〈绛洞花主〉小引》,《鲁迅全集》第八卷,人民文学出版社2005年版,第179页。

[17] 鲁迅《"题未定"草(六至九)》:"倘要论文,最好是顾及全篇,并且顾及作者的全人,以及他所处的社会状态,这才较为确凿。"《鲁迅全集》第六卷,人民文学出版社2005年版,第444页。

[18] 鲁迅《〈一天的工作〉后记》:"有心的读者或作者倘加以比较,研究,一定很有所省悟,我想,给中国有两种不同的译本,决不会是一种多事的徒劳。"《鲁迅全集》第十卷,人民文学出版社2005年版,第414页。

[19] 鲁迅:《孔乙己》,《鲁迅全集》第一卷,人民文学出版社2005年版,第458页。

[20] 鲁迅:《祝福》,《鲁迅全集》第二卷,人民文学出版社2005年版,第10页。

[21] 鲁迅:《再谈保留》,《鲁迅全集》第五卷,人民文学出版社2005年版,第

154 页。

[22] 鲁迅《摩罗诗力说》:"苟奴隶立其前,必衷悲而疾视,衷悲所以哀其不幸,疾视所以怒其不争。"《鲁迅全集》第一卷,人民文学出版社 2005 年版,第 82 页。

[23] 冯雪峰:《单四嫂子和祥林嫂》,《雪峰文集》第 4 卷,人民文学出版社 1985 年版,第 382 页。

[24] 鲁迅:《阿 Q 正传》,《鲁迅全集》第一卷,人民文学出版社 2005 年版,第 517 页。

[25] 鲁迅:《祝福》,《鲁迅全集》第二卷,人民文学出版社 2005 年版,第 20 页。

[26] 鲁迅:《半夏小集》,《鲁迅全集》第六卷,人民文学出版社 2005 年版,第 620 页。

[27] [英] E·M·福斯特著,冯涛译:《小说面面观》,译文出版社出版 2016 年版,第 61、67、72 页。

[28] 孙伏园:《鲁迅先生二三事·孔乙己》,孙伏园、孙福熙:《孙氏兄弟谈鲁迅》,新星出版社 2006 年版,第 173 页。

[29] 陈涌:《论鲁迅小说的现实主义——〈呐喊〉与〈彷徨〉研究之一》,《陈涌文学论集》,上海文艺出版社 1984 年版,第 192 页。

[30] 鲁迅:《我怎么做起小说来》:"所以我的取材,多采自病态社会的不幸的人们中,意思是在揭出病苦,引起疗救的注意。"《鲁迅全集》第四卷,人民文学出版社 2005 年版,第 526 页。

[31] 陈涌:《鲁迅小说的思想力量和艺术力量》,《陈涌文学论集》,上海文艺出版社 1984 年版,第 429 页。

[32] 陈涌:《论鲁迅小说的现实主义——〈呐喊〉与〈彷徨〉研究之一》,《陈涌文学论集》,上海文艺出版社 1984 年版,第 192 页。

[33] 冯雪峰:《单四嫂子和祥林嫂》,《雪峰文集》第 4 卷,人民文学出版社 1985 年版,第 383 页。

[34] 陈涌:《论鲁迅小说的现实主义——〈呐喊〉与〈彷徨〉研究之一》,《陈涌文学论集》,上海文艺出版社 1984 年版,第 189、190 页。

[35] 鲁迅:《祝福》,《鲁迅全集》第二卷,人民文学出版社 2005 年版,第 10、11 页。

[36] 鲁迅:《我们现在怎样做父亲》,《鲁迅全集》第一卷,人民文学出版社2005年版,第138、142、140页。

[37] 鲁迅:《我们现在怎样做父亲》,《鲁迅全集》第一卷,人民文学出版社2005年版,第138、135页。

[38] 鲁迅:《我们现在怎样做父亲》,《鲁迅全集》第一卷,人民文学出版社2005年版,第142页。

[39] 鲁迅:《我们现在怎样做父亲》,《鲁迅全集》第一卷,人民文学出版社2005年版,第135页。

[40] 鲁迅:《我之节烈观》,《鲁迅全集》第一卷,人民文学出版社2005年版,第129页。

[41] 鲁迅:《文艺与革命》,《鲁迅全集》第四卷,人民文学出版社2005年版,第84页。

[42] 鲁迅:《且介亭杂文序言》,《鲁迅全集》第六卷,人民文学出版社2005年版,第3页。

[43] 鲁迅:《通讯二》,《鲁迅全集》第三卷,人民文学出版社2005年版,第27页。

[44] 鲁迅:《学界的三魂》,《鲁迅全集》第三卷,人民文学出版社2005年版,第221页。

[45] 冯雪峰:《单四嫂子和祥林嫂》,《雪峰文集》第四卷,人民文学出版社1985年版,第385页。

[46] 鲁迅:《250331致许广平》,《鲁迅全集》第十一卷,人民文学出版社2005年版,第470页。

现代文本的生成与创制
——《朝花夕拾》初版本对原刊本标点符号的修改

丁　文　中国社会科学院大学文学院

1928 年 9 月,未名社出版部出版了《朝花夕拾》(以下称初版本)。在此之前,《莽原》半月刊上[1]发表了一组以"旧事重提"为副标题的系列文本(以下称原刊本)。孙用在《鲁迅全集校读记》中曾对《朝花夕拾》的原刊本与文集本进行了对校。其间的大部分差异,已如孙用在书中所揭示。限于篇幅,《鲁迅全集校读记》只录入了"很小一部分"标点符号的变动[2]。更多具体情形未被完整呈现。实际上,标点符号修改是《朝花夕拾》初版本与原刊本之间的重要差别,这些修改并非仅以修订讹误[3]为目的,而是有着更重要的意义。

在《朝花夕拾》的结集过程中,鲁迅曾对插图、用纸[4]等有着周密的安排。因此原刊本与初版本的文字、标点符号差异,几乎不存在由未名社同人或排印工人代办的可能性,可以认定是鲁迅本人的修改。这从现存的两份《朝花夕拾·小引》(以下简称"《小引》")手稿中的标点符号差异,可以得到印证。

这两份《小引》手稿,一份写在"未名稿纸"上(淡绿格,每半页 12 行,每行 36 格),有涂改,可以看作是《小引》的初稿;另一份写在蓝色丝栏(每半页 13 行)的稿纸上,无涂改痕迹,可以看作《小引》的清稿[5]。这两份手稿之间有两处标点符号差异。

第一处在《小引》第二段:初稿为"书桌上的一盆'水横枝',是我先前没有见过的:[6]就是一段树,只要浸在水中,枝叶便青葱得可爱。"清稿将冒号改成了逗号。第二处在《小引》第四段,也是被论者反复引用的段落:初稿为"凡这些,都是极其鲜美可口的,都曾是使我思乡的蛊惑。"清稿将逗号改成分号,变成:"凡这些,都是极其鲜美可口的;都曾是使我思乡的蛊惑。"

值得注意的是,《小引》初稿与发表在1927年5月25日《莽原》半月刊第2卷第10期上的原刊本相一致;而清稿则与1928年9月未名社出版部出版的《朝花夕拾》初版本相一致。鲁迅在《小引》清稿中亲笔所作的这两处标点修改,证明了从原刊本到初版本的修改,出自鲁迅本人的手笔。

透过这两处标点差异,更值得注意的是鲁迅自觉运用标点符号对《朝花夕拾》进行文本定型,新式标点是《朝花夕拾》作为现代文本得以确立的重要工具。

第一处中的冒号显示出鲁迅原想介绍"水横枝"为何物;改成逗号后,意思则不再拘泥于"水横枝"这一具体事物,而是将眼前物("绿叶")与手头工作("旧稿")融为一体,物象的生动反衬出心境的无聊,"水横枝"成为行文的一个环节,文章更显流畅。

第二处中的逗号表现出初稿先陈述"鲜美可口",后陈述"思乡的蛊惑","鲜美可口"是"思乡的蛊惑"的原因;但清稿则呈现出两者的并列关系:即"鲜美可口"可视作"故乡"的具体形态,"乡"成为味觉、视觉、听觉等多种感官的综合体,五味、五色或五音本身便是"思乡"的具体方法与路径。

《朝花夕拾》作为现代白话文的经典,其生成过程当然也包含了鲁迅对新式标点的揣摩与应用。1919年11月29日,由胡适最终修订的马裕藻、周作人、朱希祖、刘复、钱玄同、胡适六人共同提议的《请颁行新式标点符号议案(修正案)》(下文简称为《议案》),以教育部训令第五十三号《教育部通令采用新式标点符号文》的形式,于 1920 年 2 月责令全国学校实施[7]。无论是新文学运动主将们的合力修纂,还是北洋政府教育部的官方训令,新式标点符号方案的提出,都强调了标点符号在白话文语言系统中担任着"表意"的功能:即"足资文字上辨析义蕴、辅助理解之用合"。当时在教育部任职的鲁迅,自然熟悉这份《议案》。而 1934 年老友刘半农去世后,鲁迅在纪念文章中回忆了"十多年前"作为白话文运动的一个部分,"提倡新式标点"[8]曾遭受到巨大阻力。

《朝花夕拾》从写作、发表到结集的三年多(1926—1928),正是现代白话文在形式上愈趋稳固的一段重要时期。《朝花夕拾》初版本对原刊本的标点符号修改,是鲁迅对新式标点符号"表意"功能的探索,以及以新式标点参与现代白话文定型的具体实践。将鲁迅的修改实践置于《朝花夕拾》经典化的历程中,或是现代文本建构期的历程中,均存在一定的探讨价值。

一、句号对联结关系的切分

综观初版本对原刊本的标点符号的修改趋势,会发现初版本的句子变短了。有 14 处逗号改成了句号[9]。以《父亲的病》为例,以下两例代表了绝大多数逗号改句号的具体情形。

例 1:其时是秋天,而梧桐先知秋气,其先百药不投,……(原刊本)

其时是秋天,而梧桐先知秋气。其先百药不投,……(初版本)

例 2:还有用药也不同,前回的名医是一个人还可以办的,……(原刊本)

还有用药也不同。前回的名医是一个人还可以办的,……(初版本)

例1中,至"梧桐先知秋气"处,点出了将"医者,意也"的所谓原理付诸实际应用的案例,至此意思已经完足。后接"其先百药不投……",讲述的是生效的过程。例2中,原刊本用了逗号,使全句长达68个字符。初版本将"还有用药也不同"之后改为句号后,不仅将一个长句分作两句,也使得接下来在比较前后两句"名医"用药的所谓差异时,以更为舒缓的句式承载强烈的讽刺性。

由于原刊本直接与鲁迅手稿相关联,原刊本偏多使用逗号,显现出鲁迅在书写中更习惯于使用逗号[10]。从形态和功能上看,逗号与旧式句点符号中的点号("、")有类似之处。这反映出鲁迅在书写中存留着旧式文章的书写习惯。在手稿修改中,已经可以看到鲁迅在一气呵成的句子中加入标点的痕迹。如《藤野先生》手稿中"仙台是一个市镇并不大",修改中加了逗号,变成"仙台是一个市镇,并不大"。而在《二十四孝图》手稿的开篇:"我总要上下四方寻求,得到最黑最黑,最黑的咒文",修改时变成了"我总要上下四方寻求,得到一种最黑,最黑,最黑的咒文"。逗号的加入,使得三个"最黑"构成鲁迅文本中较为少见的语词反复。无论是将手稿中长句进行逗号的切分,还是原刊本的诸多长句,都可以看到《朝花夕拾》文本定型过程中传统文章痕迹的遗留。

而当鲁迅重新审读原刊本时,他以现代文本标准对旧稿重新规范的意图是明确的。《二十四孝图》近乎奇崛的开篇,既揭示了"旧事重提"写作时白话文所面临的复古思潮的挑战,也显现出鲁迅试图打磨出一份近乎"标准"的现代文本来应对反对白话思潮的决心。初版本不仅添入了《议案》所规定的新式标点符号,如书名号(曲线)[11],并且在初版本中以句号替代逗号,执行了《议案》中提到的"意思已完足"这一句号的基本功能。

然而,初版本将原刊本的逗号改为句号,又不限于"意思已完足"这一功能。《从百草园到三味书屋》的末句:原刊本"而且快要升到绅士的地位了,这东西早已没有了罢。"初版本通过逗号改句号,将"这东西早已没有了罢"独立成句。鲁迅虽以"这东西"看似表面上的蔑称来指代三味书屋时代中描绘的小说绣像图,但它恰恰是早已失落、不可复得的时光纪念物。独立的句子承载了对"永逝的韶光"[12]的吊唁。完全相同的文字,在原刊本中被呈现为意群,在初版本中则被独立为句子,后者的独立性使其情感分量愈显厚重。

与之相类似,《藤野先生》原刊本有:"起初有几本是线装的,还有翻刻中国译本的,他们的翻译和研究新的医学,并不比中国早。"初版本则改为:"起初有几本是线装的;还有翻刻中国译本的。他们的翻译和研究新的医学,并不比中国早。"[13]初版本也将原刊本的一句改作两句,将句子缩短、意思的单元变小。但当"他们的翻译和研究新的医学,并不比中国早"独立成句后,意蕴显得尤其郑重。前一句藤野先生所展示的医学史参考书包含线装书与翻刻中国译本,正是为了引出接下来日本医学研究起步并不早,但发展迅速这层意思。文本没有写出的内容,明显涉及与中国情形的比较,以及耐人寻味的差异形成的原因。

这一逗号改句号的修改,切分了句子,将意群独立成句,前后文字由意群与意群的关系变成了句子与句子的关系,文字间由较强的联结变成了较弱的联结。短句因其承担意旨的独立、表达上的凝重感,显得更有力量。

二、分号对意群关系的调适

《朝花夕拾》中的众多长句,因各意群之间的层次丰富婉转、造成了摇曳多姿的语言特征。这与鲁迅对新式标点的灵活使用是分不开的。以分号为例,《朝花夕拾》初版本涉及分号的修改,主要包含这样几种情形。

一是如《议案》中指出的:"两个独立的句子,在文法上没有连络,在意思上是连络的,可用分号分开"。《藤野先生》原刊本有"但我这时适值没有照相了,他便叮嘱我将来照了寄给他。"初版本则将句中的逗号改为分号,这与《议案》中对分号用法的规定是相符的。"但我这时适值没有照相了"与"他便叮嘱我将来照了寄给他"在文法上是各自独立、没有连络;但它们在意思上又是连络的。较之原先的逗号,分号的使用显示出鲁迅对意群关系的细致梳理。

二是意群间的并列关系。在《藤野先生》原刊本中,还有一句"仙台是一个市镇,并不大,冬天冷得利害,还没有中国的学生。"它到了初版本中改作:"仙台是一个市镇,并不大;冬天冷得利害;还没有中国的学生。"句中的两处逗号改成了分号。"不大""冷"与"没有中国的学生",分别呈现仙台的三个特点,它们之间没有必然联系,构成了所谓"平列"关系。原刊本的逗号没有凸显出这种"没有连络的连络"性;而初版本中的分号则强调了松散关系之间的平行性。鲁迅将分号运用成为文字间逻辑关系的指示线索。

三是意群间的对比关系。《二十四孝图》原刊本有:"他被抱在他母亲的臂膊上,高高兴兴地笑着:他的父亲却正在掘窟窿,要将他埋掉。"初版本则把句中的冒号改成分号,从而并置了两幅色调截然相反的画面:儿童的天真烂漫与等待他的残酷命运(且这一命运由生父亲手制造)。此处分号的使用,凸显了前后分句的差异性,制造出震撼的表达效果。

四是意群间的递进关系。《狗·猫·鼠》原刊本有:"人呢,能直立了,自然是一大进步,能说话了,自然又是一大进步,能写字作文了,自然又是一大进步,然而也就堕落,因为那时也开始了说空话。"初版本则改作:"人呢,能直立了,自然是一大进步;能说话了,自然又是一大进步;能写字作文了,自然又是一大进步。然而也就堕落,因为那时也开始了说空话。"

初版本将原刊本的一个长句,切分成两句:将"然而也就堕落,因为那时也开始了说空话"独立成句,疏离了前后文字之间的关系。原刊本对逗号的使用,仅罗列了三个"一大进步",并未揭示它们之间的逻辑。初版本则改作分号,显现出从"直立"到"说话"再到"写字作文"三者的层层递进。值得注意的是,这处分号的使用,并不仅如《议案》所制定的"一句中若有狠长的平列的兼词或分句,须用分号把它们分开",而是通过"分开"所谓"平列"的各分句,形成了一种逐层深入的效果,以语言实践对《议案》进行了扩展。初版本通过独立成句,以及用分号强化了意群的联结,在疏离了前后句群的同时,又紧密了相似句群间的关系。句号的"松绑"功能与分号的"捆绑"功能同时发挥作用:必要的疏离造成了提问题的效果;层层递进的三个"一大进步",又成为人类"堕落"、"说空话"的原因,反讽力度得以加大。

实际上,新文学运动初期在定义分号的功能时,指出它是一个介乎于句号与点号之间的标点符号。当意群之间"若用句号,便太分开了;若用点号,便太密切了。故用分号最相宜"。[14]因此当句子的各意群之间,处在一种分散与密切之间的状态时,分号的使用有助于营造出一种所谓不松不紧的关联。对于风格格外婉转、意蕴尤其多姿的鲁迅语言来说,新式标点符号中的分号的这一功能,具有特殊的意义。实际上,《朝花夕拾》长句各意群之间介乎于"太分开"与"太密切"之间的关联度,与鲁迅在初版本中活用分号来构建自身语言风格是密不可分的。

鲁迅对分号介于"太分开"与"太密切"之间微妙界限的把握,使《朝花夕拾》句子的各意群关系处在一种"恰好"的位置。

《狗·猫·鼠》在讲述《自然史的国民童话》中有关狗的一则童话时,原刊本为"独有这一篇童话却实在不漂亮。结怨也结得没有意思。"原刊本所用的句号,其效果的确如《议案》所言,意思"太分开了"。因为"独有这一篇童话却实在不漂亮"与"结怨也结得没有意思"这两层意思之间是有联系的。而在两者之间使用句号,则把两层有联结的意思变成了两句话,且后一句因省略主语又稍显突兀。初版本将句号改成了分号,在此篇童话"不漂亮"与无趣之间,造成了一种比"太分开"稍密、又比"太密切"较松的意群联结。

与此同时,《朝花夕拾》初版本在对原刊本的修改中,又将一些分号改成逗号,这同样是源自对"分开"与"紧密"之间微妙张力的精准把握。如《二十四孝图》原刊本中:"尤其是常常好弄笔墨的人;在现在的中国,流言的治下,而又大谈'言行一致'的时候。"初版本将分号改成逗号[15]。原刊本用分号,将写作者与写作环境并列;初版本改为逗号,去掉了这种并列关系,将写作者自然暴露于"现在的中国"这一写作环境中。

《后记》原刊本在列举收有"无常"画像的书籍时,提到要感谢的人"其次是章矛尘兄,给我杭州玛瑙经房本;绍兴许广记本;最近石印本。"初版本则将这两处分号改成逗号[16]。实际上,以分号来表示3个版本之间的并列,略显生硬,因逗号的表达效果更自然且足够清晰。而此处修改,与之前一句情形又不一样。前一句原刊本与初版均为:"我首先仍要感谢常维钧兄,他寄给我北京龙光斋本,又鉴光斋本;天津思过斋本,又石印局本;南京李光明庄本。"同样是罗列版本,前一句没有将分号改逗号。原因在于这里提到的5个版本分属三个地点(北京、天津、南京),分号区隔的是不同的地点而非不同的版本。

作为《朝花夕拾》的末篇,《后记》初版本对分号的取或舍,呈现出的是鲁迅对现代白话文意群间"分开"与"密切"分寸感的把握。在叙述阴无常的画像出处时,原刊本有:"这图的来源是天津思过斋本,合并声明。还有北京本和广州本上的,也相差无几。"初版本则改为"这图的来源是天津思过斋本,合并声明;还有北京本和广州本上的,也相差无几。"[17]初版本中的分号,强调了天津思过斋本与北京本、广州本之间的相似度,使3个版本间的关联更紧密。而原刊本所用的句号,使得各意群/各版本之间的关系显得有些分散。

不难看到,初版本中的分号用法在呈现出意群间或并列、或对比、或递进的关系时,参与了《朝花夕拾》作为现代文本的建构过程。

在《父亲的病》中,原刊本有"可是那时是一元四角已是巨款,很不容易张罗的了,又何况是隔日一次。"初刊本改为:"可是那时是一元四角已是巨款,很不容易张罗的了;又何况是隔日一次。"初版本中的分号隔离出两个句群:前一个叙述了诊金的高昂与筹措不易,后一个表达的是支付次数的频繁。而前一个句群已经叙述出诊金对家庭经济构成了不小的负担;分号的使用,建立了后一个句群对前一个句群的叠加关系,负担被乘以庞大的倍数。较之原刊本中的逗号,分号的使用制造了句群之间的叠加关系,扩容了文本的能量。

可以说,《议案》所制定的包括分号在内的新式标点功能,使得鲁迅用现代文本的标准来重编这组以"旧事重提"为题的旧稿;而在重编与梳理的过程中,鲁迅的标点修改实践又释放出尚未被《议案》言及的新式标点的更多潜能。在《二十四孝图》原刊本中,有"然而究竟很有比阳间更好的处所;无所谓'绅士',也没有'流言'。"此句中的分号至初版本改为冒号,而冒号的用法则是为了"总起下文",即"无所谓'绅士',也没有'流言'",成为前半句"究竟很有比阳间更好的处所"的原因。但初版本中的冒号,并未被《议案》中所列举的冒号的两种用法所涵盖:即"其下文为列举的诸事"与"其下文为引语"。鲁迅的修改,对于"其下文为列举的诸事"这一项构成了扩展与补充,它实际上是解释前半句的原因的。原刊本用分号,将结论与原因并列了;初版本中的冒号,将前后半句的逻辑关系揭示得更清楚:即前半句是果、后半句是因。

三、现代文本音乐性的营造

不难看到,鲁迅对分号的使用,显现出他对文章节奏性的特殊敏感。曾经熟读并浸透在传统文章中的鲁迅,在《朝花夕拾》的定型中,为现代文本的音乐性提供了实验。但这种音乐性并非对传统文章音调上铿锵谐和的继承,而是运用新式标点这一工具,在"声音"的丰富性上的拓展。

这种节奏性,第一,体现在语气上的强弱对比。如《后记》原刊本有:"因为书上的'活无常'是纱帽花袍,背后插刀;而拿算盘,戴高帽子的却是'死有分'。"但初刊本在"纱帽"和"花袍"间加上了逗号,在语气上稍作停顿;并将最后的句号改成了感叹号[18],突出了当新得到的无常图像与童年印象不相符时内心的惊诧。原刊本中的句号无法表现出从心理到语气上的强烈。

第二,制造了文本的"重音"。《朝花夕拾》初版本将原刊本的一些名词加上引号[19]:如"象牙之塔","怪哉这虫"中的"怪哉","雷电学堂"的名称"很像封神榜上太极阵,混元阵一类的名目"中的"太极阵"、"混元阵"[20]等,对名词进行专有化。由于《朝花夕拾》在最初写作时具有显著的杂文性,首篇《狗·猫·鼠》初版本给原刊本未加引号的"公理""正义""问名""纳采"[21]加上引号,将文本纳入与陈西滢等论战的现实语境中,对于论敌惯用概念"公理""正义"的"特别提出",凸显了现实对文本的渗透。而"问名""纳采"因涉及当时海昌蒋氏盛大的旧式婚礼,在这两个名词上加上引号,也具有展示发生在"当下的旧"的特殊讽刺性。引号的纳入,相当于文本中的重音符号,呈现为一种环绕立体声的效果。

第三,体现在语气的复调性。多有论者所称道的[22]《从百草园到三味书屋》初版本中,寿老先生的问话为"人都到哪里去了?!"其实,原刊本中此句末尾的标点符号只有一个感叹号:即"人都到哪里去了!"初版本才改作问号与冒号合用,将原刊本的大声问话,变成了疑惑与震慑并存的语气,有类似音乐"和弦"的质感。

第四,体现在语气正常时值与延长时值的对比。从"手稿—原刊本—初版本"的演进中,鲁迅始终在吸纳标点符号为文本增强质感。如早有论者指出的"铁如意,指挥倜傥,一座皆惊呢～～

～；金叵罗，颠倒淋漓噫，千杯未醉嗬～～～……"。实际上也是进至初版本方才确定的。手稿中写的是"千杯未醉嗳嗳……"，后来"嗳嗳"二字被圈去，以"嗬"字与波浪线"～～～"替代。而将波浪线"～～～"放在语气词"嗬"后，延长了语气的时值，比单用叠声词"嗳嗳"的效果更好。即符号取代了文字，营造出文字很难传达的声音的延宕。而到了原刊本中，"一座皆惊呢"后面只有分号，并没有波浪线"～～～"，波浪线是初版本才加入的。鲁迅显然是从"千杯未醉嗬～～～"的修改中看到了符号的丰富性，从而将符号（甚至不限于已被规定的新式标点符号）吸收为现代文本系统内的工具。标点符号增加了《朝花夕拾》作为有声文本的特质。

第五，是文本中的停顿与休止。如果说波浪线"～～～"制造了文本中声音的延迟，那么初版本中将"冒号＋破折号"进行合用，则造成了文本的停顿效果。这类合用多用于"说""想""写"之后。如：

问过病状，便极其诚恳地说：——（《父亲的病》，第93页）
向我和蔼地说道：——（《藤野先生》，第123页）
口头答应着，心里却想道：——（同上，同页）
总而言之，还是仍然写下去罢：——（《二十四孝图》，第41页）
于是另开了一张方：——（《父亲的病》，第90页）
拆开看时，第一句是：——（《藤野先生》，第124页）

以上各例在原刊本中均为单独使用破折号，至初版本才加入冒号，目的主要是为了引出下文。而当冒号后缀破折号后，却在下文被讲述之前，制造了一个很小的停顿。在紧密相联的下一层意思被叙述之前，相当于加入了一个与乐谱休止符相类似的冒号，这样一来，文章就没有直白迅捷地流泻而下，而是形成了"顿一顿"再进行的特殊流畅感。

在"逗号＋破折号"的合用情形外,《后记》中还有"逗号＋破折号""分号＋破折号"的合用情形。在提到吴友如的老莱子画像时,说其"且绾着双丫髻,不过还是无趣味。"初版本改成"且绾着双丫髻,——不过还是无趣味。"此处破折号的添入,加上了一层休止、停顿的意蕴,此句也具有了可供念白的有声性。破折号提示了当朗读者读到此处,宜稍作停留,并在接下来"不过还是无趣味"上语调略作变换,可以更好地传达出转折加作结论的复合意蕴。而在《后记》临近末尾处,原刊本有"于是就将'那一个无常'的衣装给他穿上了;自然原也没有知道得很清楚。"至初版本改作"于是就将'那一个无常'的衣装给他穿上了;——自然原也没有知道得很清楚。"此处加入破折号造成了停顿,营造出格外婉转的意旨,其效果类似于下一句中,从原刊本"然而从此传讹下去"到初版本"然而从此也更传讹下去"中"也更"二字的加入。在《朝花夕拾》初版本中,标点符号本身虽然不具备语义,其功能只随上下文发生变化,但它却具备了类似于虚词的功能,符号成为文字之外的另一套表意系统。

鲁迅在《朝花夕拾》初版本中,对于《莽原》原刊本进行了修改,其中标点符号便是一个重要方面,它显示出鲁迅有意将《朝花夕拾》塑造为一种现代文本的自觉。周作人曾指出过中国传统文章的"音乐性",而《朝花夕拾》从传统文章中汲取了丰厚的营养,而它对传统文章音乐性的发扬,主要体现对"声音"的丰富性的营造。

由于鲁迅文本特殊的思想容量,《朝花夕拾》从手稿到原刊本呈现出丰饶的表达层次。而在"手稿—原刊本—初版本"的定型中,句子的总体趋势变短,长句间点号[23]的加入使其略作停顿,显示出新式标点符号对传统文章痕迹的消抹,短句形态则加强了语义的分量。分号的活用梳理了意群间的逻辑层次,制造了一种既非紧密、又非分散的联结。而鲁迅对于符号的创造性运用,文本中的标点类似于曲谱中的音乐符号,增加了文本的"声音性"。因此无论是句子变短、句中停顿,还是意群关系的疏密搭配、节奏感的张弛有度,《朝花夕拾》初版本显现出以"声"达"义"的现代文本属性。与传统文章着重于音调和谐有所区别,《朝花夕拾》初版本中新式标点符号与文字的融合与搭配,实现了文本中声音的立体感、多维性与语义的沟通,推进了从传统文章到现代文本的转化历程。

注释

[1]《狗,猫,鼠——旧事重提之一》,1926年3月10日《莽原》第5期;《阿长与山海经——旧事重提之二》,1926年3月25日《莽原》第6期;《二十四孝图——旧事重提之三》,1926年5月25日《莽原》第10期;《五猖会——旧事重提之四》,1926年6月10日《莽原》第11期;《无常——旧事重提之五》,1926年7月10日《莽原》第13期;《从百草园到三味书屋——旧事重提之六》,1926年10月10日《莽原》第19期;《父亲的病——旧事重提之七》,1926年11月10日《莽原》第21期;《琐记——旧事重提之八》,1926年11月25日《莽原》第22期;《藤野先生——旧事重提之九》,1926年12月10日《莽原》半月刊第23期;《范爱农——旧事重提之十》,1926年12月25日《莽原》半月刊第24期;《〈朝华夕拾〉小引》,1927年5月25日《莽原》半月刊第2卷第10期;《〈朝华夕拾〉后记》,1927年8月10日《莽原》半月刊第2卷第15期。

[2] 孙用编:《〈鲁迅全集〉校读记》,湖南人民出版社1982年版,第3页。

[3] 如《从百草园到三味书屋》中,初刊本有:"这又使我发生新的敬意了,别人不肯做,或不能做的事她却能够做或功。"而初版本则改为:"这又使我发生新的敬意了,别人不肯做,或不能做的事,她却能够做成功。初刊本显然遗漏了逗号,而初版本加上了。又如《五猖会》中,初刊本有:"我至今一想起。还诧异……",而初版本改作"我至今一想起,还诧异……"。显然,初刊本用句号是错的,而初版本用逗号才是正确的。

[4] 1928年1月31日、3月14日鲁迅致李霁野信,《鲁迅全集》第十二卷,人民文学出版社2005年版,第101、108页。

[5]《鲁迅手稿丛编》第一卷,人民文学出版社2014年版,第8—12页。

[6] 笔者对两个版本的标点差异处加了下画线,下同,不再一一注明。

[7] 阿英编选:《中国新文学大系》(史料·索引)(影印本),上海文艺出版社2003年版,第231—240页。

[8] 鲁迅:《忆刘半农君》,《鲁迅全集》第六卷,人民文学出版社2005年版,第73页。

[9] 此外,还有将分号改成句号的:如《阿长与山海经》原刊本:"问别人呢,谁也不肯真实地回答我;压岁钱还有几百文,买罢,又没有好机会。"初版本将分号改成句号,将一个长句改为两个短句。原刊本使用分号,将两种情形并列;初版本使用句号,用两个短句来分别陈述原因。

[10] 笔者曾将《范爱农》手稿与初刊本进行过对校(参见丁文:《时代群像与代际书写——〈范爱农〉手稿与初刊本对读及其研究意义》(《海南师范大学学报(社会科学版)》2023年第2期),发现《莽原》原刊本基本遵照鲁迅手稿进行排印。

[11]《后记》原刊本:"自从男女之秘密,男女交合新论出现后";《后记》初版本为:"自从男女之秘密,男女交合新论出现后",《朝华夕拾》,第155页。

[12] 鲁迅:《朝华夕拾》,北平未名社印行,1928年版,第38页。以下所引《朝华夕拾》初版本文字仅标注页码。

[13]《朝华夕拾》,第120页。

[14]《议案》,《中国新文学大系》(史料·索引)(影印本),第234页。

[15]《朝华夕拾》,第39页。

[16]《朝华夕拾》,第166页。同页接下来的一句,原刊本为:"又其次是我自己,得到广州宝经阁本;又翰元楼本。"初版本也将分号改成了逗号。

[17]《朝华夕拾》,第170页。

[18]《朝华夕拾》,第167页。

[19]《议案》中的引号为"「」",与后来的引号("")不同,功能相同。

[20]《朝华夕拾》,第37、84、107页。

[21]《朝华夕拾》,第4—5、8页。

[22] 木艮:《鲁迅作品中的标点符号答问》,《成都师专学报》1988年第2期。

[23]《议案》将顿号("、")与逗号(",")合称为"点号",《中国新文学大系》(史料·索引)(影印本),第232页。

鲁迅《未有天才之前》的署名问题

孙向阳　铜仁学院人文学院

《未有天才之前》是 1924 年 1 月 17 日鲁迅在北京师范大学附属中学校友会的讲演。最初发表于北京师范大学附属中学《校友会刊》1924 年第一期,署名"鲁迅讲演　高级一年　万超恒记"。同年 3 月 6 日,鲁迅校订过该文,当日日记有记载:"夜校定师大附中讲稿一篇讫"。[1]同年 12 月 22 日写信给好友孙伏园,把校正好的《未有天才之前》一并交给他。随后该文转载于 12 月 27 日《京报副刊》第二十一期。转载时,在文前附有鲁迅一则短信:"伏园兄:今天看看正月间在师大附中的讲演,其生命似乎确乎尚在,所以校正寄奉,以备转载。二十二日夜,迅上。"文尾还加有两句说明文字:"一九二四年一月十七日在北京师大附中校友会讲。从校友会刊第一期转录。"署名则稍有改动,原刊中的"高级一年"四字去掉,记录者名字中的繁体字"恆"改为简体字"恒"。可以说,《京报副刊》转载此文时,无论是文章的署名,还是在文末增加"转录"说明,都充分体现了《京报副刊》对记录者和原刊版权的尊重。人民文学出版社 2005 年出版的《鲁迅全集》(以下简称新版《全集》)对此文的署名问题却有两点值得商榷。

一是"讲演"有误。新版《全集》第一卷《未有天才之前》的注释[1]中,该文的发表转载情况连同鲁迅撰写的"小引"被全文引用。"本篇最初发表于 1924 年北京师范大学附属中学《校友会刊》第一期。同年 12 月 27 日《京报副刊》第二十一号转载时,前面有一段作者的小引:'伏园兄:今天看看正月间在师大附中的演讲,其生命似乎确乎尚在,所以校正寄奉,以备转载。二十二日夜,迅上。'"[2]原文中的"讲演"则被写成了"演讲"。事实上,此文在北京师范大学附属中学《校友会刊》上初次发表时,在题目的下方就有"鲁迅讲演"字样,在《京报副刊》上转载时也有"鲁迅讲演 万超恒记"的署名。新版《全集》在对该文注释引用时显然没有核查原刊原文,才导致出现了引述上的错讹。

二是署名辑录不全。《娜拉走后怎样》同样是鲁迅的一篇讲演稿,于1924年在北京女子高等师范学校所讲。此稿整理后先发表于北京女子高等师范学校《文艺会刊》1924年第六期,同年8月1日被上海《妇女杂志》第十卷第八号转载,署名"鲁迅讲演 陆学仁 何肇葆笔记",并附有"记者附志"。此文后来收录《坟》中。在新版《全集》第一卷中,该文就编排在《未有天才之前》前面,两文紧紧相连,其注释非常详尽全面。"本文最初发表于1924年北京女子高等学校《文艺会刊》第六期。曾署'陆学仁、何肇葆笔记'。同年8月1日上海《妇女杂志》第十卷第八号转载时,篇末有杂志的编者附记:'这篇是鲁迅先生在北京女子高等师范学校的讲演稿,曾经刊载该校出版《文艺会刊》的第六期。新近因为我们向先生讨文章,承他把原文重加订正,给本志发表。'"[3]同样是1924年鲁迅发表的讲演稿,同样是由现场听众根据记录整理而成,同样是在最初版本中保留有记录者的名字,同样是在鲁迅先生重加订正后被其他报刊转载,而转载时又同样都在篇末(首)加有"附记"或者说明,但是新版《全集》对诸多情况相同的两篇文章的注释却大不一样,详略不同。这不仅是对原刊版本的署名辑录不全,而且与同一文集中的前文在体例编排和注释方法上也有差异,显得不妥。

此外,说到《未有天才之前》的记录者"万超恒"。此文发表在《校友会刊》上是根据万超恒记录稿发表的,在《京报副刊》上转载时,署名是"鲁迅讲演　万超恒记",很明显是"万超恒"记录的。但此文发表后,许多书籍或资料在研究引用该文时,常把"万"字(繁体字作萬)误以为是"葛"字,转抄成了"葛超恒"。如朱金顺辑录的《鲁迅演讲资料钩沉》[4]这样一本专门钩沉鲁迅先生演讲资料的专著,却把这样明显的史实"钩沉"为"葛超恒记录";顾明远在专门解读鲁迅作品的《鲁迅作品里的教育》[5]一书中,把"万超恒"错误解读为"葛超恒";在鲍昌、邱文治的《鲁迅年谱(1881—1936)》(上卷)[6]中,也把鲁迅的这篇讲演稿的记录者"谱"为"葛超恒"。也许是因"万"字溅漫而致以讹传讹,但也可看出这些编著者在转抄引用史料时没有仔细地核对原刊原文。

注释

[1]《鲁迅全集》第十五卷,人民文学出版社 2005 年版,第 503 页。

[2]《鲁迅全集》第一卷,北京:人民文学出版社 2005 年版,第 177 页。

[3]《鲁迅全集》第一卷,北京:人民文学出版社 2005 年版,第 171 页。经核对原刊原文,此条注释也存有两处错讹:其一,不是"编者附记",而应是"记者附志";其二,该附志不是在"篇末",而应是在署名之后正文之前的篇首位置。

[4] 朱金顺辑录:《鲁迅演讲资料钩沉》,北京师范大学中文系现代文学教研室刊印,1979 年 2 月。

[5] 鲁迅著,顾明远解读:《鲁迅作品里的教育》,福建教育出版社 2013 年版。

[6] 鲍昌、邱文治:《鲁迅年谱(1881—1936)》(上卷),天津人民出版社 1979 年版。

图 1　《校友会刊》影印

图2 《京报副刊》影印

图3

离家路径的不同
——《伤逝》新解

孙拉拉　绍兴文理学院人文学院

在学界,不同研究者对鲁迅小说《伤逝》中涓生与子君两个形象常有不同的阐释。站在涓生家国的视角,子君往往成为未脱离封建思想的半新式女性;若依循子君情志的看法,涓生则成了爱情的逃兵。"伦理性的实体是由各种不同的关系和力量形成的整体……由于这些因素的性质,个别人物在具体情况下所理解的各有不同。这就必然要导致对立和冲突"[1],涓生和子君对离家之后的路径产生了不同的理解,导致二人爱情悲剧的必然发生。"'个人—家—国—天下'体系在晚清民初变局之中退缩而为'个人—家—国'体系,此体系又有两种变化路向:一是去掉'家',缩减为'个人—国家'模式;一是去掉'家、国',演变为'个人—情'模式"[2],这两种变化路向可作为窥看涓生和子君两种不同离家路径的众妙之门。涓生的离家路径遵循"个人—国家"之模式,"仗着子君的爱逃出虚无",将与子君的相爱当作迈向"国家"的阶梯。而子君则坚守"个人—情"的准则,认为与涓生创立家庭便是已经到来的黄金未来。逃离封建家庭的共同目标让双方误以为对方是狭路相逢的有缘者,这种误解使他们向对方提出了不合理的要求,最后导致分别的必然。

一

涓生"个人—国家"的离家路径,其最终的意图是"新的生路"。涓生离开会馆创建小家庭是为求在虚无与空寂中开辟一条"新的生路",涓生不苟于虚伪而说出真实是企图为双方寻求免于共同阵亡的"新的生路",甚至涓生通过《涓生手记》以写下他的悔恨与悲哀,也是为了跨向"新的生路",子君在这个过程中逐渐被虚化。

涓生受谣言牵连断了谋生的手段,经济上的危机使涓生和子君的关系发生了微妙的变化,涓生初次意识到现实的子君不同于他想象中的子君。子君担忧涓生工作而变了脸色,涓生对此有所埋怨,"无畏的子君也变了色,尤其使我痛心;她近来似乎也较为怯弱了。"[3]"我真不料这样微细的小事情,竟会给坚决的,无畏的子君以这么显著的变化。"[4]涓生两次强调"无畏"是因为涓生立足于"个人—国"的视角,将新式女性子君想象成中国女性未来的曙光,故而不允许其具备怯懦的弱点。当涓生所建构的幻想式的子君形象破灭时,他恍惚间又看到了破屋的空虚。这时的涓生已经把子君同会馆破屋里的空虚与寂静相挂钩,认为是需要仗着些什么逃离的地方。但这种挂钩还只是一闪而过的念头,定眼看还是昏暗的灯光。

若说事业上的困境只是让涓生眼前暂时闪过会馆破屋的幻觉,那么此时涓生和子君的情感才真正发生了不可修复的裂缝。抛下子君是涓生的选择而非唯一出路,涓生曾说"向着这求生的道路,是必须携手同行,或奋身孤往的了"[5]。做出这种选择是因为涓生预设了子君的战士角色,理所应当认为子君在分离之后走向新生,完全没有意识到半封建社会离异女性无处可走的生存困境。原先涓生只是感叹子君的凄然与怯懦,如今则将子君视为通往"新的生路"上旁逸斜出的障碍物,一个拽着战士衣角使其难以行动的包袱。从埋怨到决然分离的变化,是涓生对子君提出的不同期待。子君还是那个子君,只是不同时期"新的生路"的内涵将"仗着子君逃出空虚"转变成为"仗着真实逃出子君"。子君也好,真实也罢,都是"仗着"的凭借罢了。

  涓生内心的困境是他所遭受的第三场困厄。涓生原以为说出真实是二人获得新生的方式,实际上当涓生仗着真实出逃之时,子君却要承受真实的虚无,回到除了严威与冷眼便是虚空的家庭,涓生也从轻松、舒展的出逃的状态重新回到了虚无。但涓生始终是行走在路上的过客,因子君而再次陷入的空虚只是短暂地在他生命中停留了一会儿,他最终会走出虚空,迈向新的生路。走出空虚的方法就是承担起之前无力负着的"装作还爱着子君"的虚伪,并反思因自己的卑怯而把真实的虚无卸给子君的过错,担负起真实的责任。因此涓生一面写下《涓生手记》,写出自己的悔恨以及自己的软弱与卑怯,经受真实所带来的空虚。一面"用遗忘和说谎做我的前导",背负着虚伪的重担继续前行,承担起他原先所不愿承担或不能承担的责任,以此来开启"新的生路"。涓生离家的路径自始至终都是"个人—国家"的模式,子君不过是"仗着"的重要凭借罢了。一旦子君成为他迈向"新的生路"的障碍时,涓生同样会像逃离空虚那样逃离子君。这恰好证明了无论子君也好,真实也罢,他们都只是涓生走向民族、国家的一个过客与阶段。

二

  纵观《伤逝》文本,子君的行动路径确遵循"旧家—新家—死灭"的模式,但行动是综合多种因素后呈现出的结果,并非子君内心情感的直接体现,只有追寻黄金世界建立与崩塌的缘由,子君"个人—情"的离家路径才能被印证。子君的行动路径反映在子君的神态中,表现为"坚定的大无畏—凄然冰冷—死灭"的动态变化。坚定而无畏的神态表露在子君走出旧家庭的前后。相比涓生始终寻求"新的生路",子君"新的生路"是完成式的。她力求从个人达到情志,将情志作为反抗旧礼俗的武器,坚信可以从恋爱的幸福获得人生最终的幸福和归宿。子君透彻的洞悉拘囿于旧社会玻璃瓶中麻木而不自知的可怜人,故而带有傲然睥睨的高傲和不顾一切的果敢冲破传统的封锁线,目不斜视的从他们身旁走过,甚至他们的探索、讥笑和轻蔑也会转变成子君情志彰显的动力源,黄金世界到来的凭证。涓生则截然不同,因始终行走在路上他需不断击杀行进路上的阻碍。涓生与子君离家行为背后初衷的分歧在此时已初见端倪。实际上黄金世界并非子君所料那般固若金汤。涓生收到局里递来的辞退信时,黄金世界的危机便已显现,油鸡与阿随成为温饱的牺牲品后,黄金世界只剩一副空壳,直到涓生说出不爱的事实之后,黄金世界才彻底坍塌。与其认为子君是一个走出传统的旧家,又踏进夫家的新家,最终走向死灭的原地踏步式的循环人物,不如说子君表明了五四时期的新式女性仅凭情志出走的不可靠性。这洽和了鲁迅写作《伤逝》的初衷,"然而娜拉既然醒了,是很不容易回到梦境的,因此只得走;可是走了以后,有时却也免不掉堕落或回来……她还须更富有,提包里有准备,直白地说,就是要有钱"[6],强调出新式女性在当时社会中的"脱嵌"现象。

　　部分研究者将子君对情志的坚守看成她依附于爱(涓生)的凭证,但笔者并不这么认为。周作人对两性的爱有两个主张,一为男女两本位的平等,二是恋爱的结婚。涓生和子君是基于灵魂的互相吸引而组建家庭,再在吉兆胡同涓生"渐渐清醒地读遍了她的身体,她的灵魂"[7],将神性与兽性结合成人性,是灵肉一致的爱情。再则,子君与涓生是共同组建家庭,而非子君进入涓生的家。涓生和子君是一同寻找安身之所,置办家具所用钱财为两人共同支出。这意味着于吉兆胡同的小家而言,子君与涓生是具有同等地位的独立个体,不存在任何依附关系。子君从始至终对自己的人生都有自主的选择权,甚至离开和死亡都是子君自主做出的抉择。"现在我放你完全自由。(走与不走)你能够自己选择,并且还要自己负责任"[8]。子君出于本心做出了出走的决定也承担了这一决定所造成的结果——在人间死灭。

　　甚至恰恰相反,涓生在生活上对子君有所依赖。两人在家庭建立之初分别与叔子和几位好友断绝了来往,涓生的日常生活在未失业之前,是由家到局,又由局到家;涓生失业之后,则是在家"忘食"译稿。涓生的社会关系薄弱,日常生活被简化为个人(家)与理想(工作),这种生活模式是悬空于现实的符号化的生活。但吉兆胡同里构成的几个人和动物也是很小的社交关系网。子君扩充了家庭组织的成员,增添了四只小油鸡和一只花白的叭儿狗阿随,使宁静的生活有了闹色。相比于涓生执着于"新的生路",子君关注的始终是具体的生活。她忙碌于饲养阿随和油鸡们,倾注全力做菜,离开时还为涓生留下全副的生活材料和银钱,使涓生靠此维持较为长久的生活。子君将涓生不切实际的幻想拉回到了切实可行的现实生活。如此而言,笔者否认子君对爱的依附,更愿将其理解为为爱奉献。周作人说"一个人如有身心的自由,以自由选择,与人结了爱,遇到生死的别离,发生自己牺牲的行为,这原是可以称道的事。但须全然出于自由意志,与被专制的因袭礼法逼成的动作,不能并为一谈"[9]。应从子君是否出于自主的选择而做出行为来判断子君是否为新式女性,若从行为揣测本心的选择,难免有点本末倒置之味。

三

　　既然涓生与子君都是基于灵魂的互相吸引而组建家庭,他们也确是新式青年而非赶去拜佛的洋服青年,但最终为何仍走向分离?此乃二人离家路径不同所致。无论是涓生的"个人—国家"还是子君的"个人—情",相识之初他们的共同目标均是将个人从传统的旧社会中解脱出来,隐匿在共同目标之后的思想与路径的不同则被忽略了。当他们真正进入私人场域,才发现"揭去许多先前以为了解而现在看来却是隔膜,即所谓真的隔膜了"[10]。涓生以"个人—国家"视角审视子君发现了她的怯懦和懒惰,子君以"个人—情"的视角观察涓生认清了由爱构造的黄金世界的危机。

在《娜拉走后怎样》一文中,鲁迅认为从事理上推断,娜拉出走只有堕落和回来这两条路,"因为如果是一匹小鸟,则笼子里固然不自由,而一出笼门,外面便又有鹰,有猫,以及别的什么东西之类;倘若已经关得麻痹了翅子,忘却了飞翔,也诚然是无路可以走。还有一条,就是饿死了,但是饿死已经离开了生活,更无所谓问题,所以也不是什么路"[11]。鲁迅指出娜拉出走之后的两种境况,一种是从私域走向公共领域,生存环境复杂而娜拉不具备生存的技能,另一种是没有经济无法生存导致饿死。之后鲁迅花了大篇幅详细阐述了第二种境况,即女性获得经济权的必要性和困难性,但却没有对第一种情境进行针对性的分析。而涓生的离家路径可对第一种境况做补充说明。《伤逝》中与第一种境况相似的比喻为"局里的生活,原如鸟贩子手里的禽鸟一般,仅有一点小米维系残生,绝不会肥胖;日子一久,只落得麻痹了翅子,即使放出笼外,早已不能奋飞"[12],涓生是趁着还未忘却翅膀向更开阔的天空飞去。同样,涓生对子君的预设是成为同他一样的思想革命的战士。换句话来说娜拉离家之后虽没经济权,但若娜拉如同"秋瑾"一样成为战士,以笔为矛,抨击封建宣传革命,那么娜拉就不仅仅只有堕落和回来这两种结局了。这也是涓生"个人—国家"视角隐隐为女性提供的第三条出路,走向公共场域,在复杂的生存环境中坚持下去。

但这存在一个悖论。涓生说"但她并不爱花,我在庙会时买来的两盆小草花,四天不浇,枯死在壁角了,我又没有照顾一切的闲暇"[13],"做菜虽不是子君的特长,然而她于此却倾注着全力;对于她的日夜操心,使我也不能不一同操心,来算作分甘共苦。况且她又这样地终日汗流满面,短发都粘在脑额上;两只手又只是这样地粗糙起来。况且还要饲阿随,饲油鸡,……都是非她不可的工作"[14]。涓生默认子君有闲暇养花,且毫不客气将饲养家禽的工作归为子君的义务。涓生也曾顾念子君的辛苦操劳,愿与子君一同操心共苦。但涓生的分担只是在家时帮子君生白炉子,煮饭,蒸馒头,更多的是在口头上说"却万不可这样地操劳",全然没有将雇女工的念头付诸于实际的行动。涓生一面将生活的重担卸在子君一人身上,一面又埋怨子君未能在思想上有所进取。若以涓生视角审视子君,那么子君肩上就需承担家庭和国家的双层责任,如此一来新式女性的生存就陷入了两难的困境。

古时男性受命于朝是从家走向朝,而女性是困于家而被朝所拒斥。古代女性若要走入朝只能如同花木兰般假扮男性进入传统秩序,但其结局仍是"对镜贴花黄"。十九世纪末,涌现出反秩序的新的社会力量,打破了"妻受命于家"的秩序,秋瑾突破家的围困成为反封建政体的女政治家、女革命家。女性真正摆脱了"从者"的地位,以女性身份冲破家的桎梏迈向朝,但秋瑾是"一位背叛为妻为母的角色规范的秩序拆除者",她在职能上拒斥家的责任。换言之,秋瑾在路径选择上仍遵循家或朝这两条路径,只是相比古时花木兰们假扮男性进入秩序,秋瑾则是以女性身份成为类男性,由家入朝的行动路径并没有发生变化。到了五四时期,子君们突破了非家即朝,非朝即家的行动路径,家与朝之间原先沉默的旷野地带浮出历史地表。李敬泽"就个人经验和日常经验而言,离家的路不是直接地通往都城和殿堂,人不得不置身旷野或市井"[15]。涓生"个人—国家"的行动路径仍是遵循由家入朝的路径指南,而子君"个人—情"的行动路径虽同样从家而出,归处却即非朝也非家,而是情所构造的新世界。但子君虽以新的社会关系建立新的秩序,但她的局限在于她将这种社会关系龟缩于二人,断绝了叔父朋友的往来,封闭于狭小的胡同空间,仅靠小油鸡等来扩充二人的小世界,没有庞杂的关系支撑下的新秩序终如无根之基的空中楼阁。单薄的新秩序所构建的畸形的旷野必然走向破灭,但走向旷野却成为一条重要的行动路径。在向内"打倒孔家店",向外竖起"科学与民主"旗帜的时代风潮下,资本主义化的都市社会在三十年代日益完善,旷野的范围以肉眼不可见之速度扩展,终在抗争的大背景下出现"集体"的概念,以"集体"为依托所建立而成的新的社会秩序才是牢靠的旷野。

注释

[1] 黑格尔:《美学》(第三卷下册),商务印书馆1996年版,第286页。

[2] 前者如梁启超、蔡元培、徐枕亚等人,他们皆欲废除家庭,以国家为核心,建立个人与国家的直接联系。徐枕亚与涓生的观点相似,均认为青年们避免在压迫中死去之法在于离开家庭,参与到国家大事之中;秋瑾将"男人——国家"体系翻化为"女人——国家"体系,其仍归属于"个人——国"的体系之下。后者如符霖《禽海石》、包天笑《一缕麻》以及胡适《终身大事》等去掉"家""国",便转向情,在情中安顿身心。(刘涛:《晚晴民初"个人—家—国—天下"体系之变》,复旦大学出版社2013年版,第2页。)

[3][4][5][7][10][12][13][14] 鲁迅:《鲁迅全集》(第二卷),人民文学出版社2005年版,第120页,第120页,第126页,第117页,第118页,第121页,第118页,第119页。

[6][8][11] 鲁迅:《鲁迅全集》(第一卷),人民文学出版社2005年版,第167页,第165页,第116页。

[9] 周作人:《人的文学》,《新青年》1998年第5卷第6号。

[15] 李敬泽:《会议室与山丘》,中信出版社2018年版,第138页。

史海钩沉

《斗士诚坚——上海鲁迅纪念馆藏左联作家手稿文献选》

李 浩 上海鲁迅纪念馆

2022年,为传承弘扬红色文化,活化馆藏文物,让文物更广泛地服务于社会,上海鲁迅纪念馆与中国左翼作家联盟成立大会会址纪念馆合作推出"左翼文艺运动文献丛书",并出版了第一种《丁玲小说手稿三种(影印本)》。该书出版后,获得了各界的好评,成为丁玲作品研究的一个新起点。2023年,我们继续推进本丛书的计划,其成果之一便是《上海鲁迅纪念馆藏左联作家手稿文献选》。该书所选择的是瞿秋白、冯雪峰、茅盾、郭沫若、柔石、胡也频、丁玲、萧三、周文、巴人等左联作家的手稿和左联文献两种——《前哨》创刊号和《秘书处消息》。这些手稿和文献大部分由上海鲁迅纪念馆研究者整理发表于上海鲁迅纪念馆编《纪念与研究》第二、三、五等辑中,手稿和《秘书处消息》则首次影印。

2008年,冯夏熊将其父冯雪峰的手稿、书籍、遗物等捐赠上海鲁迅纪念馆设"朝华文库冯雪峰专库"。2023年是冯雪峰诞辰120周年纪念,该书特别选取冯雪峰的《鲁迅传》《鲁迅创作的基本精神和鲁迅在中国文学发展史上所完成的历史任务》和《太平天国》3种手稿(部分)编入,以为纪念。冯雪峰被公认为是鲁迅研究的权威和"通人",是撰写鲁迅传的最佳人选之一,可惜他的《鲁迅传》未能完稿,这对于鲁迅研究来说是一大遗憾。2011年,上海鲁

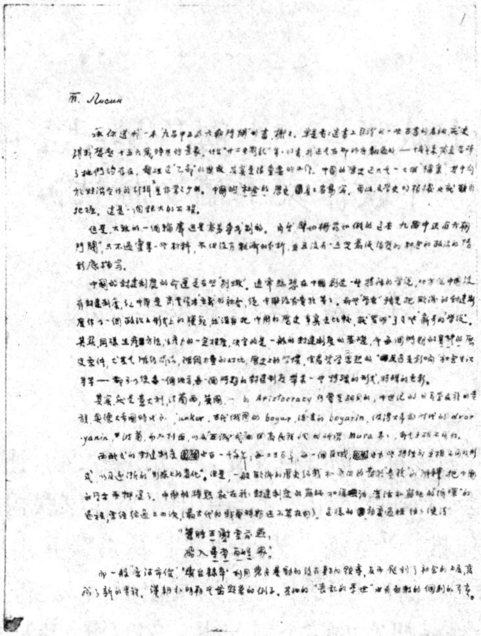

图1 1932年10月6日,瞿秋白致鲁迅信首页

迅纪念馆王璐对该稿进行了整理,刊发在2011年《现代中文学刊》第3期上发表了相关研究文章,聊补缺憾。历史小说《太平天国》也是冯雪峰未完成的工作之一,《太平天国》在他计划中是一部巨卷,目前,手稿实际目录是12卷,不过,各部分初稿、再稿、三稿重叠,一时难以整理。如《鲁迅传》手稿那样,该书只刊载部分手稿。

1932年10月6日,瞿秋白给鲁迅的信实际上是一篇论述中西社会史和文学史的文论。本信从鲁迅所赠与的杨筠如著《九品中正与六朝门阀》一书谈起,谈到中西封建制度的不同:"中国的特点就在于:封建制度的崩坏和复活。复活和崩坏的'循环'的过程。"制度的不同,造就了"欧洲贵族大半是'武士道',而中国的却是'文士道'"。同时,中国式门阀制度,对文学也产生了深远的影响。瞿秋白认为"一切文言的文学,都是贵族的文学"。进而他指出,如果要撰写中国贵族文学史:"一、要注意等级制度在文学内容上的反映;二、要注意它受着平民生活和口头文学的影响;三、要注意它企图影响平民,客观上的宣传作用,安慰、欺骗、挑拨、离间的手段;四、要注意它每一时期的衰落、堕落、甚至于几乎根本消灭的过程……以及它跟新贵族的形成而又复活起来,适应着当时许多特殊条件而发生'形式上的变化'。"瞿秋白在信中说道,中国的白话文学很早就有了"唐五代的'俗文学'之中已经有'说书'底稿似的东西,或者大半是讲佛经的,像维摩诘经演义等类。""从元曲时代到五四之前,可以说是现代的(资产阶级)文学的史前时期。"他最后指出:"这部分的历史比较更加重要。我想要写文学史,必须把这部分特别提出来,加以各方面的研究。"仔细阅读这封信,可以进一步考察鲁迅与瞿秋白之间对中国社会制度、中国文学史的探讨与生发。

郭沫若的《由"墓地"走向"十字街头"》一稿,撰写于"国民政府军事委员会政治部稿纸"上,钢笔书写。文稿第一页右上角特别注明"用后望将原稿交还"。本文是郭沫若为他著名的话剧《棠棣之花》进行自我辩护的文字,篇幅虽然不长,却是中肯切实。

上海鲁迅纪念馆藏有茅盾《关于萧伯纳》译稿,系1998年茅盾家属捐赠。该文是萧伯纳中篇小说《黑女求神记》1933年俄译本的序文,原作者是A.卢那却尔斯基。这篇序文是他1933年逝世前发表的作品之一。卢那察尔斯基在20世纪30年代初任共产主义科学院文学与语言研究所所长,鲁迅、瞿秋白、茅盾等将他的作品介绍到中国,对中国左翼文化发展起到了积极作用。译文初刊于由上海生活书店发行,1934年10月16日出版的《译文》第一卷第二期,署名芬君。

100年前,柔石刚毕业于浙江省立第一师范学校。那时,对于将来,他是迷茫的:"日子是一天一天地过去,在我的心上,是一锤一锤的击着!昌标啊!我现在的心、的身,恰似随风飞舞的柳絮,逐上逐下逐东逐西,究竟不知道落在那里!水吗?山吗?垃圾堆吗?还是永远的不知去向?"这段文字来自本书所收柔石1923年6月3日致好友陈昌标的信中。该信发出7年后,柔石参加了中国左翼作家联盟(简称为左联)成立大会,之后,由冯雪峰介绍加入了中国共产党,开始了人生的新篇章。中国共产党所领导的左联就是这样一个先进组织,在当时引领了众多追求中国光明未来的进步作家共同开创了中国文艺运动的新篇章,也使他们的人生进入了一个崭新的阶段。

胡也频的小说《故乡》手稿,由上海鲁迅纪念馆首任副馆长(时未设馆长)谢旦如捐赠。这篇小说描写了一位与父亲决裂、离家5年的革命青年郑伯秋回家的故事。全篇分四节,分别记述了郑伯秋乘船在清晨5点多到达故乡的码头;与宠爱他的祖母、"裂了"的父亲的见面及形式上的妻子先后见面的情景。情节虽然没有什么起伏,但人物心理的描写还是到位的。小说最后在郑伯秋喝下"久别的红枣的甜粥"时结束:"一种家乡的口味流到喉咙,使他重新地意识到故乡,故乡的田园和街市,于是使他感叹了:富裕的故乡,变成秋天夕阳似的,黯淡地没落下去了。"

作为驻共产国际的左联代表萧三,于1931年1月9日完成了给左联的长信,系统地汇报了1930年11月在苏联哈尔科夫召开的第二次国际革命作家代表会议。举办这次会议的是国际革命文学事务局,会议于1930年11月6日晚开幕,7日全体会议代表参加庆祝十月革命活动,8日—15日为正式会议时间。萧三从国际无产阶级文学运动现状、召开这次会议的原因、会议代表的组成情况、会议的议程和重要会议发言要点、会议的达成的决议等几个方面进行了详细的介绍。其中他特别介绍了中国革命文学在这次会议上的反响:"一则中国近年来工农苏维埃革命运动非常引起国际无产阶级的注意,次则我们的普罗革命文艺运动虽则幼稚,可是运动已有二三年的历史,已有了组织,而且实际参加革命运动,当我在大会上作简单的发言时,会场鼓掌不绝,在委员会上我比较详细地报告了一点半钟,听者初则怀疑,继则赞叹不已。……到现在世界上才知道中国也有所谓革命普罗文艺运动,这安能不令人感喟?这一次算是将中国革命文艺和世界革命文艺之间的这道万里长城打破了,大会上通过了中国问题的决议案,并决定要成立中国支部。"由此可见,在这次会议上,中国的革命文艺运动第一次比较全面地向世界展现它的功绩。

萧三给左联的信中提及参加第二次国际革命作家代表会议各国代表组织情况时说:"说到到会的各国代表团和所代表的组织,除苏联的俄罗斯、乌克兰外,要以德国的为最有力量了。德国的无产作家同盟(大会决定改名为德国普罗文学工作人员同盟)有会员三百五十人,内百分之六十为工人。"反映德国工人阶级暴动纪实文学《爱森的袭击》的汉斯·马尔赫维察便是德国矿工出身的作家。该作中文译稿署名文尹译。中文版由人民文学出版社 1954 年第一次出版,该版《本书出版说明》中云:"这部小说,是译者在 1933 年根据俄文译文(《国际革命文学》1931 年第四期所刊)转译的,因反动政府的压迫,未能出版。现根据鲁迅保存下来的译者的手稿,由瞿秋白文集编辑委员会整理出版。" 1933 年鲁迅编译的苏联短篇小说集《一天的工作》中收录了绥拉菲摩维支的《一天的工作》和《岔道夫》,为文尹所译,这是杨之华在瞿秋白帮助下翻译完成的。《爱森的袭击》也是在同样情况下——即杨之华在瞿秋白帮助下翻译完成的。

巴人的长篇小说《女工秋菊》手稿,是其子王克平捐赠上海鲁迅纪念馆的,是为"朝华文库·巴人专库"中的藏品。手稿用纸为"益新"竖版稿纸。据王克平考证,该稿是第一稿手稿,写于 1930 年。小说由北方文艺出版社 1986 年第一次出版。

除了以上手稿外,本书还收录了两位左联作家的家书,即 1948 年丁玲致伯夏(陈明)信和 1949 年周文致育之信。

《前哨》是左联的机关刊物,其创刊号"纪念战死者专号"由鲁迅与冯雪峰合编,上海鲁迅纪念馆所藏的是谢旦如所捐赠,是包括《前哨》以及改名后的《文学导报》的合订本。上海文艺出版社于1958年和1981年两次影印该合订本。本书是按该书目前状况影印,因装订线所造成的中缝不清晰的状况不作修饰。目前所知,北京鲁迅博物馆藏有鲁迅收藏的《前哨》,刊名用红色油墨印就。

左联内部刊物《秘书处消息》由许广平捐赠,其中大部分文章整理于1980年3月出版的《纪念与研究》第二辑《鲁迅与左联资料汇编》中,其中的丁玲的左联工作竞赛挑战书和冯雪峰等人的应战书至今未被整理刊发,本次系上海鲁迅纪念馆所藏该刊的首次全文影印。

该书所收录的手稿文献中,相当部分是被研究者所关注、被宣传者所重视。所以,手稿文献的原稿影印还是很有价值的。据笔者的经验,读原件影印稿应可以有更多的发现,这种发现包括学术上的和阅读体验上的。阅读影印文本可以更进一步接近历史,达成时间与空间的穿越;进一步体味历史,更深切地获悉先人们留给我们的种种情感和信息。

〔本文收录于上海鲁迅纪念馆、中国左翼作家联盟成立大会会址纪念馆合编《斗士诚坚——上海鲁迅纪念馆藏左联作家手稿文献选》,上海文化出版社2023年版〕

覆盆桥周氏房族"智公祭"刍议

陈佳利　绍兴鲁迅纪念馆

中国的祭祀文化历史悠久,上到王公贵族,下到平民百姓,祭祀成为中国不可或缺的民俗活动。祭祀包括祭神与祭祖,祭祖不仅用来缅怀祖先与弘扬孝道文化,也在一定程度上反映出当时的社会结构与社会关系。祭祖在鲁迅的作品出现频率特别高,《故乡》中闰土与"我"相识那年,正好是"三十多年才能轮到一回"的"大祭祀的值年"。[1]在《祝福》中,四叔家里最重大的事件也是祭祀。四叔之所以不让祥林嫂沾手祭祀的活,是因为祥林嫂不洁,"祖宗是不吃的"。[2]从鲁迅的日记中也可见到祭祖的事宜,如1916年12月13日的日记记载:"旧历十一月十九日,为母亲六十生辰。上午祀神,午祭祖。"[3]1920年2月19日的日记记载:"旧历除夕也,晚祭祖先。"[4]这些重大的祭祀都能在鲁迅家族中找到原型,鲁迅周氏家族属于会稽覆盆桥(福彭桥)周氏家族,族中有两个重要的祭祖仪式,一个为"佩公祭","佩公祭"指的是为纪念九世祖而设的祭祀;另一个是为纪念七世祖、八世祖而设的"智公祭"。本文从现有的文献资料来解读其中的"智公祭",同时推导"智公祭"相对合理的名称。

"智公祭"是为纪念会稽覆盆桥周氏七世祖周绍鹏、八世祖周渭而设的祭祖仪式,周绍鹏是其族中第一位迁入覆盆桥的始祖。周绍鹏与兄弟分居后先迁往前观巷,后迁至覆盆桥定居,在覆盆桥附近购买旧宅进行改造,改造后的旧宅后称周家老台门,此为覆盆桥周氏的发祥之地。之后,周绍鹏之子周渭在东昌坊口新建周家新台门,又在张马河南岸建过桥台门,由于七世祖、八世祖在世时购进"尊德"与"崇德"两间当铺,覆盆桥周氏开始飞黄腾达,可以说,周绍鹏父子为覆盆桥周氏的繁荣兴盛做出了巨大的贡献。"智公祭"由派下的各房轮值,值年者是替七世祖、八世祖做忌日,其余各房参加祭祀俗称拜忌日。值年者负责祭田收租、做忌日与上坟等事宜,祭田租金用于祭祖之后往往还有盈余,这些盈余就当作轮值者的酬劳,祭祀的丰俭往往根据这一代的祭祀祭产而定。根据周作人的《鲁迅的故家》记载,"致公祭"的忌日酒采用绍兴传统"十碗头",每桌定价六百文,比九世祖佩公祭的定价要便宜两百文。"十碗头"即"六荤四素",第一碗往往是三鲜什锦,这道菜的主要成分是"肉丸、鱼圆、海参,都是大个大片,外加笋片蛋糕片,粉条垫底"[5],其他猪肉、鸡肉、鱼肉等也是必备荤菜。素菜的话有豆腐皮做的素鸡、千张包笋干香菇的素蛏子、藕片、糕点等。"致公祭"祭祀的祖先周绍鹏、周渭的祖坟分别在调马场、龙君庄两处,拜坟岁和送寒衣规定只有男子可以去,去时需用三四只船,流程与做忌日差不多,由值年者主持操办[6]。总体来讲,"致公祭"有一套固定的流程程序,祭祀仪式较为隆重。

  现藏于绍兴鲁迅纪念馆的覆盆桥周氏房族《公同议单》中也出现过"智公祭",称:"然无致富之方,力谋济贫之术,无己,则计及我祖智公祭田。"祭田是指封建时期用于祭祀的田地,相当于祖宗遗留下来的财产,目的是保证后代有足够的物质基础祭祀祖先。鲁迅所在的周氏家族是封建大家族,过去有不少祭田,现藏于鲁迅纪念馆的"和房祭田界石"是覆盆桥周氏和房祭田的界石,和房居住在覆盆桥周氏三台门之一的老台门,"嘉、道以来,老台门以富称"[7],曾一度为"和记"所代替。这块祭田界石可以证明过去的周家老台门田产丰厚,家境殷实。《公同议单》中所写的"智公祭田"表示这是属于智公祭用的祭田。《公同议单》里提及智公祭田原来有三百余亩,之前由于造坟等项目开支卖掉了部分祭田,如今只剩下二百数十亩,由于周氏子孙坐吃山空居多,导致周氏败落,众房族才靠析分祖上祭田度日。《公同议单》里采用的是"智公祭田"的叫法,间接说明覆盆桥周氏家族流传下来的祭祖仪式叫"智公祭",这份《公同议单》由覆盆桥周氏家族致房派下的智字兴房、立房、成房,仁字礼房、义房、信房,勇字笠房、笙房、笛房;中房派下忠字裕房、慎房、恕房、和房等周氏族人签字画押,可信度比较高。

虽然周氏家谱《越城周氏支谱》中没有"智公祭"的明确记载,但周作人的文章和《公同议单》中反映了当时智公祭的规模与智公祭田的数量。

除了以上文献,鲁迅义房族叔周冠五也撰文记录过"智公祭",他在文章中写道,乐庵公(七世祖)、熊占公(八世祖)两代的二百四十亩祭田为"智公祭",对外宣称有三百亩,实际要打一个八折。[8]可见"智公祭"与《公同议单》里的"智公祭"说法一致。张能耿、张款合著的《鲁迅家世》中有一章节《为纪念周绍鹏、周渭而设的智公祭》,周绍鹏、周渭是七世祖、八世祖的谱名,文章从忌日酒、墓祭、主持祝福等方面详细介绍了"智公祭","值年者除了负责替周绍鹏、周渭做忌日,办忌日酒,还要负责正月悬神像和墓祭。"[9]内容主要参考了周作人的文字资料,采用的是"智公祭"的叫法。

然而,周作人的著作中却始终没有出现"智公祭"一词,相应代替的是"致公祭"。周作人在《鲁迅的故家》中写道:"例如三台门共同的七八世祖的致公祭,忌日酒每桌定价六百文。"[10]此处的"致公祭"与前文的"智公祭"实为同一个祭祀,皆为纪念覆盆桥周氏七世祖与八世祖而设,只是名称上略有区别。鉴于"智"与"致"发音相同,会不会是周作人偶然写的别字?在周作人另一篇文章《扫墓》中写道"致公祭祖坟调马场龙君庄相处"[11],此处仍旧用的是"致公祭"的名称,说明周作人不是无意间误将"智公祭"写成

"致公祭"。无独有偶,周建人在《鲁迅故家的败落》书中也是采用"致公祭"的写法,并作详尽描述:"原来我们覆盆桥周家有两个较大的祭祀值年,一个是三台门公共的祖先致公祭,据说有三百多亩,由致、中、和三大房轮值,这要二十七年才能轮到一回。"[12]鲁迅《故乡》中"三十多年才能轮到一回"的大值年与"智公祭"的值年接近,但经考证,鲁迅与闰土相遇时的祭祀实为周家另一个祭祀——佩公祭。

对于同一个祭祀为何有"智公祭""致公祭"两种不同的名称,可以从周家另一个重要祭祀"佩公祭"来看。"佩公祭"是以覆盆桥周氏九世祖致房周宗翰的字来命名,周宗翰字佩兰,因此纪念周宗翰的忌日称为佩公祭。"智公祭"是为纪念覆盆桥周氏七世祖与八世祖而设,七世祖周绍鹏原名升,字寅宾,号乐庵,八世祖周渭字熊占,号云岩,两人的名、字、号皆没有带"智"或者"致"字,所以"智公祭"不可能是以七世祖、八世祖的名、字或者号来命名,它与佩公祭的命名方式完全不同。从《越城周氏支谱》来看,八世祖周渭是致、中、和三房的始祖,致房下面又分为智、仁、勇三房,"智"与"致"皆出自八世周渭的房族,且都属于大房,所以无论是"致公祭"还是"智公祭"有一定可能性是按照房族来命名。《公同议单》里析分智公祭田,底下签字的不仅有智房下面的兴、立、成(诚)三房,还有不属于智房的礼、义、信、笠、笙、笛、裕、慎、恕、和等十房,假如"智公祭"的"智公"所指十世周珪(智房),这份祭田就属于智房派下,那么其他几房不可能过来析分智房的祭田。假如"致公祭"的"致"指的是周宗翰的致房,另一个佩公祭已是九世周宗翰的祭祀,周氏族人不可能再设一个"致公祭"来纪念周宗翰。鲁迅的著作模糊描述了周家祭祖仪式,没有明确提到值年祭祀的具体名字,因此我们也难以从鲁迅的著作来考证"智公祭"的正确叫法。

从现存的资料来看,《公同议单》与周冠五等人的著作写的都是"智公祭",周作人与周建人的著作都写成"致公祭",是同一个祭祀两种不同叫法。笔者更倾向于这个祭祀名字叫"智公祭"。后人在修族谱时,往往给祖先加上某某公以示尊重。由于"智公祭"是为纪念周氏七世祖、八世祖,不像佩公祭是为九世祖佩兰公单独设的,所以纪念七世祖、八世祖的祭祀不会以单独一个人的名号来命名。而且"智"比"致"更具有褒扬的意义,《越城周氏支谱》中《熊占公传》篇记载:"公生而孝友,比长,端谨多智略,能以材力起其家。"[13]这句话的意思是熊占公(即八世祖周渭)天生孝顺友爱,等到他成长后,为人端正谨饬多智谋,能够用自己的财富、能力来兴家立业,成名发迹。《熊占公传》对八世祖的评价有"智"字,可见八世祖是以智慧闻名,覆盆桥周氏又是靠七世祖、八世祖两代奋斗起家,"智公"极有可能是对七世祖、八世祖的美誉。此外《公同议单》由多位周氏族人签字画押,里面的内容必定经过族中长辈反复推敲落定,具有一定的权威性,再加上同样是周家子孙的周冠五撰文佐证,更加让人信服这个祭祀的名称就叫"智公祭"。

那么"致公祭"究竟是不是周作人记错导致?《公同议单》里智字兴房一栏有豫才、起孟、乔峰,即鲁迅、周作人、周建人三兄弟,《公同议单》上显示豫才与乔峰画押,起孟没有画押,说明当时周作人不在现场,立《公同议单》时周作人身在日本,他没有机会在现场见到《公同议单》里关于"智公祭"的文字材料,仅从族人口中了解"智公祭",可能并不知道"智公祭"的正确写法。但让人费解的是,《公同议单》由周作人收藏,1953年捐献给绍兴鲁迅纪念馆,既然《公同议单》后来辗转到周作人手上,他不可能没有翻阅过《公同议单》见到上面"智公祭"这几个字。而《鲁迅故家的败落》一书由周建人女儿周晔根据周建人晚年的回忆所整理,当时周建人已是90多岁高龄,书中出现纰漏在所难免,也有可能周晔撰写时参考了周作人的《鲁迅的故家》,从而导致"智公祭"都写作"致公祭"。

总而言之,"智公祭"是覆盆桥周氏房族为纪念七世祖、八世祖而设的较隆重的祭祖,这点没有异议,对于这个祭祀有"智公祭"与"致公祭"两种不同名称,笔者更倾向于"智公祭"的叫法,"智"更能概括七世祖、八世祖的一生。从现有文献来看,"致公祭"的叫法多出自周作人,至于周作人为何将"智公祭"写成"致公祭"? 学术界没有定论,有待更多专家学者进一步研究考证。

注释

[1] 鲁迅:《故乡》,《鲁迅全集》第一卷,人民文学出版社 2005 年版,第 502 页。

[2] 鲁迅:《祝福》,《鲁迅全集》第二卷,人民文学出版社 2005 年版,第 16 页。

[3] 鲁迅:《丙辰日记 1916 年 12 月》,《鲁迅全集》第十五卷,人民文学出版社 2005 年版,第 252 页。

[4] 鲁迅:《日记第九 1920 年 2 月》,《鲁迅全集》第十五卷,人民文学出版社 2005 年版,第 396 页。

[5] 周遐寿(周作人):《鲁迅的故家》,上海出版公司 1952 年版,第 218 页。

[6] 周遐寿(周作人):《鲁迅的故家》,上海出版公司 1952 年版,第 223 页。

[7] 寿洙邻:《我也谈谈鲁迅的故事》,《鲁迅研究资料 3》,文物出版社 1979 年版,第 226 页。

[8] 周冠五(周观鱼)著,倪墨炎、陈九英编选:《鲁迅家庭家族和当年绍兴民俗 鲁迅堂叔周冠五回忆鲁迅全编》,上海文化出版社 2006 年版,第 237 页。

[9] 张能耿、张款:《鲁迅家世》,党建读物出版社 2000 年版,第 30 页。

[10] 周遐寿(周作人):《鲁迅的故家》,上海出版公司 1952 年版,第 217 页。

[11] 周遐寿(周作人):《鲁迅的故家》,上海出版公司 1952 年版,第 223 页。

[12] 周建人口述,周晔编写:《鲁迅故家的败落》,湖南人民出版社 1984 年版,第 68 页。

[13]〔清〕周以均撰,周锡嘉编订:《越城周氏支谱 数》,线装书局 1996 年版,第 57 页。

鲁迅著译编广告辑校(上)

彭林祥　广西大学

民国期间,署名鲁迅的著、译、编作品多达 200 余种。这些作品在出版时大多刊出了广告。迄今为止,这些散落各处的广告文字还没有加以系统地搜集整理。尽管现在很难一一考证出这些广告由谁撰写,但这些广告文字却颇具文学史料价值。据此可了解作品出版时的原始风貌,洞察鲁迅作品传播的方式,弄清作品的销售情况,以及窥探鲁迅的文坛境遇等。此外,这些广告文本中语言文字的运用以及采用的推销策略也可为现今的书刊广告写作提供范例。近年来,笔者在搜集现代文学作品广告时,对鲁迅著、译、编作品的广告文字稍加留意,收集了广告文字近百则,大体按时间顺序辑校如下,以飨同好。

1. 周树人、顾琅合纂《中国矿产志》,日本井木活版所 1906 年 7 月印刷,上海普及书局发行。《中国矿产志》增订三版封底刊有《本书征求资料广告》,内容如下:

本书征求资料广告

中国不患无矿产,而患无研究矿产之人;不患无研究矿产之人,而患不确知矿产之地。近者我国于矿务一事,虽有争条约,废合同,集资本,立公司等法,以求保存此命脉。然命脉岂幽玄杳渺,得诸臆说者乎? 其关系于地层地质者,必有其实据确证之所在。得其实据确证,而后施以保存方法,乃得有所措手，以济于事。仆等有感于斯，爰搜辑东西秘本数十种，采取名师讲义若干帙，撮精删芜，以成是书。岂有他哉？亦欲使我国国民，知其省其地之矿产而已，知其省其地之命脉而已，知其省其地之命脉所在而已。然仆等求学他邦，羁留异国，足迹不能遍履内地，广为调查，其遗漏而不详赡者，盖所不免。惟望披阅是书者，念吾国宝藏之将亡，怜仆等才力之不逮，一为援手而佽助焉。凡有知某省某地之矿产所在者，或以报告，或以函牍，惠示仆等，赞成斯举，则不第仆等之私幸，亦吾国之大幸也。其已经开采者，务详记现用资本若干，现容矿夫若干，每日平均产额若干，销路之旺否，出路之便否，一以供吾国民前鉴之资，一以为吾国民后日开拓之助；其未经开采者，现有外人垂涎与否，产状若何。各就乡土所知，详实记录。如蒙赐书，请寄至上海三马路昼锦里本书发行所普及书局，不胜企盼之至。

丙午年十二月编纂者谨白

2. 鲁迅、周作人合译《域外小说集》（第一、二册），日本东京神田印刷所1909年3月、7月印刷，东京群益书店和上海广昌隆绸庄寄售。《时报》1909年4月17日刊载了该书第一册的出版广告：

域外小说集　第一册

是集所录，率皆近世名家短篇。结构缜密，情思幽眇。各国竞先选译，斐然为文学之新宗，我国独阙如焉。因慎为译述，抽意以期于信，绎辞以求其达。先成第一册，凡波兰一篇，美一篇，俄五篇。新纪文潮，灌注中夏，此其滥觞矣！至若装订新异，纸张精致，亦近日小说所未见也。每册小银价三角，现银批售及十册者九折，五十册者八折。总寄售处：上海英租界后马路干记弄广昌隆绸庄。

会稽周树人白

3. 鲁迅译《工人绥惠略夫》([俄]阿尔志跋绥夫著),列为"文学研究会丛书"之一。上海商务印书馆1922年5月初版。1922年8月8日《申报》刊载了该书的出版广告:

工人绥惠略夫　一册　六角

鲁迅译,这书是俄国现代大文学家阿尔志跋绥夫所著,是一部革命的书。社会改造究竟是靠淋着血的破坏手腕得来呢?还是靠"爱之宣传"得来?这是阿尔志跋绥夫时代的俄国青年思想上的难问题,《工人绥惠略夫》一书把这时代的思想完全反映出来了。

1927年6月,上海北新书局1927年6月推出此书新版,广告载《北新周刊》第49—50期(1927年10月1日),文字如下:

工人绥惠略夫

俄国阿尔志跋绥夫作,鲁迅翻译,是极有名的一篇描写革命失败后社会心理的小说。或者遁入人道主义,或者激成虚无思想,沉痛深刻,是用心血写成的。曾经印行,现收入未名丛书中,有序及作者肖像,陶元庆绘封面。实价六角。

4. 鲁迅译《一个青年的梦》(日本　武者小路实笃著),列为"文学研究会丛书"之一。上海商务印书馆1922年7月初版。1922年9月17日《申报》刊载了该书的出版广告:

一个青年的梦　一册　七角

日本武者小路实笃著,鲁迅译,此书是一部反对战争的圣书,全书四幕中差不多个个字可以叫人下泪,法国已有译本,于今年春出版,此书之价值可知。

北新书局1927年6月推出了北新版《一个青年的梦》,1927年6月27日《申报》刊载了该书的出版广告:

一个青年的梦　鲁迅译　实价八角

这是非战的文学,在欧战正烈时,作者独能保持清晰的思想,发出非战的狮子吼来。

广告又载《北新》第49—50期(1927年10月1日),文字如下:

日本武者小路实笃作　戏剧　鲁迅译　共四幕

当欧战正烈的时候,作者独能保持清晰的思想,发出非战的狮子吼来。先曾印行,今改版重印;卷头有自序及为汉译本而作的序及照象。实价八角。

5. 鲁迅等译《爱罗先珂童话集》([俄]爱罗先珂著),列为"文学研究会丛书"之一。上海商务印书馆1922年7月初版。1922年8月17日《申报》刊载了该书的出版广告:

爱罗先珂童话集　一册　七角

是书由鲁迅君集译俄国盲诗人爱罗先珂所作童话,共计九篇。卷首更附有盲诗人所作的自叙传。著者曾被称为"有童子心的诗人",他的童话是用了他所独创的嫩弱而又新鲜的文体写出他自己的天真的心情,悲哀的情调和梦幻的憧影,不但是孩子们的恩物,便是给成年人也是很好的。

6. 鲁迅译《桃色的云》,北京新潮社 1923 年 7 月初版,北京北新书局 1926 年再版。《北新》第 1 卷第 9 期(1926 年 10 月 16 日)刊载了再版广告:

桃色的云

《桃色的云》这样一部名著,而且是如此有意味的,谁不读过。然而,本局的经验,还屡次有人来买,他们说:"《桃色的云》我早已看过的了,不过这是朋友初借来的。我爱随时翻翻这本书。所以一定非自己有一本不可。"这话真对了,我们喜欢暗暗的背诵里边的诗句:

虹的桥是美的,
虹的桥是相思的,
虹的桥上是想要上去的,
虹的桥上是想要过去的。

我们还爱着自然母的话:"我本以为一切规则定得很正当的了,不知道为什么,一切都不如意。"同时看见他慈善而窘迫的容貌。

喜欢留这本书在案头的先生们,现在再版已经出了。

如果没有读过这本书的,我们就约略的叙述一下:这是曾来中国任北京大学教授的俄国盲诗人爱罗先珂的童话剧。剧中的人物主角是土拨鼠,与春夏秋冬四个小姐及各季的花卉虫鸟一大批角色演成这美丽而丰富的戏剧,如大宇宙一样的美丽而丰富。经鲁迅先生翻译,有他的序与日本秋田雨雀的《读了童话剧桃色的云》。计三百页,实价七角。

上海宝山路宝山里北新书局

《三年》(张友松著,北新书局 1926 年 12 月初版)书后有该书的出版广告:

  桃色的云 鲁迅译 实价七角

  这是一部童话剧,为爱罗先珂得意之作。剧中主人公为土拨鼠,因寻求光明以致被杀,寓意深远,文美如诗。经鲁迅先生译出,更为难得。

1934 年 10 月,上海生活书店推出了该书的新版。《译文》第 2 卷第 5 号(1935 年 7 月 16 日)刊载了该书的出版广告:

  桃色的云 爱罗先珂著 鲁迅译 七角

  译者的序里这样说:"这是爱罗先珂创作集第二册中的一篇童话剧。著者自己觉得这一篇更胜于先前的作品。意义方面,大约是可以无须乎详说的。因为无论何人,在风雪的呼号中,花卉的议论中,虫鸟的歌舞中,谅必都能够更洪亮的听得自然母的言辞,更锋利的看见土拨鼠的春子的运命。世间本没有别的言说,能比诗人以语言文字画出自己的心和梦,更为明白晓畅的了。"

7. 鲁迅著《呐喊》,北新新潮社 1923 年 8 月初版。上海北新书局 1926 年 10 月初版。《欧美名家小说丛刊 三年》(北新书局 1927 年版)书后有该书的出版广告:

  呐喊 鲁迅著 实价七角

  这是新文学中最有名的一部小说,已译成英日俄法各国文字。法国近代大文豪罗曼罗兰称为最高之艺术品,因为他愈读愈有滋味。出版后销数逾万,公认为文学中不朽之杰作。

1935年2月24日《申报》刊载了该书第二十一版出版广告：

呐喊 （二十一版） 鲁迅著 实价九角

　　这是新文学中的第一部短篇小说杰作，曾被译成英法俄日等国文字。一切的新小说以本书的销路为第一。

　　8. 鲁迅著《中国小说史略》，北大第一院新潮社1923年12月—1924年6月初版，北新书局出版1925年9月再版，1926年11月三版。《北新》第1卷第14期（1926年11月20日）对第3版进行了大篇幅的精美广告，内容如下：

中国小说史略 鲁迅

　　鲁迅先生所著《中国小说史略》是在北京大学任课时的讲义。本局之出版是书，也是本鲁迅先生嘱托，备选听此课的学生之用。然而书出版及罄，以致作教本用者反多不能得，于是匆促中即行再版。书中错误很多，虽有正误表一大篇，而遗漏还是很多，这虽是本局很抱歉的事，却因出书太急，有可见谅的理由吧。

　　现在，再版也早已无存了，学期开始时，各校多采为教本，屡屡向本局催书，可是这一次不敢再草率从事了。本局发行者忍着气日日婉辞答复以恶语来催的读者，而校对则日夜忘记眠食的查检这书中的错误，凡遇疑惑者，便写信寄厦门问著者鲁迅先生。这第三版书到现在始出，使读者久待，确是十分抱歉的，但校正了前二版的许多错误，这是聊可安慰的，又所用纸张改洋宣纸为毛桃林，增厚很多，因为前已购买者必欲求改正本而再来购买，这是补偿他们的。

　　敝局商人，本不知此书的价值，见销路如此之大，很有点出惊，现在知道了，著者的序言中有告诉我们了：中国向来是没有讲小说的史书的。不过他很谦虚,不肯自己称功罢了。

　　本书分二十八篇,自神话与传说以至清末,言之均极详明,正文三百四十五页,实价八角。

北新书局启

1927年8月,北新书局推出《中国小说史略》第4版。《北新》第47、48合期(1927年9月16日)有第四版的出版广告:

　　四版　中国小说史略　鲁迅著　实价八角
　　这是一部讲中国小说的空前巨著,穷源究流,推断评价,无不精密允当,详细明了,研究中国小说之最好参考书也。

1935年,该书由增田涉翻译成日文,名为《支那小说史》出版,日本的《中国文学》月报第6号,[昭和十年(1935年)八月二十五日发行]刊载了该书的宣传广告(下列广告文字转引自小林基起、商金林《日本〈中国文学〉月报中的"周氏兄弟"》,《中国现代文学研究丛刊》2016年第11期):

　　鲁迅历时20年用苦心写出来的世界名著《支那小说史》全部翻译过来了!!　　　　鲁迅著　增田涉译注
　　装帧题签　三上于菟吉
　　《支那小说史》　菊刊九木五百十二页
　　天金布装函入豪华版
　　定价五圆·送料十八钱
　　增田涉先生译注的鲁迅先生的著作《支那小说史》公开出版,不仅是小社同人的荣幸。这本书不仅论述了从古代到清末的支那小说,也论述了政治经济、民族社会与小说之间的相互作用和影响。对这部小说史的评价应该是前无古人的旷世之作。它超越了文学史,达到了人文史的顶峰,是中国研究者以及学者和文人必读的世界的巨著。

9. 鲁迅译《苦闷的象征》,北京新潮社 1924 年 12 月初版。1925 年 3 月 10 日《京报副刊》刊载了该书的出版广告:

《苦闷的象征》广告

这其实是一部文艺论,共分四章。现经我以照例的拙涩的文章译出,并无删节,也不至于很有误译的地方。印成一本,插图五幅,实价五角,在初出版两星期中,特价三角五分。但在此期内,暂不批发。北大新潮社代售。

鲁迅告白

10. 鲁迅主编《莽原》(周刊),未名社出版。创刊号于 1925 年 4 月 24 日问世。1925 年 4 月 20 日《京报》刊出了该刊即将问世的预告:

思想界的一个重要消息:如何改造青年的思想?请自本星期五起快读鲁迅先生主撰的《□□》周刊,详情明日宣布。本社特白。

《京报》1925 年 4 月 21 日又刊出了该周刊的出版预告:

本报原有之《图画周刊》(第五种),现在团体解散,不能继续出版,故另刊一种,是为《莽原》。闻其内容大概是思想及文艺之类,文字则或撰述,或翻译,或稗贩,或窃取,来日之事,无从预知。但总期率性而言,凭心立论,忠于现世,望彼将来云。由鲁迅先生编辑,于本月星期五出版。以后每星期五随《京报》附送一张，即为《京报》第五种周刊。

1926年1月，《莽原》由周刊改为半月刊。1925年12月25日《国民新报副刊》刊载了改版广告：

《莽原》半月刊出版预告
　　这本是已经出了大半年了的周刊，想什么就说什么，能什么就做什么，笑和骂那边好，冷和热那样对，绅士和暴徒那边妥，创作和翻译那样贵，都满不在乎心里。现在要改半月刊了，每期出版四十余面，用纸洁白，明年一月出第一期。目录续登。

11. 鲁迅著《热风》，北京北新书局1925年11月初版，广告载《语丝》第54期（1925年11月23日），文字如下：

热　风
　　这是鲁迅先生的1918—1924年的杂感集，这里面的文字有的是对于扶乩、静坐、打拳而发的；有的是对于所谓"保存国粹"而发的；有的是对于所谓"虚无哲学"而发的；有的是对于混沌的思想界大攻击，因为现状和那时并没有大两样，所以辑集成册，以广流传，现已出版，定价四角。

《申报》1926年4月16日刊出了该书的出版广告：

热风　鲁迅著实价四角
　　这是鲁迅先生的杂感集，这里面的文字大都是反对扶乩、静坐、打拳，"保存国粹""虚无哲学"及上海之所谓"国技家"的，总之是对于混沌的思想界下总攻击。因为现状和那时并没有大两样,所以集辑成册以广流传。

12. 鲁迅译《出了象牙之塔》(厨川白村著,北京未名社1925年12月初版),1925年12月25日《国民新报副刊》广告栏刊登该书广告,文字如下:

　　日本厨川白村作论文十篇。鲁迅翻译。陶元庆画封面。纸数二百七十页。
　　纸质上等。插图五幅。实价七角。自十二月二十八日起至明年一月十日止特价八折。每日下午一点至六点钟,在沙滩新开路五号"未名社刊物经理处"发卖。

该书广告又载《莽原》第1卷1期(1926年1月10日),文字如下:

　　这是厨川白村泛论文学,艺术,思想,批评社会,文明的论文集。著者说:"我是也以斯提芬生将自己的文集题作《贻少年少女》样的心情,将这小著问世的。"
　　现经鲁迅译出,陶元庆画封面,全书约二百六十面,插画五幅,实价七角。外埠直接购买者邮费不加,但不能以邮票代价。
　　总发行处:北京东城沙滩新开路五号　未名社刊物经售处
　　售书时间:每日下午一点半至六点钟。

《莽原》第16期(1926年8月25日)也载有该书广告:

　　日本厨川白村作关于文艺的论文及演说十二篇,是一部极能启发青年的神智的书。

鲁迅译,插图四幅,又作者照像一幅。陶元庆画封面。

在《莽原》第 2 卷 16 期(1927 年 8 月 25 日)上又刊出了该书的再版广告,文字与上之所述又有差别,如下:

内含关于文艺的论文及演说十二篇,思想透辟,措辞明快,而又内容丰富,饶有趣味,是一部极能启发青年神智的书,插画四幅,陶元庆画封面,再版已出,定价七角。

13. 鲁迅著《华盖集》,北新北新书局 1926 年 6 月初版。1926 年 3 月 22 日《申报》刊载了该书的出版广告:

华盖集　鲁迅著　实价六角

这是鲁迅的杂感第二集,他在自序中说,因为这是他转辗而生活于风沙中的瘢痕,所以很爱惜他们,收集刊印。每集实价六角。

14. 鲁迅著《彷徨》,北京北新书局 1926 年 8 月初版,广告载《莽原》第 1 卷第 14 期(1926 年 7 月 25 日),文字如下:

彷　徨

鲁迅第一小说集《呐喊》出版后,不但国内文艺界公认为不朽的杰作,即法国现代文学家罗曼罗兰见了敬隐渔君的《阿Q正传》的法译本,也非常的称赞,说这是充满讽刺的一种写实的艺术,阿Q的苦脸永远的留在记忆(中)。

现在鲁迅先生又将《呐喊》后的小说——已发表的和未发表的,计十一篇,合成这集《彷徨》。有人说,《彷徨》所收各篇虽依然是充满着讽刺的色彩,但作风有些儿改变了。究竟是不是呢?请读者自己去判断吧。现已付印,实价八角,预约六角。

《北新》第 5 期(1926 年 9 月 18 日)还刊出了配有小说集封面的书刊广告,文字如下:

鲁迅先生的第二小说集《彷徨》已版了!
大家熟悉《呐喊》以后,等候他的第二集出版已长久长久了,听到这个消息,一定很想先睹为快。内容共计十一篇:祝福,在酒楼上,幸福的家庭,肥皂,长明灯,示众,高老夫子,孤独者,伤逝,弟兄,离婚,篇篇精采。

北新书局出版

广告又载《莽原》第 1 卷第 19 期(1926 年 10 月 10 日),有如下文字:

鲁迅的短篇小说集第二本。从一九二四至二五年的作品都在内,计十一篇,陶元庆画封面。

1935 年 3 月 6 日《申报》刊载了该书第 14 版的出版广告:

彷徨(十四版)　实价九角
这是鲁迅的第二短篇小说集,其中有极深刻的,也有极幽默的,都冷静的刻划着社会相。

15. 鲁迅著、梁社乾译《阿 Q 正传》(英文版),上海商务印书馆 1926 年 8 月初版。1926 年 11 月 13 日《申报》刊载了该书的出版广告：

  英文阿Q正传出版　　THE TRUE STORY OF AH Q
  梁社乾译　精印一册　定价一元二角　邮费二分半
  鲁迅先生的《呐喊》，是新文学中最有名的一部小说，《阿Q正传》又是《呐喊》中的一篇主要作品，此书早已译成日俄法各国文字，兹由《断鸿零雁记》译者梁社乾先生译为英文，译笔忠实，能将原文中所蕴蓄的热烈的情感和讽刺的风格，尽量传出。此为研究英文并爱好文学者所不可不读的一部杰作，也是馈赠西友的一本绝好的书。

16. 鲁迅著《坟》（北京未名社印行 1927 年 3 月初版），出版预告载《莽原》第 26 期（1926 年 8 月 25 日）。全文如下：

  莽原丛刊　坟　出版预告
  这是鲁迅的论文集，自 1907 年留学日本时代的文言文《人的历史》起，按年代排列，经登在《新青年》的白话而至 1926 年登在本刊上的《论"费厄泼赖"应该缓行》，并演说二篇，共二十四篇。作者较成片段的文章大概收录在内。未名社出版。

17. 鲁迅著《华盖集续编》，北新书局 1927 年 5 月初版，广告载《北新》第 41—42 期（1927 年 8 月 1 日），文字如下：

  华盖集续编　鲁迅著　实价八角
  鲁迅是一个小说家，也是一个思想家而且是一个急进的思想家，他的态度是极猛烈的，他的文笔是极幽默的。凡读过《呐喊》与《彷徨》的人，当然也想知道这个作者对于现社会所抱的态度及思想吧,那就非看他的散文不可了。《华盖集续编》是一九二六年的散文集,全编共三十二篇。

该书广告又载《北新》第49—50期(1927年10月1日),文字与上文有很大差别,辑校如下:

华盖集续编　鲁迅著　实价八角
作者的杂感文,大都是攻击旧社会与所谓正人君子的,自《热风》与《华盖集》出版后,青年所受的影响真不小,此集为一九二六年所作,共三十二篇,较前两集尤为深刻。

18. 鲁迅著《野草》,"乌合丛书"第六种,北新书局出版1927年7月初版。在该书版权页之后刊载了本书的出版广告:

野草　实价三角半
《野草》可以说是鲁迅的一部散文诗集,优美的文字写出深奥的哲理,在鲁迅的许多作品中,是一部风格最特异的作品。

《北新》第41、42合期(1927年8月1日)也刊载了该书的出版广告:

《野草》鲁迅著　快出版了!
野草,野草当然不是乔木,也不是鲜花。
但,鲁迅先生说:
"我自爱我的野草,——"
"我以这一丛野草,在明与暗,生与死,过去与未来之际,献于友与仇,人与兽,爱者与不爱者之前作证。"
鲁迅先生的著作是不用花言巧语式的广告的,我们现在就拿他自己的话来做广告罢。

19. 鲁迅纂《小说旧闻钞》(北新书局 1926 年 8 月初版),广告载《莽原》第 16 期(1926 年 8 月 25 日),文字如下:

小说旧闻钞

鲁迅先生编著《中国小说史略》时,凡遇珍奇材料,均随手择要摘录,书成,积稿至十余巨册。今将明清两代关于小说之旧闻遗事,选取精要者纂集成册。取材审慎,考据精密,凡读过先生所著小说史略者,不可不读此书。实价四角。

20. 鲁迅著《朝花夕拾》,北平北新书局 1927 年 7 月初版。广告载《青年界》第 2 卷第 3 期(1932 年 10 月 20 日),文字如下:

朝花夕拾　鲁迅著　实价五角半

本书向由未名社发行,曾绝版一时,购者深感不便,现由敝局印行,以公同好。全书十篇,记作者生平事迹,可说是作者唯一的自叙传,文笔美妙,实为完品,其价值与《呐喊》《彷徨》相等。其中多篇,曾被采为中学教材。

21. 《唐宋传奇集》(上卷,北新书局 1927 年 12 初版),广告载《北新》第 2 卷第 3 期(1927 年 12 月 1 日),文字如下:

唐宋传奇集　上册实价六角　十二月五号出版

鲁迅校录,共九卷。唐人作者五卷三十二篇,宋人作者三卷十六篇,末一卷为稗边小缀,即鲁迅所作考证,文言一万五六千字,是一部小心谨慎,用许多善本,校订编成的书。编者在序列上说:"本集篇卷无多,而成就颇亦非易。……广赖众力,才成此编。"则其不草率从事也可想,治文学史则资为材料,嗜文艺则玩其词华,有此一编,诚为两得。

北新书局启

1927年12月25日《申报》刊载了上册的出版广告:

唐宋传奇

鲁迅校录,共九卷,末一卷为鲁迅所作考证,文字一万五六千字,是一部小心谨慎,用许多善本,校订编成的书,治文学史则资为材料,嗜文艺则玩其词华,有此一编,诚为两得,上册已出,实价六角。

另,孙伏园特在《贡献旬刊》第1卷4期(1928年1月5日)上刊登了如下广告文字:

唐宋传奇集上下两册,上册现已出书,都二百页,分五卷,计第一二卷各五篇,第三卷九篇,第四卷十篇,第五卷三篇,共三十二篇。鲁迅先生校录本书,曾费几许精神岁月,新近排印时,又亲任数次校勘,这些都是我所知道的。昨承赐来上册,知已出书,令我喜极,不久下册就能出来,除了下册以后,我还希望能像《全上古……文》之接《全唐文》一样,再将鲁迅先生更费功程校录之《古小说钩沉》五部印行,使成中国古代小说完本。

《唐宋传奇集》下册出版时,孙伏园又在《贡献旬刊》第1卷9期(1928年2月25日)上刊登了如下广告:

鲁迅先生校录《唐宋传奇集》上册已于月前出版,兹下册已续出,六七八末四卷计二百页,页数续上册,仍用陶元庆先生封面,定价六角。

1928年3月25日《申报》刊载了该书上下册的出版广告:

    唐宋传奇集上下册 各六角
  鲁迅校录,共九卷,是一部小心谨慎用许多善本校订编成的书。编者说……本集编卷无多,而成就颇亦非易,广赖众力才成此编。则其不草率从事也,可想见治文学史,则实为史料,嗜交艺,则玩其词华。有此一编诚为两得。

22. 鲁迅译《小约翰》([荷兰] 望霭覃作,北京未名社1928年1月初版),广告载《语丝》第4卷7期(1928年1月18日),文字如下:

  读者日日渴望的《小约翰》现已出版!实价八角。
  荷兰望霭覃著,鲁迅译。是用象征来写实的童话体散文诗。叙约翰原是大自然的朋友,因为要求知,终于成为他所憎恶的人类了。前有近世荷兰文学大略,作者的详传及照像,孙福熙画封面。
  发行者:北京未名社   上海总经售:北新书局

另,上海生活书店于1934年11月推出新版《小约翰》,书店也为宣传此书撰写了促销广告,《译文》第2卷第5号(1935年7月16日)刊载了该书的出版广告:

    小约翰 F·霭覃著 鲁迅译
  这是一篇象征写实底"童话剧",无韵的诗,成人的童话,因为作者是荷兰最著名的抒情诗人,他的博识和敏感,或者竟已超过了一般人的童话了。其中如金虫的生平,菌类的言行,火莹的理想,蚂蚁的和评论,都是实际和幻想的混合。荷兰海边的沙岗风景,在本书所描写的,尤足令人神往。

23. 鲁迅译《思想 山水 人物》(日本鹤见佑辅著,上海北新书局出版1928年版),广告载《语丝》第4卷24期(1928年6月11日),文字如下:

　　思想·山水·人物　　日本　鹤见佑辅著　鲁迅译
　　这是一部论文和游记集,著意于政治,其中关于英美现势的观察及人物的评论,都有明快切中的地方,滔滔如瓶泄水,使人不觉终卷,选译二十篇,全编三百页,插图九幅。实价九角半。

另,《北新》第2卷16号(1928年7月1日)也有该书的广告文字,如下:

　　这个集子的共通思想是政治,作者对于各国现势的观察,人物的评论,都很有明快切中的地方,滔滔如瓶泄水,使人不觉终卷,选译二十篇计三百余页,插图九幅。实价九角半。

24. 鲁迅、郁达夫合编《奔流》(月刊),上海北新书局发行。1928年6月20日《奔流》创刊号问世。《奔流》创刊号刊载了该刊的宣传广告:

　　　　奔流月刊　鲁迅　郁达夫　主撰
　　凡例五则:

1. 本刊揭载关于文艺的著作，翻译，以及绍介，著译者各视自己的意趣及能力著译，以供同好者的阅览。

　　2. 本刊的翻译及绍介，或为现代的婴儿，或为婴儿所从出的母亲，但也许竟是更先的祖母，并不一定新颖。

　　3. 本刊月出一本，约一百五十页，间有图画，时亦增刊，倘无意外障碍，定于每月中旬出版。

　　4. 本刊亦选登来稿，凡有出自心裁，非奉命执笔，如明清八股者，极望惠寄，稿由北新书局收转。

　　5. 本刊每本实价二角八分，增刊随时另定。在十一月以前豫定者，半卷五本一元二角半，一卷十本二元四角，增刊不加价，邮费在内。国外每半卷加邮费四角。

上海北新书局发行

25. 鲁迅著《而已集》，上海北新书局 1928 年 10 月初版。1928 年 12 月 15 日《申报》刊载了该书的出版广告：

　　　而已集　鲁迅著　实价六角
　　鲁迅先生去年所作的散文和杂感，都收在这个集子里。近来一般烦闷苦恼的青年，都疑问鲁迅先生何以不大开口了。如果读完了这册《而已集》，就可以了然于他的所以沉默的原因了。

26. 鲁迅编《艺苑朝华》（第一辑至五辑），朝花社出版。1929 年 2 月 1 日《申报》刊载了该丛书第一、二辑的出版广告：

　　　艺术界的新贡献　艺苑朝华　朝花社选印　鲁迅序并说明
　　　第一期　第一辑　近代木刻选集（一）

"创作的木刻"为现代新兴艺术之一种,欧美名家无不尝试,而中国从来绝少绍介,实有落后之观。现选择各国名家杰作陆续出版,以供爱好艺术者之参考。

第二辑　蕗谷虹儿画选

蕗谷虹儿版画锋利而柔婉,画集传入中国,摹仿者云涌。封面及插画多撷拾之,亦颇为观者称赏。今从原画选印十二图,以存真面,有题咏者均由鲁迅译文。

二书均已出版,以上等图画纸精印,精装定价低廉,光顾诸君定获非常满意。

预约办法(一)阳历二月底前定一期大洋四元(二)过二月底大洋四元四角(三)邮资另加　另售每辑实洋四角

1929年5月25日《申报》刊载了该丛书的出版广告:

鲁迅编:艺苑朝华

虽然材力很小,但要绍介些国外的艺术作品到中国来,也选印中国先前被人忘却的还能复生的图案之类。有时是重提旧时而今日可以利用的遗产,有时是发掘现在中国时行艺术家的在外国的祖坟,有时是引入世界上的灿烂的新作。每期十二辑,每辑十二图,陆续出版。每辑实洋四角预定一期实洋四元四角。

第一期已出版的:1,近代木刻选集(一)2,蕗欲虹儿画选3,近代木刻选集(二)第一期即将出版的:4,比亚兹莱画选5,新俄艺术图录

朝花社出版
上海棋盘街合记教育用品社发行
经售处　各埠各大书店
商务印书馆斜对面

1929 年 7 月 13 日《申报》又刊载了该丛书第四辑的出版广告：

鲁迅编艺苑朝华第一期·第四辑　比亚兹莱画选　每辑实洋四角

比亚兹莱(A·Beardsley)的作品,因为翻印了(沙乐美)的插画,还因为我们本国时行艺术家的摘取,似乎连风韵也颇为一般所熟悉了。但他的装饰画,却未经诚实地介绍过。现在就选印十二幅,略供爱好比亚兹莱者看看他未经撕剥的遗容。

艺苑朝华第一期已出版的:1 近代木刻选集(一)　2 蕗谷虹儿画选　3 近代木刻选集(二)

即将出版的:5 新俄艺术图录　6 法国插画选集

27. 鲁迅译《壁下译丛》,上海北新书局 1929 年 4 月初版。《申报》1929 年 6 月 21 日刊载了该书的出版广告:

壁下译丛　鲁迅译　定价九角

这是一本关于文艺论说的书。作家十,篇数二十有五。有三分之二依照着较旧的论据。但近一年来中国应着(革命文学)的呼声而起的许多论文,就还未能啄破这一层老壳。二分之一和新兴文艺有关。还有双方驳辩的文字。可以看看固守本阶级和相反的两派的主义之所在。读者从这本书中于介绍文字可得许多参考,于主张文字可得许多领会。

28. 鲁迅译《艺术论》,上海大江书铺 1929 年 6 月初版。《新文艺》第 1 卷第 1 期(1929 年 9 月 15 日)刊载了该书的出版广告:

艺术论　卢那卡尔斯基著　鲁迅译　实价六角五分
　　是艺术理论的建设上一部不朽的名著,从它出来之后,我们方才看见了基地着实的新美学。它是科学的新美学的最初的尝试,也就是最初的成就。

29. 鲁迅译《近代美术思潮论》,上海北新书局1929年8月初版。1929年9月14日《申报》刊载了该书的出版广告:

　　近代美术史潮论　板垣鹰穗著　鲁迅译
　　欧洲的美术史潮,从法国大革命起到现在,有着眩眼的繁华而迅速的变迁,几乎欧洲全土都参与了这醒目的共同事业;因此各民族的地方色彩和时代精神,鲜明地染出那绚烂的众色来。作者以历史的见地加以总括的处理,从复杂而丰富的史料中选出最精粹的部分,是一部极有趣味,极有价值之作,现已出版,实价平装一元八角,精装二元半。

30. 鲁迅译《文艺与批评》,上海水沫书店1929年10月初版。《新文艺》第1卷第1期(1929年9月15日)刊载了该书的出版预告:

　　文艺与批评　卢那卡尔斯基著　鲁迅译　九角
　　本书包含九篇,有的说明艺术的起源,有的实地批评作家,有的对于将来艺术的预测,有的显示新批评的纲领,处理了文艺政策与文艺批评上的最重要问题,卷首附有著者的传记与三色版的画像。

31. 鲁迅编《文艺研究》(季刊),1930年2月15日《申报》刊登了创刊预告:

季刊　文艺研究　鲁迅编　不日出版
二十三开本　重磅道林纸精印　每本插加精图多幅
每本定价七角　预定全年二元二角特大号不加价　寄费另加

特点:1. 本刊专载关于研究文学艺术的文字供已治文艺的读者的阅览。

2. 本刊文字的内容力求其较为充实,凡泛论空言俱不选入。

3. 本刊的倾向在究明文艺与社会之关系,故有时亦登载社会科学的文。

4. 本刊并拟于中国新出之关于文艺及社会科学书籍作简明的绍介或批。

5. 本刊于每年二月、五月、八月、十一月十五日各印一本,每四本为一卷,每本约二百余页,十万至十二万字,倘多得应当流布的文章即随时增页。

6. 本刊所载诸文,此后均不再印造单行本子,备此为参考书决不致吃重购叠买的亏。

1930 年 2 月 22 日《申报》又刊载了该刊的预告,在 2 月 16 日内容的基础上增加了一点(列为第七点):

第一第二两册,因筹备手续繁杂,各延迟一月半,第三册起照常出版。

32. 鲁迅译《苏俄文艺政策》,上海水沫书店 1930 年 6 月初版。《新文艺》第 1 卷第 1 期(1929 年 9 月 15 日)刊载了该书的出版预告:

苏俄文艺政策　　鲁迅译

本书是纪念碑的历史的事件,它的意义,对于现在对于将来,都极巨大。既可看见革命者及新评论家,作家,诗人的关于艺术问题议论的壮观,尤其可看见在地上第一次具体地显现的"文艺政策"是何物。

33. 鲁迅译《艺术论》([俄]　普列汉诺夫著),原拟由上海水沫书店初版,但未出版。《新文艺》第1卷第1期(1929年9月15日)刊载了该书的出版预告:

艺术论　　蒲力汗诺夫著　　鲁迅译

内容:关于艺术;关于原始民族的艺术;再关于原始民族的艺术;论文集《二十二年间》第三版序文。前三篇大要是原始民族艺术为唯物史观的艺术学之例证,最后一篇则发表文艺批评的意见。

该书后由上海光华书局1930年7月初版。1930年8月24日《申报》刊载了该书的出版广告:

艺术论　　蒲力汗诺夫著　　鲁迅译

本书内容:论艺术——原始民族的艺术——再论原始民族的艺术——论文集二十年间第三版序文等四篇。前三篇大要以原始民族艺术为唯物史观的艺术学之例,最后一篇则发表对文艺批评的意见。每册实价七角五分

34. 鲁迅译《毁灭》,上海三闲书屋1931年10月初版。《文艺新闻》第37号(1931年11月23日)刊出了该书的出版预告:

  《毁灭》为法捷耶夫所作之名著,鲁迅译,除本文外,并有作者自传,藏原惟人和弗理契序文,译者跋语,及插图六幅,三色版作者画像一幅。售价一元二角,准于十一月卅日出版。

在《铁流》(上海三闲书屋1931年11月)版权页后,又刊有该书的宣传广告:

  《毁灭》作者法捷耶夫,是早有定评的小说作家,本书曾经鲁迅从日文本译出,登载月刊,读者赞为佳作。可惜月刊中途停印,书亦不完。现又参照德英两种译本,译成全书,并将上半改正,添译藏原惟人,弗理契序文,附以原书插画六幅,三色版印作者画像一张,亦可由此略窥新的艺术。不但所写的农民矿工以及知识阶级,皆栩栩如生,且多格言,汲只不尽,实在是新文学中的一个大火炬。全书三百十余页,实价大洋一元二角。

35. 鲁迅著《三闲集》,上海北新书局1932年9月初版,1932年9月21日《申报》刊载了该书的出版广告:

  鲁迅著　三闲集　二一〇面　实价七角
  这是鲁迅先生的第五杂感集,凡一九二七年到一九二九年的文章都已收入,凡三十四篇,内中如《现今的新文学的概观》等篇都是不曾发表过的。

广告还刊载于《青年界》第2卷第3期(1932年10月20日),文字与《申报》所刊稍有增加:

三闲集　鲁迅著　实价七角

这是鲁迅先生的第五杂感集，凡一九二七年到一九二九年的文章都已收入，共三十四篇，一部分是与创造社和太阳月刊社的文艺论战。还有许多篇是不曾发表过的，如《现今的新文学的概观》等。

36. 鲁迅著《二心集》，上海合众书店 1932 年 10 月初版。1932 年 11 月 5 日《申报》刊载了出版广告：

鲁迅：二心集出版了！

实价一元　上海合众书店印行　上海四马路太和坊现代开明群众代售

本书是鲁迅先生一九三〇与一九三一年两年间的杂文的结果，较之他以前的作品，更为深刻，他对于现社会的矛盾，和将来的希望，用简洁的文字，来痛快的批评着和指示着。本书包含了三十八篇散文，特举其重要者如左，爱读鲁迅先生作品的，请速来购！

"硬译"与"文学的阶级性"　习惯与改革　张资平氏的"小说学"

我们要批评家　做古文和做好人的秘诀　关于《唐三藏取经诗话》的版本

黑暗中国的文艺界的现状　上海文艺之一瞥　答文艺新闻社问

以脚报国　"民族主义文学"的任务和运命　唐朝的钉梢

新的女将知难行难　风马牛　中华民国的新"堂·吉诃德"们

友邦惊诧论　答中学生杂志社问　答北斗杂志社问

关于小说题材的通信　关于翻译的通信　现代电影与有产阶级

1933年1月1日《申报》又刊载了该书的出版广告：

鲁迅1930—1931年散文杂感集　二心集　鲁迅著　314页　实价一元

这里是鲁迅先生自一九三〇年到一九三一年两年间作品的结集,较之他早前的作品,更尖锐,更深刻,愈其是发表了本书中一篇《上海文艺之一瞥》,引起了最近文坛上的巨波。

1933年11月18日《申报》再次刊载了该书的出版广告：

二心集　鲁迅作　实价一元

本书是鲁迅先生最近二年的杂文总集。他的文章比早前的作品,更尖锐,更深刻,凡当今时代青年,留心鲁迅先生作品的人,如此良书。不可不读。

《文学》第1卷6号(1933年12月)也刊载了出版广告：

二心集　鲁迅作　实价一元

本书是作者最近二年的散文总集,他是深握着当今文坛上的权威。他的作品尤其是他的散文,是被一种读者以为圣手的,但本书的文章比较以前的更尖锐、更深刻,确是最近精心之作,为现代青年不可不读之书。

37. 鲁迅编译《竖琴》(良友图书印刷公司1933年1月初版),广告载《虫蚀》(靳以著,良友出版公司1934年12初版)书末,文字

如下:

    竖琴 鲁迅译
  良友文学丛书之一 二百九十余页 淡黄道林精印
  灰色布面洋装
  每册实洋九角   邮费:国内二分半 国外二角半
  这是近三年来鲁迅先生从苏联数百名作家中所精慎选译的十篇,代表十个作家,全是同路人的作品。鲁迅先生译笔的忠实,是全国文坛所共知的事实。读了这册书,胜过读了数十册苏联的小说集。

38. 鲁迅、瞿秋白合编《萧伯纳在上海》,野草书屋1933年3月初版。《解放了的董吉诃德》(上海联华书局1934年)书末刊载了该书的出版广告:

    萧伯纳在上海 每本实价大洋五角
  萧伯纳一到香港,就给了中国一个冲击,到上海后,可更甚了,定期出版物上几乎都有记载或批评,称赞的也有,嘲骂的也有。编者便用了剪刀和笔墨,将这些都择要汇集起来,又一一加以解剖和比较,说明了萧是一面平面的镜子,而一向在凹凸镜里见得平正得脸相得人物,这回却露出了他们得歪脸来。是一部未曾有过先例得书籍。编的是乐雯,鲁迅作序。

39. 鲁迅编译《一天的工作》(良友图书印刷公司1933年3月初版)。广告载《虫蚀》(靳以著,良友出版公司1934年12初版)书末,文字如下:

一天的工作　　鲁迅译

　　良友文学丛书之四　　三百二十余页　　洋装精订一册售价大洋九角

　　　　　　　　邮费:国内二分半　国外二角半

　　这是继《竖琴》而选译的最近苏联短篇小说集,代表八个普庐列塔利亚作家。形式的新颖,意识的真确,是大众文艺的典型作品。

广告又载《二十人所选短篇佳作集》(赵家璧编选,良友出版公司1936年12月版)书末,文字如下:

　　　　一天的工作　　　鲁迅译

　　良友文学丛书之一　　三十六开　　黄道林纸　　布面精装三三四页

　　读过《竖琴》的人,一定不要错过这部书,因为同样是鲁迅先生精选慎译最足代表苏联的短篇小说。《竖琴》选的是十篇同路人的作品,这里是十篇代表苏联前进思想的小说,两册并购,就合成了一部《苏联小说二十人集》。

"要传播被虐待者的苦痛的呼声"
——鲁迅对爱罗先珂的译介

黄艳芬　合肥学院语言文化与传媒学院

一

1922年2月24日,鲁迅在北京八道湾11号家宅里迎来了一位特殊的寄寓者,俄国盲人作家爱罗先珂。虽说这是受北京大学校长蔡元培所托——爱罗先珂此时受聘于北大,教授世界语和其他课程,但鲁迅早在前一年便已知道爱罗先珂。并且,1921年10月,当爱罗先珂到达上海后,他也通过胡愈之和茅盾与鲁迅取得书信联系。

1921年7月,当爱罗先珂的第一部日语文集《天明前之歌》在日本出版时,鲁迅就表示出关注。7月27日,他在给周作人的信件里说道,东京"丛文阁已印行エロシェンコ之小说集《夜アク前ノ歌》"[1]。8月30日,他在给周作人的信件里说到该书已经买到,考虑或可翻译:"大打特打之盲诗人之著作已到,今呈阅。虽略露骨,但似尚佳,我尚未及细看也。如此著作,我亦不觉其危险之至,何至于兴师动众而驱逐之乎。我或将来译之,亦未可定。"[2]

鲁迅戏称爱罗先珂是"大打特打之盲诗人",是因为自该年六月,他从日本《读卖新闻》读到了关于爱罗先珂参加社会主义活动,遭受警察和宪官殴打并驱逐的文章。1925年,他在《杂忆》中写了关注爱罗先珂并萌生翻译的缘由:"当爱罗先珂君在日本未被驱逐之前，我并不知道他的姓名。直到已被放逐，这才看起他的作品来；所以知道那迫辱放逐的情形的，是由于登在《读卖新闻》上的一篇江口涣氏的文字。于是将这译出，还译他的童话，还译他的剧本《桃色的云》。其实，我当时的意思，不过要传播被虐待者的苦痛的呼声和激发国人对于强权者的憎恶和愤怒而已，并不是从什么'艺术之宫'里伸出手来，拔了海外的奇花瑶草，来移植在华国的艺苑。"[3]

所谓"江口涣氏的文字"便是爱罗先珂的日本朋友江口涣所作的《忆爱罗先珂华希理君》，鲁迅后来将之译出发表于1922年5月14日的《晨报副刊》。鲁迅在"译者附记"中谈道："这一篇，最先载在去年六月间的《读卖新闻》上，分作三回。但待到印在《最后之叹息》卷首的时候，却被抹杀了六处，一共二十六行，语气零落，很不便于观看，所以现在又据《读卖新闻》补进去了。"[4]可见，他是根据《读卖新闻》上的原稿译成的，因为这篇文章被收录爱罗先珂的第二部日文集《最后之叹息》（东京丛文阁，1921年12月）卷首作为代序时，被删减了六处。该文详细书写了爱罗先珂的"迫辱放逐的情形"，其"被虐待者"形象深深牵动了鲁迅的心：

> 下了退去命令的那一夜，为要催爱罗先珂君到淀桥署，先来到中村屋（译者注：面包店的名字，著者就寓在这里）的四个高等系，容纳了中村屋主人相马氏的"又是盲人，又是夜里，请等到明天的早上罢"的恳请，单是守在屋外边，并没有行怎样的强制。然而一过十一点，攘攘的成堆跑来的三四十个正服和私服（译者注：指穿制服和便衣的巡警），却一齐叱咤着"内务大臣阁下的命令，没有不就在这一天接受的道理的。一个盲人，倒崛强！"一面破坏大门，破坏格扇，带靴拥上爱罗先珂君住着的楼上的一问房里去。于是围住了因为过于恐怖而哭喊的他，践踏，踢，殴打之后，不但乱暴到捉着手

脚,拖下了楼梯,这回又将他推倒在木料上,打倒在地面上,毫不听他不住的说"放手罢放手罢"这反复的悲鸣,听说还在新宿街道上铺着的砾石上,沙沙的一径拖到警察署。一想起狗屠的捕狗,还用车子载着走的事来,便不能不说爱罗先珂君是受了不如野狗的酷薄的处置了。

鲁迅在初览了《天明前之歌》一遍后,并不觉得爱罗先珂"危险之至",他使用"大打特打"这一貌似调侃的笔调,传递愤慨和嘲讽,倾注同情和不平。当鲁迅开始翻译爱罗先珂的童话作品后,更是为更正其"危险思想"而呼吁,他在最早的《池边》《狭的笼》《春夜的梦》三篇译文的三则译者附记中都使用了这一词语,讽刺日本政府以此为由驱逐爱罗先珂出境:

但我于他的童话,不觉得太不认真,也看不出什么危险思想来。他不像宣传家,煽动家;他只是梦幻,纯白,而有大心,也为了非他族类的不幸者而叹息——这大约便是被逐的原因。(《池边》译者附记)

通观全体,他于政治经济是没有兴趣的,也并不藏着什么危险思想的气味;他只有着一个幼稚的,然而优美的纯洁的心,人间的疆界也不能限制他的梦幻,所以对于日本常常发出身受一般的非常感愤的言辞来。(《狭的笼》译者附记)

作者曾有危险思想之称,而看完这一篇,却令人觉得他实在只有非常平和而且宽大,近于调和的思想。但人类还很胡涂,他们怕如此。其实倘使如此,却还是人们的幸福,可怕的是在只得到危险思想以外的收场。(《春夜的梦》译者附记)

鲁迅不觉爱罗先珂有"危险思想",相反,他从其作品中看到了"被虐待者的苦痛的呼声",以及这种呼声与"对于强权者的憎恶和愤怒"的张力,他迫切想引入这样的文学资源激励国人。虽然此时的鲁迅已经开始了小说创作,写出《狂人日记》《孔乙己》等,然而他的兴趣仍是在翻译。1933年,鲁迅在《我怎么做起小说来》中回忆自己的小说创作之路时说:"但也不是自己想创作,注重的倒是在绍介,在翻译,而尤其注重于短篇,特别是被压迫的民族中的作者的作品。"[5]而针对"被压迫的民族"的作品,他也做了进一步申述:"因为所求的作品是叫喊和反抗,势必至于倾向了东欧,因此所看的俄国,波兰以及巴尔干诸小国作家的东西就特别多。"[6]

这种主张的确立其实是在日本与周作人翻译《域外小说集》(1909年,东京神田印刷所)时,初版本共收录16篇译文,周作人晚年在《知堂回想录》中对选材标准的回忆与鲁迅1933年的申述一致:"当初《域外小说集》只出了两册,所以所收各国作家偏而不全,但大抵是有一个趋向的,这便是后来的所谓东欧的弱小民族。"[7]实际上,"东欧的弱小民族"趋向的表述是笼统的,因为《域外小说集》初版除了收入来自波兰、芬兰、波思尼亚(今译波斯尼亚)三国的4篇作品外,还有俄国、英国、美国和法国的作品。并且从国别上来看,俄国作家最多,共有7篇,包括契诃夫、迦尔洵、安特来夫、斯谛普虐克(即 Sergei Stepniak,今译谢尔盖·斯特芬尼亚克)四位作家的作品。因此,较之"弱小民族",以"域外"为题自然是更为准确的。因为自觉于《域外小说集》对俄国作家的偏重,周作人又特地解释,"这里俄国算不得弱小,但是人民受着迫压,所以也就归在一起了。换句话说,这实在应该说是,凡在抵抗压迫,求自由解放的民族才是,可是习惯了这样的称呼。"[8]

《域外小说集》出版后,鲁迅结束留学回国,此后近十年他主要"沉入古代",极少翻译,期间仅有几篇美育译文《艺术玩赏之教育》《社会教育与趣味》《儿童之好奇心》《儿童概念界之研究》等,从翻译动机来看,主要是因教育部工作之需。1918年,鲁迅接受钱玄同约稿，以《狂人日记》加入新文学创作阵营，也重拾起文学翻译来——从翻译尼采《察拉图斯忒拉的序言》一至三节开始，陆续译出武者小路实笃、有岛武郎、森鸥外、芥川龙之介和阿尔志跋绥夫等人的作品，并且通过对新旧译作的整合，完成了《域外小说集》新版（上海群益书社，1921年）的出版。

二

当爱罗先珂遭逐而踏上流亡之路，往中国来的时候，鲁迅正在翻译芬兰作家亚勒吉阿和明娜·亢德和保加利亚作家伐佐夫的作品——其时文坛上文学研究会在倡导"被损害民族"文学，而鲁迅选择这些译文正是受文学研究会所托而做出的调整。8月6日，他在给周作人的信中说道："雁冰令我做新犹太事，实无异请庆老爷讲化学，可谓不届之至"，"他们翻译，似专注意于最新之书。"[9]可见起初茅盾是请鲁迅翻译新犹太文学的，而鲁迅以调侃叔祖周椒生讲化学来比附自己实在不会，因此开展了他自己的计划："我这回拟译的两篇，一是 Vazov 的《Welko 的出征》，已经译了大半；一是 Minna Canth 的《疯姑娘》"[10]；这两篇正是此后刊登于《小说月报》第12卷第10号《被损害民族的文学号》（1921年10月10日）的《战争中的威尔珂》和《疯姑娘》。

不难看出，此时文学研究会所倡导的"被损害民族"文学与鲁迅在《域外小说集》时期提出的"弱小民族"文学，以及他晚年所述的"被压迫的民族"文学都是同一概念——而在对这一文学潮流的追求上，鲁迅自青年到晚年，长达半生之久。

在致力于"被损害民族"文学的时候，鲁迅从日本新闻中知道了爱罗先珂，正如他在《杂忆》中所写，他先是通过江口涣的文章详细了解爱罗先珂的受辱情形，再去阅读爱罗先珂的作品，他遇到了一个实际的具有"叫喊和反抗"精神的文学对象。因此，鲁迅立即就投入译介爱罗先珂的作品——从而也成就他翻译生涯的一段特殊经历。

鲁迅是第一位翻译爱罗先珂的中国现代作家。1921年9月10日,他写成《池边》译者附记。9月11日,他将《池边》译稿投给《晨报副刊》,并计划接下来翻译《狭的笼》,他在给周作人的信中说道:"现在译好一篇エロ君之《沼ノホトリ》拟予孙公,此后则译《狭ノ籠》可予仲甫也。"[11]"《沼ノホトリ》"即《池边》,"孙公"即时任《晨报副刊》编辑的孙伏园,"《狭ノ籠》"即《狭的笼》,"仲甫"即当时编辑《新青年》的陈独秀。9月17日,鲁迅在给周作人信中说道"为《新青年》译《狭ノ籠》已成"。尽管刊登《狭的笼》的《新青年》第9卷第4号标注的发行时间为1921年8月1日,但这个时间并不准确,因为鲁迅9月26日日记记录:"寄陈仲甫信并二弟、三弟稿及自译稿各一篇。"[12]该自译稿即为《狭的笼》。因此,《池边》是鲁迅翻译的第一篇爱罗先珂作品。

1923年年初,鲁迅在《看了魏建功君的"不敢盲从"以后的几句声明》一文中,表明他对爱罗先珂的翻译存在个人选择和作者指定两类:"在作者未到中国以前,所译的作品全系我个人的选择,及至到了中国,便都是他自己的指定。"从《池边》开始,至《红的花》结束,鲁迅翻译爱罗先珂的过程根据两人从陌生到熟识的关系发展,以及在选稿上的主体性变化,经历了三个阶段:

第一阶段:

1921年9月24—26日,《池边》发表于《晨报》第七版

1921年8月1日,《狭的笼》发表于《新青年》第9卷第4号

1921年10月22日,《春夜的梦》发表于《晨报副刊》

1921年11月25日,《雕的心》发表于《东方杂志》第18卷第22号

第二阶段:

1922年1月1日,《古怪的猫》发表于《民国日报·觉悟》增刊

1922年1月1日,《鱼的悲哀》发表于《妇女杂志》第8卷第

1期

1922年1月10日,《世界的火灾》发表于《小说月报》第13卷第1号

1922年1月25日,《两个小小的死》发表于《东方杂志》第19卷第2号

1922年2月10日,《为人类》发表于《东方杂志》第19卷第3号

第三阶段：

1922年4月2日,《俄国的豪杰》发表于《晨报副刊》

1922年5月15日—6月25日,《桃色的云》发表于《晨报副刊》

1922年9月1日,《小鸡的悲剧》发表于《妇女杂志》第8卷第9号

1922年12月1日,《时光老人》发表于《晨报副刊》

1923年1月3日,《观北京大学学生演剧和燕京女校学生演剧的记》发表于《晨报副刊》

1923年3月10日,《爱字的疮》发表于《小说月报》第14卷第3号

1923年7月10日,《红的花》发表于《小说月报》第14卷第7号

第一阶段是鲁迅翻译爱罗先珂的"个人的选择"时期,此时两人尚未建立联系,他所选的这四篇童话都来自《天明前之歌》,是文集中的代表作品。尤其是《狭的笼》不仅思想积极,寓意深刻,而且艺术旨趣也很高,主人公是一只具有强烈反抗精神的老虎,从笼中逃出后,发现了无处不在的"笼",勇敢地为自己和他人破坏着一切"狭的笼"。《狭的笼》可谓是《天明前之歌》中水准最高的作品,自问世后便被誉为是"爱氏生平第一杰作"[13],由此即可看出鲁迅的选稿眼光和鉴赏能力。其余3篇也都表现出"叫喊和

反抗"的主题,《池边》中的两只蝴蝶为了摆脱黑暗,不惜以生命为代价,分别飞往东西去追寻太阳,寻求永恒的光明;《春夜的梦》中的金鱼与萤火虫遭到妖精的觊觎,他们为了拯救对方,各自献出最珍贵的鳞片和翅膀;《雕的心》中的雕一心只向着太阳飞,只为了彻底摆脱人类世界和卑下的人心。这个阶段也奠定了鲁迅翻译爱罗先珂作品的文体倾向,即童话小说,而这正是爱罗先珂文学的核心。

第二阶段是爱罗先珂"自己的指定"时期,此时两人仍未谋面。但爱罗先珂到达上海后,与胡愈之和茅盾等人结识,在获悉鲁迅对自己作品的翻译后,通过两人的帮助联络,开始指定鲁迅翻译一些作品,最早的是《天明前之歌》中的另外两篇,即《鱼的悲哀》和《古怪的猫》。

1921年11月4日,鲁迅收到胡愈之的来信,信中转达了爱罗先珂对《鱼的悲哀》的选稿意愿,对此鲁迅在译成后有说明:"近时,胡愈之先生给我信,说著者自己说是《鱼的悲哀》最惬意,教我尽先译出来,于是也就勉力翻译了。"[14]1922年1月1日,《鱼的悲哀》译文发表于《妇女杂志》,同一天,由鲁迅译出的另一篇《古怪的猫》发表于《民国日报·觉悟》增刊。鲁迅没有为《古怪的猫》写译后记,但他在《爱罗先珂童话集》序言中间接指出《古怪的猫》等作品是遵照爱罗先珂"希望"的翻译:"依我的主见选译的是《狭的笼》,《池边》,《雕的心》,《春夜的梦》,此外便是照着作者的希望而译了的。"[15]从《古怪的猫》与《鱼的悲哀》都发表于1922年初来看,应都是由爱罗先珂在同一时间指定的。

1921年12月1日,鲁迅日记记载:"夜得沈雁冰信并爱罗先珂文稿一束。"文稿即《世界的火灾》日文原稿,鲁迅日记记录12月3日便译成,并将译稿和原稿一起寄给茅盾。1922年1月10日,《世界的火灾》发表于《小说月报》第13卷第1号。

1921年12月26日,鲁迅日记记录:"上午得胡愈之信,又《最後之嘆息》一册,爱罗先珂赠。"[16]《最后之叹息》系东京丛文阁该年12月出版的第二部爱罗先珂日语文集,甫一出版,爱罗先珂便通过胡愈之将之寄给鲁迅,可见他对鲁迅翻译自己作品的重视和期待。该文集收录童话剧《桃色的云》和两篇童话《海公主和渔人》《两个小小的死》。在《两个小小的死》"译者附记"里,鲁迅指出该篇是"由作者自己的选定而译出的"[17]。

这一阶段,鲁迅还翻译了《为人类》,在译者附记中,他这样说:"这一篇原登在本年七月的《现代》上,是据作者自己的指定译出的。"[18]爱罗先珂离开日本后,《现代》在七月仍刊发了这篇小说,鲁迅依据《现代》上的原稿译出。

第三个阶段是鲁迅与爱罗先珂共同生活在一起,两人直接面对,形成了一种特别的翻译状态。作为这一阶段重头戏的《桃色的云》其实本是上一个阶段由爱罗先珂指定翻译的,而这正是爱罗先珂通过胡愈之赠送鲁迅《最后之叹息》的重要目的。但因为剧本翻译工作量大,鲁迅担心难以胜任,迟迟没有开译。最终,在爱罗先珂入住周家后,让鲁迅决心翻译,"可是延到四月,为要救自己的爽约的苦痛计,也终于定下开译的决心了"[19]。本阶段的其他翻译便是爱罗先珂在这一时期新创作的全部的4篇童话小说。

三

凭借着在如此短时间内的集中译介,鲁迅当之无愧成为翻译爱罗先珂第一人,不仅在时间上最早,且在数量也是最多,尤其是他几乎包揽了爱罗先珂童话小说的全部翻译。爱罗先珂的首部汉译文集《爱罗先珂童话集》由商务印书馆于1922年7月出版,集中收录了12篇译文,其中鲁迅译出9篇并撰写序言;爱罗先珂的第二部汉译文集是《桃色的云》,1923年由北京新潮社出版单行本。鲁迅一共翻译了14篇爱罗先珂的童话小说。此外,他还翻译了爱罗先珂演唱的俄国故事《俄国的豪杰》和剧评《观北京大学演剧和燕京女校学生演剧的记》，总量达到 16 篇。他还翻译了 3 篇介绍爱罗先珂的文章，除了江口涣《忆爱罗先珂华希理君》，还有中根弘《盲诗人最近时的踪迹》(1921 年 10 月 22 日《晨报副刊》)和秋田雨雀《读了童话剧〈桃色的云〉》(1922 年 5 月 13 日《晨报副刊》)。通过系统的译介，鲁迅忠实地传达出爱罗先珂其作其人的"被虐待者的苦痛的呼声"。

周作人在晚年回忆中解释蔡元培介绍爱罗先珂入住周家的原因："蔡孑民于是想起了托我们的家里照顾，因为他除了懂得英文和世界语之外，还在东京学得一口流利的日本语，这在我们家里是可以通用的。"[20]事实上不只是因为周家的语言氛围，更重要的原因应是蔡元培早就注意到了鲁迅对爱罗先珂的翻译，1938 年，他在《〈鲁迅全集〉序》中称赞鲁迅在翻译上是"谦而勤"，并特地谈到在鲁迅的译著中"描写理想的有爱罗先珂及其他作者之童话等"[21]。

从 1922 年 2 月底到达北京，至 1923 年 4 月 16 日离开北京，爱罗先珂主要居住在鲁迅的八道湾十一号家宅，期间除去 1922 年 7 月初至 11 月初赴欧洲四个月，以及 1923 年 2 月在杭州和上海度假，都居住于此。1923 年前四个月的鲁迅日记里有 6 条关于爱罗先珂的简略记录，涉及陪同演讲、聚会和翻译文稿等事宜。遗憾的是缺失鲁迅 1922 年的日记，无法知道这一年他们的相处情形，但是一些相关文章呈现了让人遐想的细节。比如，3 月 6 日，爱罗先珂在北京女子师范高等学校大礼堂讲演《智识阶级的使命》，郑振铎回忆鲁迅的陪同场景："他着了一件黑色的夹外套，戴着黑色呢帽，陪着爱罗先珂到女师大的大礼堂里去"[22]。4 月 9 日，鲁迅与爱罗先珂去中央公园散步，并以此经历写成《无题》，文中写道："人看见 Sro. E，几个人叫道：'瞎子，瞎子！'对的，他们发现了真理。"[23]

在短暂的共同生活期，鲁迅还在创作中呼应爱罗先珂，与之形成特殊的文学对话。1922年7月,爱罗先珂写成《小鸡的悲剧》,作品中塑造了一只寂寞的小鸡,她无希望地单恋着非同类的小鸭,以飞蛾扑火般的种种努力想进入小鸭的生活,最终因为想要学会像小鸭一样游泳而溺亡。小鸡寂寞地爱,寂寞地为爱而死,而这寂寞在她活着和死去时都不曾被小鸭理解。这篇童话或许传达了爱罗先珂视角下的鲁迅婚姻悲剧,小鸡是不是投射着这个大宅院中的大太太朱安的命运呢,而在无爱的婚姻中的鲁迅是否也表现过像小鸭一样的骄傲和冷漠呢?

1922年11月29日,鲁迅在《民国日报·妇女评论》上发表《鸭的喜剧》,这是一篇带有纪实性质的小说,正是以爱罗先珂为主人公。在文章开头,鲁迅写道:"俄国的盲诗人爱罗先珂君带了他那六弦琴到北京之后不多久,便向我诉苦说:'寂寞呀,寂寞呀,在沙漠上似的寂寞呀!'"[24]在文末,鲁迅写道:"现在又从夏末交了冬初,而爱罗先珂君还是绝无消息,不知道究竟在那里了。"[25]小说以回忆体裁叙述了爱罗先珂向"我"抱怨北京的寂寞,进而在庭院中进行田园生活的实验——养蝌蚪和荷花,养鸡和鸭,最终小鸡们发痧死亡,蝌蚪和荷花都被小鸭们毁坏,徒留下"四个鸭,却还在沙漠上'鸭鸭'的叫"[26]。鲁迅有意写到小鸡中"有一匹还成了爱罗先珂君在北京所作唯一的小说《小鸡的悲剧》里的主人公"[27],周作人谈到《鸭的喜剧》"作于一九二二年十月,正是他预定的期日已过,大家疑心他不再来了的时候,所以有点给他作纪念的意思的"[28]。到了11月4日,爱罗先珂回到北京,小说发表时,鲁迅与爱罗先珂已在一起。

1922年底,鲁迅与爱罗先珂一起观看了两场北京大学生的演剧。一是12月17日北京大学实验剧社演出的托尔斯泰《黑暗的势力》,二是12月26日燕京大学女生演出的莎士比亚《无风起浪》。12月29日,爱罗先珂写成《观北京大学学生演剧和燕京女校学生演剧的记》剧评,主要批评北京大学男学生"男扮女"的表演方式。鲁迅将之译出发表后,北京大学学生魏建功撰文《不敢盲从!——因爱罗先珂先生的剧评而发生的感想》,予以反驳。魏建功以"不敢盲从"的双关语为标题,多次用"观"和"看"的讽刺性字眼,甚至质疑文章掺杂了鲁迅的意见,表达对爱罗先珂剧评的强烈不满。这便是轰动一时的剧评风潮,1923年1月17日,鲁迅发表《看了魏建功君的"不敢盲从"以后的几句声明》,说明自己对爱罗先珂的翻译,以及对爱罗先珂的声援:"在副刊上登载了爱罗先珂君的观剧记以后,就有朋友告诉我,说很有人疑心这一篇是我做的,至少也有我的意见夹杂在内:因为常用'观''看'等字样,是作者所做不到的。现在我特地声明,这篇不但并非我做,而且毫无我的意见夹杂在内,作者在他的别的著作上,常用色彩明暗等等形容字,和能见的无别,则用些'观''看'之类的动词,本也不足为奇。他虽然是外国的盲人,听不懂,看不见,但我自己也还不肯利用了他的不幸的缺点,来作嫁祸于他的得罪'大学生诸君'的文章。"[29]

1923年年初,爱罗先珂去上海度寒假,很快就有他被撵的流言传出,周作人回忆说:"寒假中爱罗君在上海的时候,不知什么报上曾说他因为剧评事件,被学生撵走了。"[30]2月底,爱罗先珂自上海返回北京,仍住在鲁迅家中。4月16日,爱罗先珂离开中国,此后未再返回。当日鲁迅日记里只写下这样一句:"爱罗先珂君回国去。"在21日日记中,鲁迅写下一条:"夜译E君稿一篇讫。"[31]便是他的最后一篇爱罗先珂译文《红的花》。

(此文以志爱罗先珂来华100周年)

注释

[1] 鲁迅:《210727 致周作人》,《鲁迅全集》第十一卷,人民文学出版社2005年版,第398页。

[2]鲁迅:《210830 致周作人》,《鲁迅全集》第十一卷,人民文学出版社2005年版,第414—415页。

[3]鲁迅:《杂忆》,《鲁迅全集》第一卷,人民文学出版社2005年版,第236—237页。

[4]江口涣:《忆爱罗先珂华希理君》,鲁迅译,王世家、止庵编:《鲁迅著译编年全集》肆,人民出版社2009年版,第379页。

[5][6]鲁迅:《我怎么做起小说来》,《鲁迅全集》第四卷,人民文学出版社2005年版,第525页。

[7][8]周作人:《弱小民族文学》,周作人著,止庵校订:《知堂回想录》(上),十月文艺出版社2013年版,第297页。

[9][10]鲁迅:《210806 致周作人》,《鲁迅全集》第十一卷,人民文学出版社2005年版,第403、404页。

[11]鲁迅:《210917 致周作人》,《鲁迅全集》第十一卷,人民文学出版社2005年版,第422页。

[12]鲁迅:《日记第十[一九二一年]》,《鲁迅全集》第十五卷,人民文学出版社2005年版,第443页。

[13]晋青:《日当局猛击社会党》,1921年6月6日《民国日报·觉悟》。

[14]鲁迅:《〈鱼的悲哀〉译者附记》,《鲁迅全集》第十卷,人民文学出版社2005年版,第224页。

[15]鲁迅:《〈爱罗先珂童话集〉序》,《鲁迅全集》第十卷,人民文学出版社2005年版,第214页。

[16]鲁迅:《日记第十[一九二一年]》,《鲁迅全集》第十五卷,人民文学出版社2005年版,第451页。

[17]鲁迅:《〈两个小小的死〉译者附记》,《鲁迅全集》第十卷,人民文学出版社2005年版,第226页。

[18]鲁迅:《〈为人类〉译者附记》,《鲁迅全集》第十卷,人民文学出版社2005年版,第227页。

[19]鲁迅:《〈桃色的云〉序》,《鲁迅全集》第十卷,人民文学出版社2005年版,第229页。

[20]周作人:《爱罗先珂》(上),周作人著,止庵校订:《知堂回想录》(下),十月文艺出版社2013年版,第521页。

[21] 蔡元培:《〈鲁迅全集〉序》,鲁迅先生纪念委员会编印《鲁迅全集》第一卷,鲁迅全集出版社 1938 年版。

[22] 郑振铎:《永在的温情——纪念鲁迅先生》,孙郁、黄乔生主编:《永在的温情:文化名人忆鲁迅》,河北教育出版社 2000 年版,第 54 页。

[23] 鲁迅:《无题》,1922 年 4 月 12 日《晨报副刊》。

[24] 鲁迅:《鸭的喜剧》,《鲁迅全集》第一卷,人民文学出版社 2005 年版,第 583 页。

[25][26] 鲁迅:《鸭的喜剧》,《鲁迅全集》第一卷,人民文学出版社 2005 年版,第 586 页。

[27] 鲁迅:《鸭的喜剧》,《鲁迅全集》第一卷,人民文学出版社 2005 年版,第 584—585 页。

[28] 周作人:《爱罗先珂》,周作人编《鲁迅小说里的人物》,河北教育出版社 2002 年版,第 167 页。

[29] 鲁迅:《看了魏建功君的〈不敢盲从〉以后的几句声明》,1923 年 1 月 17 日《晨报副刊》。

[30] 周作人:《爱罗先珂君》,周作人编《泽泻集》,河北教育出版社 2002 年版,第 40 页。

[31] 鲁迅:《日记第十[一九二三年]》,《鲁迅全集》(第 15 册),人民文学出版社 2005 年版,第 466 页。

李辉英和鲁迅的交往

董卉川　青岛大学国际教育学院
张　宇　华南师范大学文学院

鲁迅与东北作家群有着密切的关系,在以往的研究中,学界多关注鲁迅与萧红、萧军等人之间的往来,却忽视了鲁迅与李辉英之间的交流互动。李辉英也是东北作家群的重要成员之一,但学界以往对他的文学创作,尤其是对他和鲁迅往来的研究并不充分。"在和鲁迅有交往的东北作家中,李辉英是和鲁迅交往最早的一位"[1]。李辉英和鲁迅之间的交往大致可以分为三个时间段——《万宝山》创作后、鲁迅逝世后、李辉英赴港后。通过阐释李辉英和鲁迅之间的往事,既能重新界定李辉英文学创作的审美价值与历史价值,更是对中国现代文学史的有益补充。

一、《万宝山》创作前后李辉英与鲁迅的交往

李辉英是东北流亡作家群中最早受到关注的一位。"九一八事变"爆发后,不仅使东北沦为日本殖民地,也从此揭开了中国抗战的序幕,中国历史开始了一个新时期。在民族危亡的时刻,一批东北作家流亡关内,在悲愤中执笔为文,李辉英就是其中的重要代表。

1929年李辉英考入上海公学后,和同学一起创办了《青露》刊物,但因为经费问题而夭折。受到鲁迅主编的《萌芽》等左联刊物的影响和启发,李辉英将目光转向了深重的民族灾难与黑暗的社

会现实,痛陈战争的残酷,侵略者的残暴,人民的艰辛,发出"奴隶"的怒吼。1932年,他在丁玲主持的《北斗》上发表了处女作《最后一课》,这是东北流亡作家第一篇描写东北抗日救亡的小说。此后与丁玲等人有了交往,参加了作者座谈会,并随后参与了左联的活动。在此期间,李辉英在左联"执委会"与鲁迅、茅盾、丁玲、周扬、楼适夷、阳翰笙、彭莲青、艾芜和汪金丁等人讨论左联创作情况,并畅谈茅盾新作《子夜》。之后,在左联召开的文艺座谈会上李辉英又见到了鲁迅。鲁迅对左翼青年作者寄予厚望,振奋了李辉英的创作热情,给李辉英带来了思想的启发。

李辉英以"万宝山事件"为基础,改编而成了自己的长篇处女作《万宝山》,实现了一种虚构与非虚构的结合。该作既是第一部反映此事件的文学作品,也是东北作家群的第一部长篇创作,更是东北抗日文学的先声。1933年3月,《万宝山》由上海湖风书局出版,甫一出版,便在当时的学界引起过较大反响,鲁迅、茅盾这两位蜚声中外的前辈大家均关注到了这部长篇小说。茅盾以"东方未明"之名,于1933年8月在《文学》第1卷第2号上发表文章《"九一八"以后的反日文学——三部长篇小说》,对铁池翰的《齿轮》、林箐的《义勇军》和李辉英的《万宝山》进行了详细介绍和点评。《万宝山》正式出版后,李辉英便将此作寄给了鲁迅,鲁迅是在1933年4月8日收到的此书,"午后收李辉英所赠《万宝山》一本"[2],这也成为李辉英与鲁迅正式交往的开端。

1934年,李辉英受生生美术公司老板孙玉声的邀请,担任文艺月刊《生生》的主编,遂向鲁迅去信约稿,"我们的杂志请鲁迅作了一篇文章"[3]。这是李辉英第一次给鲁迅去信,因是公事,便以生生公司的名义寄出,收信之事,鲁迅在日记中有记载,"得生生月刊社信"[4]。收到邀稿信后,鲁迅欣然应允,用一周左右的时间完成撰稿并寄出,"上午寄生生公司稿一篇"[5]。这篇文章便是《脸谱臆测》:"对于戏剧,我完全是外行。但遇到研究中国戏剧的文章,有时也看一看。近来的中国戏是否象征主义,或中国戏里有无象征手法的问题,我是觉得很有趣味的……脸谱,当然自有它本身的意义的,但我总觉得并非象征手法,而且在舞台的构造和看客的程度和古代不同的时候,它更不过是一种赘疣,无须扶持它的存在了。然而用在别一种有意义的玩意上,在现在,我却以为还是很有兴趣的。"[6]但由于图书杂志警(审)查委员会的作祟,导致此文最后未能正式发表,"《脸谱臆测》是写给《生生月刊》的,奉官谕:不准发表。我当初很觉得奇怪,待到领回原稿,看见用红铅笔打着杠子的处所,才明白原来是因为得罪了'第三种人'老爷们了。现仍加上黑杠子,以代红杠子,且以警戒新作家。"[7]《脸谱臆测》后收录在《且介亭杂文》之中。鲁迅在《且介亭杂文》附记中对"第三种人"再次进行了批判。李辉英将《脸谱臆测》的退稿和向鲁迅致歉的信件托叶紫一并交给鲁迅。鲁迅便将稿费退了回去:"得李辉英信,即复,并还生生美术公司稿费泉十。"[8]

从1935年2月23日鲁迅退费复信开始,李辉英与鲁迅之间信件往来的频率明显提升。2月28日,鲁迅"得李辉英信"[9]未回;3月28日"夜寄李辉英信"[10];3月31日"午后得李辉英信"[11]未回;4月4日"复李辉英信"[12];4月19日"得李辉英信"[13]未回;4月28日"得李辉英信"[14]未回;7月23日"上午得李辉英信"[15]未回。由于种种原因,李辉英同鲁迅往来的信件早已散佚,现在二人通信的内容主要依靠李辉英自己的回忆,具体内容难免会有偏差,对二人往来信件的再搜寻和再研究是重中之重。

长篇小说《万宝山》的出版成为李辉英与鲁迅正式交往的契机与开端。李辉英同东北作家群的同仁一样,擅长描写东北,长篇小说《万宝山》《松花江上》,中篇小说《丰年》均是以黑土地为创作背景。而学界却忽略了他虚构与非虚构相结合的创作手法——长篇小说《万宝山》、中篇小说《北运河上》[16]。此外,李辉英还创作了诸多的非虚构文学。鲁迅同李辉英通信、数次为其主编的刊物提供稿件,除了鲁迅本就对青年学人尤其是东北作家群的支持提携外,也蕴含着对李辉英文学思想和文学创作的欣赏及肯定。

二、鲁迅逝世后李辉英对鲁迅的悼念

1936年,鲁迅逝世后,各界人士纷纷撰文纪念鲁迅。崇拜敬佩鲁迅的李辉英也在1936年10月写下了多篇文章思悼先生:分别是发表于1936年10月26日《晨报》副刊《北晨学园》第1032期以南风署名的《我与鲁迅的认识和来往》;1936年10月26日刊载于《中报》,又刊载于27日《东方快报》和28日《晨报》副刊《北晨学园》第1034期,以李辉英署名的《悼鲁迅先生》;1936年10月27日刊载于《北平新报》副刊《文艺草》,以辉英署名的《鲁迅不是任何人可以纪念的》。

在《我与鲁迅的认识和来往》一文中,李辉英先是回忆了自己幼年求学时便通过老师和书本认识鲁迅、被鲁迅的文学创作吸引的经历,"第一次认识鲁迅是由于读了他的作品。那时,我正读初中一年级,我们的国文先生把他介绍给我们了,所讲的一课书是《风波》……从此之后,我们就开始搜罗鲁迅的作品读了,头一种自然跑不了《呐喊》,而《呐喊》中的《狂人日记》和《阿Q正传》便也深深的刻入我们幼小的头脑中。一下子,我们就厌倦起国文课中的经史诸传"[17]。

李辉英回忆起自己成年后来到上海,在一次左联的研讨会上,初见鲁迅时的激动兴奋。会上,鲁迅的讲话以及讲话时的神情、姿态,均深深烙印在李辉英的记忆之中。两人唯一的这次会面是在1933年4月的某日,"那次见面是在一九三三年,日子是哪一天,我可记不得,月份却是在四月"[18]。李辉英本人已经忘记了是在1933年4月的哪一天与鲁迅见面,而会面的这一天鲁迅还未收到李辉英所寄的《万宝山》,由此可以推断,这次会面应该是在

1933年4月1日之后、8日之前的某一天。会面是在左联的一次研讨会上。"在文化工作上,要怎样表现着我们的力量,怎样挥动我们的武器,以便和外部的帝国主义以及内部的第三种人的错谬理论奋斗到底所应取的策略……我还记得那次对于第三种人文艺理论的讨论,鲁迅发言最多,把那不正确的理论驳斥得体无完肤,每一个字,每一句话全是一根根的钢针,针针见血,非常中肯。他的态度也是非常严肃,他真如一个战士,正在朝着他的敌人攻击着似的。战斗的鲁迅,除了年纪老了之外,什么都不老,他实是一个老青年。临别时,他频频叮嘱我们,一定要坚固起自己的笔,充实个人的生活,以便写出伟大的作品来。笔杆就是我们的武器,磨亮磨光以便抵御着敌人的进攻!对敌人的进攻,绝对不能容情,绝对不能宽恕!从这次识面,使我得到了一个结论,鲁迅之为人,一为他的文章,一为他的思想,一为他的事业,他是个不知疲劳的战士!从此之后,我们之间没有第二次的会面机会。但这一次已经就够了。"[19]之后李辉英又回忆了自己与鲁迅的约稿、与鲁迅信件往来的往事。在文末,李辉英称鲁迅为中华民族的导师,"鲁迅先生目前实不该死,因中华民族处此危亡之秋,劳苦大众正在抬头之日,我们丧失一个导师,这是最不幸的损失,希望我们未死之人继续完成那伟大的事业,那么鲁迅先生也就死可瞑目了吧"[20]。遗憾的是,《悼鲁迅先生》和《鲁迅不是任何人可以纪念的》两篇文章如沧海遗珠,散落在了历史的长河中,需要重新打捞寻觅,才能还原李辉英对鲁迅悼念往事的历史全貌。

1936年10月30日,李辉英同孙席珍、李何林等人参加了北平大学法商学院学生为纪念鲁迅先生所举办的追悼大会,此后,他与孙席珍、曹靖华、李何林等被推选为"鲁迅纪念文学奖金"基金委员会成员,共同参与基金的筹款工作,表达自己对鲁迅的哀思之情。

三、李辉英赴港后对鲁迅的纪念

1950年,李辉英南下香港。初到香港,李辉英先是以写作为生,1963年起,先后在香港大学、香港中文大学任教。1976年,李辉英因身体原因辞去了香港中文大学联合书院中文系系主任的职务。

1970年7月,李辉英编著的学术著作《中国现代文学史》由东亚书局出版。在这部中国现代文学史中,李辉英以学术评述的特殊方式,表达了对鲁迅的纪念、对鲁迅的推崇、对鲁迅在中国新文学史上地位的敬仰。

《中国现代文学史》的第三章"收获不俗的散文"的第一节便是"鲁迅的杂文",李辉英对鲁迅的杂文给予了最高的评价和定位:"鲁迅的散文是自成一家的,特别是他的杂文……把杂文作为一种战斗的武器,鲁迅一直到死为止,都在写个不停……鲁迅的杂文从最初的开始,就涉及了宽广范围,用他那严肃的态度,加以指摘、攻击所有社会上的缺憾,浩然的正气……鲁迅的杂文的体制,就此在新文学中而露出峥嵘的头角来。"[21]鲁迅充满战斗精神的杂文与其忧愤刚正的人格相互召唤,相互激荡,也成就了鲁迅的伟大和深刻。

《中国现代文学史》的第四章"新小说的登场"的第一节又是"鲁迅的小说",李辉英对鲁迅的小说创作进行了详尽的阐释,同样给予了最高的评价和定位:"讲到新体小说的作者,当然首推鲁迅了。他所写的'狂人日记',最早出现的新体短篇小说……从一九一八年起,到一九二五年止,鲁迅出版的'呐喊'和'彷徨'两本小说集,不但在反封建的主题上,如何把旧礼法予以无情的鞭打,就在小说的创作上,他也给现代的中国小说开辟了新的一页,所以,我们便不能不承认它的影响的深厚了。"[22]李辉英不仅注意到鲁迅文学作品的深刻,还注意到其形式的特别,对鲁迅的文体家身份给予了应有的认可。

《中国现代文学史》的第七章"多样的散文"的第一节"杂文"里介绍的第一位作家依然是鲁迅:"杂文方面当然还是鲁迅的作品最多……鲁迅的杂文,依然保持过去的精神,战斗到底的。"[23]介绍的第二位作家唐弢,李辉英则视其为鲁迅的承继者:"唐弢的杂文酷肖鲁迅的杂文,他的杂文最初发表于'自由谈'上的时候,许多人以为是鲁迅的笔名,于此可见一斑。"[24]不难看出,鲁迅韧性的战斗精神,始终是李辉英赞颂的对象。这种卓识,在同时期的港台文学史中,是"绝无仅有"的[25],足以表现出李辉英对于鲁迅的诚挚热爱。

《中国现代文学史》的附录中一共收录了9篇文学宣言,鲁迅一人便占了3篇,分别是《民族主义文学的任务和命运》《论"第三种人"》《文艺的大众化》,无出其右。侧面显现出李辉英对鲁迅的推崇。通过阅读李辉英编著的《中国现代文学史》,印证了鲁迅在李辉英心目中、在中国现代文学史中的崇高地位。李辉英以学术的方式纪念文学家鲁迅,恰如20世纪30年代,以小说《万宝山》的寄赠,让自己走入了文学家鲁迅的视野之中。文学开启了他与鲁迅之间往事的序幕,又绘制了终章。

作为南来作家,李辉英以创作实践、文史论述,沟通了大陆的现代文学与香港文坛,并将鲁迅的精神遗产在香港传播。对比同时期苏雪林发表在《传记文学》上谩骂鲁迅的长篇文字《鲁迅传论》,以及"反鲁"文集《我论鲁迅》,污蔑鲁迅人格"渺小"、性情"凶恶"、行为"卑劣"[26],系统地张起反鲁的大旗。这种泼污水的举动,引发了香港文坛的不满,徐訏等人撰文回应,以正视听,还原鲁迅的真实形象。而李辉英的文学史论述,无疑也是一次有力的反拨与正名,为鲁迅真实形象在海外的传播做出了重要贡献,也进一步巩固了鲁迅在文学史中的地位。

1978年,李辉英发表在《海洋文艺》第5卷第9期的《鲁迅先生的两封来信》中，再次回忆起鲁迅当年给自己的回信，行文中充满了对鲁迅的怀念崇敬之情，也流露出因信件丢失带来的失落与遗憾之情[27]。正如徐讦所说："许多从内地以及以后从东北来的流亡年轻作家，求鲁迅帮助的，或多或少，总没有失望过。"[28]鲁迅一生以教育、指导、扶持、鼓励、服务、规劝青年为己任[29]，对于东北流亡作家格外地支持与照拂，李辉英同样受到了鲁迅的关照。对于李辉英来说，鲁迅是"影响的焦虑"，也是精神的源泉，终其一生，李辉英对于鲁迅都保持着敬仰与追慕，并将鲁迅的精神化作写作的动力，坚持韧性的战斗，不管是在反抗绝望的精神、现实主义创作方法、艺术表现等方面，都延续传承了鲁迅的精神血脉。

四、结语

李辉英从幼年在家乡东北上学，到青年去上海闯荡，最后暮年赴香港定居，这一生始终视鲁迅为自己的人生挚友和精神导师。通过回溯李辉英和鲁迅之间的往事，不仅能够让一个被文学史遮蔽和大众陌生的东北作家及他的文学创作重回学界以及大众视野，更应引起学界对李辉英和鲁迅往来信件再搜寻的重视，从而回到历史的现场，为鲁迅研究、为中国现代文学史的研究做出有益补充。

注释

[1] 马蹄疾：《鲁迅和李辉英》，《李辉英研究资料》，春风文艺出版社 1988 年版，第 59 页。

[2] 鲁迅：《日记二十二[一九三三年]四月八日》，《鲁迅全集》第十六卷，人民文学出版社 2005 年版，第 371 页。

[3] 南风：《我与鲁迅的认识和来往》，《晨报》副刊《北晨学园》第 1032 期，1936 年 10 月 26 日。中国社会科学院文学研究所鲁迅研究室编：《1913—1983 鲁迅研究学术论著资料汇编第二卷》，中国文联出版公司

1986年版,第514页。

[4] 鲁迅:《日记二十三[一九三四年]十二月二十日》,《鲁迅全集》第十六卷,人民文学出版社2005年版,第491页。

[5] 鲁迅:《日记二十三[一九三四年]十二月二十七日》,《鲁迅全集》第十六卷,人民文学出版社2005年版,第492页。

[6] 鲁迅:《且介亭杂文·脸谱臆测》,《鲁迅全集》第六卷,人民文学出版社2005年版,第137—138页。

[7] 鲁迅:《且介亭杂文附记》,《鲁迅全集》第六卷,人民文学出版社2005年版,第199—220页。

[8] 鲁迅:《日记二十四[一九三五年]二月二十三日》,《鲁迅全集》第十六卷,人民文学出版社2005年版,第518页。

[9] 鲁迅:《日记二十四[一九三五年]二月二十八日》,《鲁迅全集》第十六卷,人民文学出版社2005年版,第518页。

[10] 鲁迅:《日记二十四[一九三五年]三月二十八日》,《鲁迅全集》第十六卷,人民文学出版社2005年版,第523页。

[11] 鲁迅:《日记二十四[一九三五年]三月三十一日》,《鲁迅全集》第十六卷,人民文学出版社2005年版,第524页。

[12] 鲁迅:《日记二十四[一九三五年]四月四日》,《鲁迅全集》第十六卷,人民文学出版社2005年版,第526页。

[13] 鲁迅:《日记二十四[一九三五年]四月十九日》,《鲁迅全集》第十六卷,人民文学出版社2005年版,第528页。

[14] 鲁迅:《日记二十四[一九三五年]四月二十八日》,《鲁迅全集》第十六卷,人民文学出版社2005年版,第529页。

[15] 鲁迅:《日记二十四[一九三五年]七月二十三日》,《鲁迅全集》第十六卷,人民文学出版社2005年版,第543页。

[16] 李辉英的《北运河上》是最早反映山东聊城抗战的文学作品,蓝海在《中国抗战文艺史》中,将其界定为"中篇小说",而马蹄疾在《李辉英研究资料》中,将其界定为"报告文学"。从文体角度切入,通过论述小说与报告文学的文体差异,结合文本进行阐释分析,可以发现《北运河上》与《万宝山》相似,是一部虚构与非虚构相结合的中篇小说。

[17] 南风:《我与鲁迅的认识和来往》,《晨报》副刊《北晨学园》第1032期,

1936年10月26日。中国社会科学院文学研究所鲁迅研究室编：《1913—1983鲁迅研究学术论著资料汇编第二卷》，中国文联出版公司1986年版，第513页。

[18] 南凤：《我与鲁迅的认识和来往》，《晨报》副刊《北晨学园》第1032期，1936年10月26日。中国社会科学院文学研究所鲁迅研究室编：《1913—1983鲁迅研究学术论著资料汇编第二卷》，中国文联出版公司1986年版，第513—514页。

[19] 南凤：《我与鲁迅的认识和来往》，《晨报》副刊《北晨学园》第1032期，1936年10月26日。中国社会科学院文学研究所鲁迅研究室编：《1913—1983鲁迅研究学术论著资料汇编第二卷》，中国文联出版公司1986年版，第514页。

[20] 南凤：《我与鲁迅的认识和来往》，《晨报》副刊《北晨学园》第1032期，1936年10月26日。中国社会科学院文学研究所鲁迅研究室编：《1913—1983鲁迅研究学术论著资料汇编第二卷》，中国文联出版公司1986年版，第515页。

[21] 李辉英：《中国现代文学史》，东亚书局1976年版，第86—88页。

[22] 李辉英：《中国现代文学史》，东亚书局1976年版，第95—99页。

[23] 李辉英：《中国现代文学史》，东亚书局1976年版，第151页。

[24] 李辉英：《中国现代文学史》，东亚书局1976年版，第152页。

[25] 马蹄疾：《鲁迅和李辉英》，《李辉英研究资料》，春风文艺出版社1988年版，第62页。

[26] 苏雪林：《鲁迅传论》，《传记文学》1966年12月第12期。

[27] 李辉英：《海洋文艺》，《鲁迅先生的两封来信》1978年第5卷第9期。

[28] 徐訏：《鲁迅先生的墨宝与良言》，《场边文学》，上海印书馆1971年版，第222—223页。

[29] 锡金：《鲁迅和东北作家》，《鲁迅研究论文集》，吉林人民出版社1983年版，第37页。

由"仁"及"人":王阳明与鲁迅仁爱观的精神联系

王锦楠 绍兴文理学院人文学院
杜诺希

　　王阳明的仁爱观强调"以天地万物为一体""万物一体"的思想不仅贯穿其心学阐释,也在一定程度上奠定了他的仁学理论体系。被誉为现代中国"民族魂"的鲁迅则以刀笔剖析国民的劣根性,通过对"假仁假义"的批判,来彰显和倡导真正的"仁爱",并进一步提出"幼者本位"的教育思想。鲁迅"立人"思想中"俯首为民"的仁爱精神恰与王阳明产生了跨时代的思想共鸣。若将王阳明仁爱观的核心提炼为"守仁",则不妨将鲁迅仁爱观的集中体现概括为"树人"。然而,王阳明与鲁迅的仁爱观并非全然相似相通,后者对前者而言至多可称为"批判性继承",绝非"传承式沿袭",即部分赞同、部分批判,从中也可管窥鲁迅对儒家文化"赞赏与批判同在"的态度。即便两者的主张与立场不尽相同,但其最终关怀都指向"仁"之一字。在动荡的年代中,王阳明将"仁"的内涵与"明德""亲民"相联系,在"仁学一体化"的理论体系中拓展"仁"的表达;在黑暗的社会中,刚柔并济的鲁迅将"仁"的内涵融于呐喊的呼声、批判的形式之中,以"横眉冷对千夫指"的姿态书写"俯首甘为孺子牛"的仁爱之心。从王守仁到周树人,两者的仁爱观具有跨越历史的精神共鸣。

一、守仁之风：心仁而后万物一

在《答顾东桥书》中，王阳明曾对"圣人之心"的内涵作出阐释："夫圣人之心，以天地万物为一体，其视天下之人，无外内远近，凡有血气，皆其昆弟赤子之亲，莫不欲安全而教养之，以遂其万物一体之念。……圣人有忧之，是以推其天地万物一体之仁以教天下，使之皆有以克其私、去其蔽，以复其心体之同然。"[1]此言意指圣人以"万物一体"之心对待天下之人，不分彼此、不论远近地将在世之人皆视为兄弟、子女，并教化他们克服私欲，去除障蔽，澄明本心。王阳明对此"圣人之心"的解读，实则是对孟子"性善论"思想的继承与延伸，从一定意义上来说，他对"圣人之心"的推崇也是对儒家文化中"仁心善性"思想的深化，旨在将"仁心善性"与"万物一体"相结合，强调"万物一体之仁"。

朱熹《四书章句集注》中将"大学"定义为"大人之学"，王阳明沿袭了这一观点，对《大学》中"大学之道，在明明德"的主要内涵进行了论述。他将"明明德"视为"立其天地万物一体之体"，将"亲民"作为"达其天地万物一体之用"，以"天地万物为一体"来解释"仁"的内涵。在此基础上，王阳明进一步剖析了"大人者"的品格呈现，并指出："大人者，以天地万物为一体者也。其视天下犹一家，中国犹一人焉。……大人之能以天地万物为一体也，非意之也，其心之仁本若是，其与天地万物而为一也。"[2]在王阳明看来，"大人"将天地万物视为一体，并非主观上的"意"之动，而是心中的仁德本就如此，并且与大人相对的"小人"之心原本也应有如此之仁："若夫间形骸而分尔我者，小人矣。……岂惟大人，虽小人之心亦莫不然，彼顾自小之耳。"[3]这种"大人"与"小人"皆怀仁的思想，与孟子所提出的"性善论"观点在根本上是有所相通的。

因此，乍见孺子入井，或闻鸟兽哀鸣、草木摧折、瓦石毁坏时，不论"大人"还是"小人"，皆会对孺子动恻隐之情，对鸟兽怀悯恤之心,对瓦石存顾惜之意。究其根本,皆因"仁之与万物为一体",故能与孺子、鸟兽、草木、瓦石所共情。"是其一体之仁也,虽小人之心亦必有之,是乃根于天命之性,而自然灵昭不昧者也,是故谓之'明德'。"[4]王阳明认为,一体之仁根植于人的天命之性中,自然而成,光明不昧,然而当人心中产生私欲,身为物役、心为形役之时,利害相攻,愤怒相激,这种仁德也便消失殆尽,甚至会骨肉相残、伤人害己。

王阳明在《大学问》中答"亲民"之意时,指出"明明德必在于亲民,而亲民乃所以明其明德也"[5]。事实上,王阳明所阐释的"亲民"是推己及人的,是以"吾之仁"亲"亲之仁",再推及"天下人之仁",其所谓"明德于天下"的"亲民"之策,正是从立身之仁推向立国之仁,故其有言曰:"君臣也,夫妇也,朋友也,以至于山川鬼神鸟兽草木也,莫不有以亲之,以达吾一体之仁,然后吾之明德始无不明,而真能以天地万物为一体矣。夫是谓明明德于天下,是之谓家齐国治而天下平,是之谓尽性。"[6]

二、树人之德:人立而后凡事举

在儒家经典《论语》中,"仁"字出现了109次,"仁者爱人"的思想奠定了中国古代仁爱思想的理论基础。王阳明正是在此基础上以"本心之仁"体味"万物一体之仁"。然而经过历代的思想流变,受制于不同的历史语境等因素,儒家文化中一以贯之的仁爱思想一度成为别有用心之人争权夺利、为虎作伥的"道德遮羞布"。鲁迅先生洞悉传统社会"吃人"的本质,以如椽大笔撕开"假仁假义"的时代面具,其"横眉冷对千夫指"的犀利批判与"俯首甘为孺子牛"仁爱情怀烛照着无数被困于"铁屋"之中的人们。

王阳明的仁爱是博施济众的,鲁迅的仁爱亦是推己及人的。在《我们现在怎样做父亲》一文中,鲁迅谈到了"爱己",他说无论何国何人大都承认"爱己"是一件应当的事,而这便是保存生命的要义,也是延续生命的根基。鲁迅相应的"亲民"思想则体现在启蒙发昧、兼济天下的"救民"情怀之中,他的仁爱同样是以苍生为念。他曾经呐喊终生,欲唤醒"铁屋"中沉睡入死的人们,又在日军侵华期间作《我要骗人》等文章批判日本军国主义的劣端恶行,在"三一八惨案"后撰《记念刘和珍君》以标榜战斗精神。不论是对"吃人"本质的挖掘,对"看客"的剖析,对"奴性"文化的批判,还是对"复仇"情结的呐喊,鲁迅皆以笔为刃,书写着刚柔并济的"救民"之仁。

鲁迅仁爱观的核心在于"立人"。早在日本留学时,鲁迅的"立人"思想便已现雏形。他曾在清末河南留日学生杂志《河南》上发表了《文化偏至论》《破恶声论》等文章,其中指出:"是故将生存两间,角逐列国是务,其首在立人,人立而后凡事举;若其道术,乃必尊个性而张精神。"[7]作为精神救国的前提,这一"立人"之举被鲁迅置于"凡事"之前,成为其反思晚清现代化运动、吸收欧美先进经验后总结出的救亡图存之道。同时,鲁迅还一再强调"幼者本位"的教育观念,试图将传统的"伦理之恩"转化为天下共举的"教育之仁",以期达成精神救国、教育立人的社会愿景。

在捷克译本的《呐喊〈序言〉》中,鲁迅提到,人类最好是彼此不隔膜,相关心。这种相爱互助的社会理想与王阳明万物一体、仁爱亲民的精神无比相似。然而时代洪流泥沙俱下,精神孤岛难以自全,人与人之间形成了层层隔膜,"野草"丛生,"呐喊"不止,鲁迅的斗争、批判、反抗,在很大程度上都隐含着对世人的悲悯与同情。在鲁迅临终前的一个月,他抱病写下《这也是生活》一文,他认为无穷的远方,无数的人们,都和我们自己有关。鲁迅的好友许寿裳在《亡友鲁迅印象记》中描述鲁迅为"举动言笑,几乎没有一件不显露着仁爱和刚强"的模样。[8]许寿裳在《鲁迅传》中也说,鲁迅表面上并不讲道德,而其人格的修养首重道德,因而他的创作中也有以其仁爱为核心的人格,正义也是仁爱的一面,鲁迅的创作也重正义。鲁迅的侄女周晔则在《伯父鲁迅的二三事》中追忆道:"伯父的严肃的容貌仪态中,却有一颗天下至仁至爱的心,他的心,他的血,他的情,是如此的热切,如此的真诚。"[9]不妨说,鲁迅的"立人"思想中,"人"字一撇下去,其实更写作"仁爱"的"仁"。

三、由仁及人:殊途而后归处同

王阳明与鲁迅身上有着殊途同归的仁爱表达。王阳明的"守仁"之学既不同于孟子"性善论"观念中"万物皆备于我"的反身求仁之策,也不同于庄子"齐物论"思想中"天地与我并生,万物与我为一"的天人合一之道,其"仁学一体论"建立在程颢"仁者,浑然与物同体"的思想框架之中,旨在将本心之"仁"推及天地万物,而非一人、一心而已。鲁迅的仁爱则存于愤怒与悲悯中,化于呐喊与抗争中,付于刀笔与锐评中,作为"民族脊梁"与"民主战士",鲁迅致力于以文字"揭出病苦,引起疗救的注意"[10],在大时代下描摹小人物的生存本相,他曾经在诸多作品中极力讽刺与批判中国社会的"看客"现象:从《祝福》里消费祥林嫂的鲁镇百姓,到《药》中围观斩首革命者夏瑜的旁观群众,以及《故乡》《明天》《阿Q正传》《狂人日记》等文中各式各样的经典看客,都蕴含着鲁迅对麻木世情的批判和对仁爱复归的呐喊。

王阳明与鲁迅仁爱观的精神共通处还在于儿童教育方面。在《教条示龙场诸生》《教约》《示宪儿》等文中,王阳明对后生晚辈、童蒙教育寄予了高度重视。此外,他还创作了社学文告《训蒙大意示教读刘伯颂等》论述儿童启蒙教育的方法与内涵,他指出:"今教童子,惟当以孝、弟、忠、信、礼、义、廉、耻为专务。"[11]

在鲁迅的批判视野中,"整顿学风""教育救国"等空洞的口号与倡言亦是他笔锋所指之处,但与此同时,他也始终以冷峻的目光审视着中国近现代家庭、学校、社会的教育现状。在《狂人日记》中,他借"狂人"之口高喊出"救救孩子"的呼声;在《两地书》中,他与许广平多次探讨中国近现代的教育问题;在《怀旧》《琐记》等文中,他对旧式私塾教育的管理模式、课程设置、教学方式等展开了强烈的批评。在批评的同时,鲁迅又是满怀温情与悲悯的,在《故乡》《社戏》《阿长与〈山海经〉》《从百草园到三味书屋》《五猖会》等文中,他以细腻的笔触勾勒出了儿童活泼的天性、丰富的生活,在《我们现在怎样做父亲》《我们怎样教育儿童?》《上海的儿童》《从孩子照相说起》等文章中,他以关切的口吻表达了对儿童教育的重视,他呼吁道:"先从觉醒的人开手,各自解放了自己的孩子。自己背着因袭的重担,肩住了黑暗的闸门,放他们到宽阔光明的地方去;此后幸福的度日,合理的做人。这是一件极为大要紧的事,也是一件极困苦艰难的事。"[12]在鲁迅的诸多文学作品中,他的童蒙教育思想、立德树人理念皆有所体现。

　　从"以天地万物为一体"的仁学之论到"人立而后凡事举"的立人之策,王阳明与鲁迅都怀有启蒙发昧之心、立正身求仁之德,致力于唤醒世人、廓清时弊,即便身处不同时代、呈现不同风格,他们对"仁"的解读与发扬却依旧"殊途同归"。无论是文学、思想还是教育方面,王阳明与鲁迅的仁爱观都从"推己及人"起笔,传达着"立己""立人"乃至于"立天下之仁"的精神共鸣,其思想至今依然烛照着万千国民。

注释

[1] 吴光、钱明、董平、姚延福:《王阳明全集》,上海古籍出版社2012年版,第47页。

[2] 吴光、钱明、董平、姚延福:《王阳明全集》,上海古籍出版社2012年版,第798页。

[3] 吴光、钱明、董平、姚延福:《王阳明全集》,上海古籍出版社2012年版,第798页。

[4] 吴光、钱明、董平、姚延福:《王阳明全集》,上海古籍出版社 2012 年版,第 799 页。

[5] 吴光、钱明、董平、姚延福:《王阳明全集》,上海古籍出版社 2012 年版,第 799 页。

[6] 吴光、钱明、董平、姚延福:《王阳明全集》,上海古籍出版社 2012 年版,第 799 页。

[7] 鲁迅:《坟·文化偏至论》,《鲁迅全集》第一卷,人民文学出版社 2005 年版,第 57 页。

[8] 许寿裳:《亡友鲁迅印象记》,长江文艺出版社 2019 年版,第 17 页。

[9] 周晔:《鲁迅回忆录》,上海文艺出版社 1978 年版,第 321 页。

[10] 鲁迅:《南腔北调集·我怎么做起小说来》,《鲁迅全集》第一卷,人民文学出版社 2005 年版,第 526 页。

[11] 王阳明:《传习录》,台海出版社 2020 年版,第 114 页。

[12] 鲁迅:《坟·我们现在怎样做父亲》,《鲁迅全集》第一卷,人民文学出版社 2005 年版,第 135 页。

[基金项目:2023 年浙江省大学生科技创新活动计划暨新苗人才项目"诗史互证解码阳明文化　数字赋能激活文旅资源——基于王阳明全国行迹及文化遗址的考察与探索"(2023R465002);2023 年国家级大学生科技创新项目"诗史互证解码阳明文化——基于浙江省阳明行迹与文化遗址的考察与探索"(202310349045)]

纪念《呐喊》出版 100 周年

四面出击读《故乡》

姚要武　上海市教师教育学院

1921年1月,鲁迅创作了《故乡》,2月8日日记"上午寄新青年社说稿一篇"[1]即《故乡》,小说发表于5月《新青年》第九卷第一号。小说一发表,立刻引起了评论界的高度关注,茅盾说在过去的3个月发表的100多篇小说中,他最佩服的是鲁迅的《故乡》。从1923年商务印书馆率先把《故乡》选入《新学制国语教科书》,百年来出现在各种版本的教材中,到今天我们的统编语文教材里,初中九年级上学期全选,小学六年级上学期选了它的一个片段(题名《少年闰土》)。20世纪末,日本著名鲁迅研究专家藤井省三写过一本《鲁迅〈故乡〉阅读史》,提及"在探讨《故乡》与中学语文教科书之关系的时候,它涉及二十世纪的中国教育史"。1937年,七卷本《大鲁迅全集》在日本出版;1953年,《故乡》入选日本国语教科书,藤井省三说:"所有日本学生都读过《故乡》。"借助于教科书的力量,《故乡》的影响,可谓无远弗届。

近年来,笔者"地毯式"地阅读鲁迅,按照鲁迅著译系年目录,逐年往下读,读他的日记、书信、创作和翻译,旁及相关资料和研究,力图将鲁迅的创作活动还原到历史的脉络中,回到文学现场,让作品鲜活起来。如今终于读到1921年,读到了《故乡》,除了验证已有的各种解读,还有一些新的发现,涉及创作动机、素材选取、人物塑造、艺术风格等。

一、《故乡》的创作与投稿

1919 年底,周氏三兄弟终于将家眷从绍兴老宅接到北京八道湾新家,开始了一段兄弟怡怡、阖家欢乐的新生活。1920 年 2 月 19 日过年时,天气晴好,一家人心情也大好,"旧历除夕也,晚祭祖先。夜添菜饮酒,放花爆"[2],好好热闹了一下。5 月遭遇侄儿沛生病,还一度病危,又赶上直奉战争,闹得一家人忙乱不堪,直到 7 月底才消停。到了 8 月 5 日,"小说一篇至夜写讫"[3]即《风波》;《工人绥惠略夫》德译本,4 月份就得到了,到 10 月 22 日终于译完;还有受聘到北大讲授中国小说史,经过一段时间的备课,也已开讲了。

转眼又到了 1920 年底 1921 年初,趁着"休假""星期休息"等空闲,写点东西、搞点创作,不能老用翻译来塞责。就在此时,胡适与陈独秀就《新青年》的编辑出版一事发生了分歧。陈独秀 1917 年 1 月来北大,也带来了《新青年》,此后它作为同人刊物,由陈独秀、钱玄同、高一涵、胡适、李大钊、沈尹默等人轮值编辑,随着 1920 年 2 月陈独秀离开北京回到上海,《新青年》也被他再次带回上海编辑出版。胡适等人对此颇有意见,1921 年初,由胡适牵头给陈独秀写信,提出三种处理意见,第一种是任由陈独秀将其办成一种"特别色彩之杂志",胡适等人"另创一个哲学文学的杂志";第二种是它"改变内容"并发表宣言"不谈政治";第三种意见是干脆"暂时停办"。鲁迅同意第二种办法,但认为不必发表宣言,那样会"示人以弱"[4]。

问题一时得不到解决,但鲁迅作为《新青年》同人,有为杂志供稿的义务。自己的主张是"改变内容",即不能太"激烈"又不能太"示弱",那么能写什么呢?思来想去,猛然想到一年前回故乡搬家的事,何不将这番经历写出来?既是对这件大事的周年纪念,而当时的所见所闻,经过一年的沉淀和酝酿,有了许多新的体悟,到了能够也必须一吐为快的时候了。写什么确定了,怎么写呢?契里珂夫不是写过《省会》(日译本译为《田舍町(小镇)》)吗?那是一篇战士还乡的故事,似乎可以借鉴。主意一定,说干就干,提笔就是:"我冒了严寒,回到相隔二千余里,别了二十余年的故乡去。"[5]这个开头,有尺幅千里之势。经过几天的"无事"其实是闭门写作,终于写成一篇五千字的文章,题目就叫《故乡》。

  关于鲁迅向契里珂夫学习借鉴,或者《省会》对《故乡》的触发作用,学界已有不少论述,但还需略作辨正。两者的确有许多相似之处,如都用第一人称叙述且自传色彩浓厚,都写了二十多年后的还乡、回忆过去的美好时光、儿时伙伴的重逢、故乡的物非人亦非、离乡时的愁闷等,甚至连开头都十分近似,都是坐在船上离故乡越来越近。仅仅因为"鲁迅1921年翻译了俄罗斯作家契里珂夫的《省会》,并于同年发表了《故乡》",就说借鉴或触发,在逻辑上似乎还不够严谨,因为《故乡》的创作在前,而《省会》的翻译在后。《故乡》作于1921年1月,但《省会》的翻译时间,《鲁迅著译系年目录》定在"1921年",因不能确定具体的翻译和发表日期而附在本年末。《现代小说译丛》收录了鲁迅1921年翻译的3个国家6位作家的9篇小说,其他8篇都有《译者附记》,唯独《省会》没有。好在书中还收了契里珂夫的《连翘》,其《译者附记》系统介绍了契里珂夫的生平、思想、创作、风格等,学界据此认为两者译于同时,《连翘》的《译者附记》作于1921年11月2日,因此说《省会》触发了《故乡》,失之轻率。然而,我们又不能轻易否定鲁迅在翻译之前已经研读过《省会》,因为鲁迅是从日译本《契里珂夫选集》里选译这两篇小说的,这个日译本出版于1920年。译材的获取总是在翻译之前,例如鲁迅1921年11月10日在《〈鱼的悲哀〉译者附记》里,就拿荷兰作家蔼覃的《小约翰》来比拟《鱼的悲哀》,而鲁迅着手翻译《小约翰》要迟至1926年7月。

二、小说与日记、回忆录的关系

《故乡》的素材源自 1919 年底的那次搬家。那次搬家的经过，前后共 29 天，鲁迅日记里有清晰地记载。我们可以将这些日记当作"非连续文本"，与小说这个连续性文本进行"互文性"对读，你会惊讶地发现，《故乡》是一个非虚构和虚构"齐飞"的文本。即以开头为例，"我冒了严寒"——鲁迅于 12 月 1 日晨启程、4 日到家并且下雨，当然是"冒了严寒"；北京至绍兴的确有 2000 多里路；从 1898 年 5 月离家到南京读书至今，的确阔别故乡已有"二十余年"了。

搬家是因为"我们多年聚族而居的老屋，已经公同卖给别姓了，交屋的期限，只在本年，所以必须赶在正月初一以前"[6]，所以鲁迅回去搬家的时间定在年底。败落的周家大族，有的人家就想到卖掉老屋得钱过活，但需要每家都同意，鲁迅作为一房之主，负有签字之责，日记中 12 月 23 日"午后画售屋押"[7]。卖掉老屋因而"永别了熟识的老屋，而且远离了熟识的故乡"，鲁迅心情沉重；"搬家到我在谋食的异地去"[8]先得买屋，这个过程极其艰辛。买屋者为邻人朱阆仙，鲁迅在此说"卖给别姓"还算克制，1921 年 10 月作《智识即罪恶》，把他写进了阴曹地府里并且丑化他，1926 年 9 月作《从百草园到三味书屋》时提及老屋"卖给朱文公的子孙了"[9]，还不忘顺手讽刺一下。

哪怕是小说中"我"跟母亲谈话的内容，如"须将家里所有的木器卖去，再去增添"[10]，日记中都有相应的记载，如 1920 年 1 月 7 日"添买木器"[11]、16 日"买家具"[12]等。再如小说中母亲说"你休息一两天，去拜望亲戚本家一回"[13]"此后又有近处的本家和亲戚来访问我。我一面应酬……这样的过了三四天"[14]，日记所载如 5 日"下午传梅叔来"、6 日"午后车耕南来。郦藕人来"、7 日"上午阮久孙来"、9 日"下午心梅叔来"，高潮是 19 日"晚传叔祖母治馈钱行,随母往,三弟亦偕"。至于"偷空便收拾些行李",日记里也有 8 日"收理书籍"、21 日"夜理行李粗毕"等[15]。

即使杨二嫂"夸"他说"迅哥儿,你阔了",而鲁迅只能嗫嚅以对"我并没有阔哩。我须卖了这些,再去……"[16]都是符合实际的。搬家一事,除了辛苦,还有缺钱。买八道湾宅光房钱就是三千五百元,加上佣金、契税、自来水初装费等,已近四千元,还要装修和添置家具。卖老屋只得钱一千六百元,由三弟周建人分两次寄来,贴上鲁迅和周作人的工资,最后还借了一笔高利贷,1919 年 11 月 13 日"上午托齐寿山假他人泉五百,息一分三厘,期三月"[17]。

小说中的关键人物闰土及其孩子水生,鲁迅后来在《从百草园到三味书屋》里还说用"闰土的父亲所传授的方法"[18]去捕鸟而不成功。闰土的原型是章运水,绍兴道墟乡杜浦村(现属绍兴市上虞区)人,他的父亲名章福庆,周氏兄弟称他"庆叔",是个兼做竹匠的农民,常在鲁迅家做短工。周作人在《鲁迅小说里的人物》中专门写过《闰土父子》,周建人在《鲁迅故家的败落》一书中还特地附录了中华人民共和国成立后当地政府关于闰土及其后人的调查报告。

至于"豆腐西施"杨二嫂,鲁迅自己的记忆是"我孩子时候,在斜对门的豆腐店里确乎终日坐着一个杨二嫂……终日坐着……买卖非常好"[19],周作人说她是"平常的街坊的女人""她的言行大抵是写实的",但又说她是个"诨名""并非出于某一个人,也含有衍太太的成分在内"。[20] 所谓的"衍太太",鲁迅后来在《琐记》写过她,她爱逗小孩子吃冰、打旋子,闹得肚子疼、跌肿头被大人骂时,又把责任推脱得干干净净;她鼓动"我"从家里偷钱或偷东西卖钱来买吃买玩,"我"并没有去做,但随后出现了"说我已经偷了家里的东西去变卖了"的谣言,弄得"我""觉得有如掉在冷水里""仿佛觉得真是犯了罪,怕遇见人们的眼睛,怕受到母亲的爱抚",导致

"我"只好出走,去南京求学,以"寻别一类人们去"。[21]

在种种虚虚实实之间,除了把在家待了 19 天写成 9 天,最离谱的要算"八岁的侄儿"宏儿。搬家之前,周作人一家已在京,要有侄儿,也只能是周建人的孩子。周建人长子周冲生于 1915 年 2 月 25 日,但 1916 年 7 月 18 日"殇";长女周鞠子生于 1917 年 11 月 6 日,此时才 2 周岁多一点;次子周沛生于 1919 年 5 月 15 日,此时才 7 个月大,所以飞出来迎接我的,哪有"八岁的侄儿"?连名字都是假的!

三、杨二嫂人物形象塑造

小说要塑造人物形象,《故乡》里的人物,主要有闰土和杨二嫂等,但百年来,因为中国近现代社会的特殊问题制约了国人的阅读期待,一般读者容易与闰土产生共鸣,因此多将目光投在他身上,偶尔有人注意到杨二嫂,也只把她看成"爱贪小便宜"的人。如果我们对 1918 年《狂人日记》以来鲁迅小说创作的历程及其塑造的人物长廊稍有总体性了解,就会对杨二嫂这个人物的出现给予更多的惊奇,因为她比闰土更加符合鲁迅思想发展的内在理路。

鲁迅在回答"创作要怎样才会好"时,其中一条是"宁可将可作小说的材料缩成 Sketch,决不将 Sketch 材料拉成小说"[22]。Sketch 即"速写"的意思,类似于作为文学表现手法之一的"白描",即"用朴素简练的文字描摹形象"。通观鲁迅所塑造的人物,如《孔乙己》里的丁举人、《药》里的夏三爷、康大叔,《明天》里的蓝皮阿五、何小仙等,莫不如是。即使在 1920 年 8 月所作的《风波》里,情形也大致如此,如九斤老太"一代不如一代"的口头禅,七斤"手捏着象牙嘴白铜斗六尺多长的湘妃竹烟管"[23],赵七爷"三十里方圆以内的唯一的出色人物兼学问家"[24],均具有漫画色彩。用这种手法塑造的人物,性格往往是单面的,因为缺少性格组合以及发展变化,容易成为类型化人物。

再从女性来看,《狂人日记》里病死被吃的"妹子"、《药》里都失去儿子的华大妈和夏四奶奶、《明天》里的死了儿子的寡妇单四嫂子,都是可怜的女人,后者还是"粗笨"的女人。而到《风波》,鲁迅突然塑造了七斤嫂这么个"眼尖"的女人。从"粗笨"到"眼尖",人物性格出现重大转折,标示着鲁迅对"国民性"思考有了新的进展。更令人惊异的是,其中的七斤嫂已不再简单的是被损害和被侮辱的形象、值得同情和怜悯的对象。对七斤嫂,鲁迅固然不乏"哀其不幸",但似乎更要"揭出病苦,引起疗救的注意"[25],解剖刀开始深入她们的内心世界,要挖出她们的"病"根了。

《风波》之后,鲁迅创作了《故乡》;七斤嫂之后,鲁迅又塑造了杨二嫂这个女性,在人物性格和创作技巧上又有新的变化。七斤嫂的特点在"眼尖",杨二嫂的特点则在"嘴皮薄",这又是一种性格典型。如果说《风波》里七斤嫂的形象塑造,还有赵七爷"逼"出来的偶然性,作家旨在通过人物的表演来反映社会现实,人物性格本身还不是主要的创作目的,但《故乡》里杨二嫂的形象塑造,则是要写出"这一个"。

《故乡》中对杨二嫂的描写十分集中,篇幅不大却层层深入,先是未闻其人先闻其声,再来写她的外貌,以及我的情绪反应。母亲为我解了围,让我有时间来追忆她到底是谁,通过补述形成对比。短暂停顿后,杨二嫂又快速抓住"忘了"的话柄,嘲笑我"贵人眼高",令我有口难辩;又在"你阔了"与"我并没有阔"的拉锯战中,以己之心度人之腹,竭尽全力坐实自己的臆想。与杨二嫂的这场正面交锋,以我的完败而告终,杨二嫂的嘴巴真厉害,句句把"我"噎得哑口无言,短暂的邂逅对"我"简直是一场无妄之灾。这还不够,最后鲁迅还要通过她诬陷、告密闰土,在她的恶劣品质上再补一刀。

如果说《风波》之前鲁迅写人多是白描、简笔勾勒,到《风波》时开始集中笔墨,但还不够细密,而到《故乡》这里写杨二嫂,就开始细描、深描了。为了刻画人物,鲁迅用上了写人的全部技艺,如对话、细节、神态、心理等。然而,杨二嫂的一切言行都是在算计着怎么理直气壮地去拿走人家的东西,大有不达目的决不罢休的架势。

鲁迅精心打造这个人物,除了夹杂着对"衍太太"的怨恨,还应该受到阿尔志跋绥夫的影响。1920年10月,鲁迅先后翻译了阿尔志跋绥夫的《工人绥惠略夫》和《幸福》。在《工人绥惠略夫》里,阿氏除了主要表现革命者的"愤激",还触及了民众的不觉悟,他们虽是不幸者,却在"如幸福者一般的糟蹋生活"[26]。在《幸福》中,阿氏塑造了两个"糟蹋他们自己的生涯"的不幸者,一个是"雪地上沦落的妓女",另一个是"色情狂的仆人"。尤其是妓女赛式加,为了获得一点面包钱,不惜运用各种色诱手段,以自己残败的身体供人作残酷的娱乐。鲁迅说他阅读这篇小说时"如看罗丹的雕刻"[27]。在《故乡》里,鲁迅也"雕刻"了一位杨二嫂,在她身上也集中了"几乎美丑泯绝"[28]的特点。曾经的"豆腐西施",如今为了一点"破烂木器"对我进行百般"鄙夷""嗤笑",毫不顾及"我"的隐痛。杨二嫂在生活上固然是个"不幸者",但她现在变得那样刻薄、自私,她除了"糟蹋""我",不也在"糟蹋"她自己吗?对杨二嫂,鲁迅不但"哀其不幸",还"怒其不争"!

四、结尾真的是"蛇足"吗

《故乡》甫一发表,在收获如潮好评的同时,其结尾的三段抒情、议论性文字,也遭遇诟病,诗人朱湘的意见颇具代表性。他说《故乡》可以称得上《呐喊》的压卷之作,他唯一不满意的地方是"最后三段不该赘入",认为它是"蛇足",因为"小说家是来解释人生,而不是来解释他的对于人生的解释的",所以它是这篇小说的"一种弱点的表现"[29]然而吊诡的是,恰恰是这三段文字,因为写得很美,尤其是最后一句"希望是本无所谓有,无所谓无的。这正如地上的路；其实地上本没有路，走的人多了，也便成了路。"[30]颇具哲理，早已成了脍炙人口的名言。这该如何解释呢？

鲁迅是在画蛇添足吗？好像不是。这三段抒情、议论的根据，是希望下一代能够有新的我们这一代未曾有过的生活，不像我和闰土这一代不是"辛苦麻木"就是"辛苦辗转"。闰土的下一代是儿子"水生"，我的下一代是侄儿"宏儿"。从史实来看，"宏儿"是个虚构人物，正如周作人所说，如果不这样"诗化"，他就"不能与闰土的儿子水生去做朋友了"。但是这个虚构人物不是凭空而来的，"宏儿"在小说开头就出现了，没有前面的"埋伏"，最后的"我想""我希望"就无从谈起，因此这个虚构是鲁迅为了情节的需要而精心布置的。

一般遵照鲁迅在《〈呐喊〉自序》里说法，他当年为《新青年》写作，是"须听将令的"，而"那时的主将是不主张消极的"，"所以我往往不恤用了曲笔，在《药》的瑜儿的坟上平空添上一个花环，在《明天》里也不叙单四嫂子竟没有做到看见儿子的梦"。[31]总体来看，《故乡》是消极的，"我"的心是悲凉的，除了故乡是"苍黄的天底下，远近横着几个萧索的荒村，没有一些活气。"[32]故乡的人如闰土活得辛苦、艰难，而且精神麻木、委顿，杨二嫂也从豆腐西施变成了"凸颧骨、薄嘴唇"的老太婆，近乎嘴尖皮厚，毫无当年的美丽、娴静了。因此，鲁迅需要"故伎重演"，在小说结尾处安上一个光明的尾巴，以免"将自以为苦的寂寞，再来传染给也如我那年青时候似的正做着好梦的青年"[33]。

笔者认为，从小说的角度看，最后三段是"蛇足"；但从散文的角度看，就没什么不合适，问题于是转向了《故乡》到底是小说还是散文的讨论。《呐喊》和《热风》基本是截至1922年鲁迅创作的第一次结集，一般认为，前者是小说集，后者是杂文集。后者多为"短评"，称之为杂文集；前者将不是"短评"的叙事性文字归集在一起，可笼统地说它为小说集，其实里面不全是小说。在《鲁迅批判》中,李长之说《一件小事》《头发的故事》等"写得特别坏,坏到不可原谅的地步"[34],是以小说的标准来衡量它们的,实际上它们都不是小说。《一件小事》发表于1919年12月1日北京《晨报·周年纪念增刊》,此前的5月1日《晨报》出版了"劳动节纪念"专号,11月它又要出"周年纪念增刊",孙伏园为此向鲁迅约稿,因此《一件小事》乃应景之作,鲁迅并没有把它当作小说来写,可是后来的批评者先认定它是小说,再以小说的标准来衡量它,说它是"特别坏"的小说,岂不是倒因为果?其实早在1954年出版的《鲁迅小说里的人物》里,周作人就已对此问题做过澄清:"《一件小事》是……给《晨报副刊》写的,当时也并不一定是小说,假如在后来也就收入杂文集子里算了,当初这《呐喊》还是第一册出版的书,所以一起称为小说。"[35]《头发的故事》也可作类似考察。

  那么《故乡》呢?按照周作人的说法,因为它被收在《呐喊》里,我们就视之为小说,如果它收在《朝花夕拾》里呢?那它就是散文了。《故乡》里有虚构,但也有大量的事实,说它是一篇小说可以,说它是一篇"朝花夕拾"或者"旧事重提"亦无不可。而从散文的角度再来看待那三段文字,就不是"蛇足"了。再来看《朝花夕拾》,《藤野先生》因为其中有很多虚构,所以有学者认为它不是散文而是小说,但是我们先入为主地认为它是散文,所以对它类似的结尾"每当夜间疲倦,正想偷懒时……"[36]一点都没觉得有问题。还有《阿长与〈山海经〉》,其中对阿长的虚构一点也不比闰土和杨二嫂少,但又有谁说它结尾两段的抒情"我的保姆,长妈妈即阿长……""仁厚黑暗的地母呵……"[37]是"蛇足"呢?

  我如此四面出击去读《故乡》,并不是故弄玄虚,而是在"地毯式"阅读过程中自然而然联系起来的。一旦发现这些联系,《故乡》不再是孤立的文本,顿时"风姿绰约"起来。我作为读者也稳坐军中帐下,享受着运筹帷幄的快乐。

  为了提高学生的阅读能力和思维品质,从浅阅读走向深阅读、从浮泛阅读走向文本细读、从接受式阅读走向批判性阅读,新的语文课程方案和课程标准提出了许多新理念、新方法,大家也在积极尝试着进行单元整体设计、大概念教学、跨学科学习、群文阅读、整本书阅读、母题式阅读等,像我这样的"地毯式"阅读,紧紧围绕一篇课文"四面出击",是否也是一种可以尝试的阅读训练方法? 姑且以《故乡》为例,求教于方家。

注释

[1] 鲁迅:《日记十[一九二一年]二月》,《鲁迅全集》第十五卷,人民文学出版社2005年版,第424页。

[2] 鲁迅:《日记九[一九二〇年]二月》,《鲁迅全集》第十五卷,人民文学出版社2005年版,第396页。

[3] 鲁迅:《日记九[一九二〇年]八月》,《鲁迅全集》第十五卷,人民文学出版社2005年版,第408页。

[4] 鲁迅:《书信·210103致胡适》,《鲁迅全集》第十一卷,人民文学出版社2005年版,第387页。

[5] 鲁迅:《呐喊·故乡》,《鲁迅全集》第一卷,人民文学出版社2005年版,第501页。

[6] 鲁迅:《呐喊·故乡》,《鲁迅全集》第一卷,人民文学出版社2005年版,第501页。

[7] 鲁迅:《己未日记[一九一九年]十二月》,《鲁迅全集》第十五卷,人民文学出版社2005年版,第386页。

[8] 鲁迅:《呐喊·故乡》,《鲁迅全集》第一卷,人民文学出版社2005年版,第501页。

[9] 鲁迅:《朝花夕拾·从百草园到三味书屋》,《鲁迅全集》第二卷,人民文学出版社2005年版,第287页。

[10] 鲁迅:《呐喊·故乡》,《鲁迅全集》第一卷,人民文学出版社2005年版,第502页。

[11] 鲁迅:《日记九[一九二〇年]一月》,《鲁迅全集》第十五卷,人民文学出版社2005年版,第393页。

[12] 鲁迅:《日记九[一九二〇年]一月》,《鲁迅全集》第十五卷,人民文学出版社 2005 年版,第 394 页。

[13] 鲁迅:《呐喊·故乡》,《鲁迅全集》第一卷,人民文学出版社 2005 年版,第 502 页。

[14] 鲁迅:《呐喊·故乡》,《鲁迅全集》第一卷,人民文学出版社 2005 年版,第 506 页。

[15] 鲁迅:《己未日记[一九一九年]十二月》,《鲁迅全集》第十五卷,人民文学出版社 2005 年版,第 385—386 页。

[16] 鲁迅:《呐喊·故乡》,《鲁迅全集》第一卷,人民文学出版社 2005 年版,第 506 页。

[17] 鲁迅:《己未日记[一九一九年]十一月》,《鲁迅全集》第十五卷,人民文学出版社 2005 年版,第 383 页。

[18] 鲁迅:《朝花夕拾·从百草园到三味书屋》,《鲁迅全集》第二卷,人民文学出版社 2005 年版,第 289 页。

[19] 鲁迅:《呐喊·故乡》,《鲁迅全集》第一卷,人民文学出版社 2005 年版,第 505 页。

[20] 周作人、周建人:《书里人生——兄弟忆鲁迅(二)》,河北教育出版社 2000 年版,第 26 页。

[21] 鲁迅:《朝花夕拾·琐记》,《鲁迅全集》第二卷,人民文学出版社 2005 年版,第 302—303 页。

[22] 鲁迅:《二心集·答北斗杂志社问》,《鲁迅全集》第四卷,人民文学出版社 2005 年版,第 373 页。

[23] 鲁迅:《呐喊·风波》,《鲁迅全集》第一卷,人民文学出版社 2005 年版,第 493 页。

[24] 鲁迅:《呐喊·风波》,《鲁迅全集》第一卷,人民文学出版社 2005 年版,第 494 页。

[25] 鲁迅:《南腔北调集·我怎么做起小说来》,《鲁迅全集》第四卷,人民文学出版社 2005 年版,第 526 页。

[26] 鲁迅:《译文序跋集·〈工人绥惠略夫〉译了〈工人绥惠略夫〉之后》,《鲁迅全集》第十卷,人民文学出版社 2005 年版,第 183 页。

[27] 鲁迅:《译文序跋集·〈现代小说译丛〉〈幸福〉译者附记》,《鲁迅全集》第

十卷,人民文学出版社 2005 年版,第 188 页。

[28] 鲁迅:《译文序跋集·〈现代小说译丛〉〈幸福〉译者附记》,《鲁迅全集》第十卷,人民文学出版社 2005 年版,第 188 页。

[29] 台静农整理:《关于鲁迅及其著作》,漓江出版社 2015 年版,第 84—85 页。

[30] 鲁迅:《呐喊·故乡》,《鲁迅全集》第一卷,人民文学出版社 2005 年版,第 510 页。

[31] 鲁迅:《呐喊·自序》,《鲁迅全集》第一卷,人民文学出版社 2005 年版,第 441 页。

[32] 鲁迅:《呐喊·故乡》,《鲁迅全集》第一卷,人民文学出版社 2005 年版,第 501 页。

[33] 鲁迅:《呐喊·自序》,《鲁迅全集》第一卷,人民文学出版社 2005 年版,第 441—442 页。

[34] 李长之:《鲁迅批判》,北京出版社 2011 年第 3 版,第 110 页。

[35] 周作人、周建人:《书里人生——兄弟忆鲁迅(二)》,河北教育出版社 2000 年版,第 14 页。

[36] 鲁迅:《朝花夕拾·藤野先生》,《鲁迅全集》第二卷,人民文学出版社 2005 年版,第 319 页。

[37] 鲁迅:《朝花夕拾·阿长与〈山海经〉》,《鲁迅全集》第二卷,人民文学出版社 2005 年版,第 255 页。

百年已逝 《呐喊》有声

田 菁 绍兴鲁迅纪念馆

呐喊,意为:大声呼喊;尤指士兵在战斗或追击时大声叫喊助威。1918年5月,鲁迅在《新青年》上发表了第一篇白话小说《狂人日记》,随后又连续写了十几篇短篇小说,1923年鲁迅将1918—1922年创作的15篇小说辑成《呐喊》,由北京新潮社初版。《呐喊》在鲁迅生前共印行22版,其中一些文章还被译为多国语言,传播之广,可谓空前。《呐喊》的字里行间无不浸润着鲁迅40余年的回忆,诚如鲁迅在自传中所言:回忆中"我偏苦于不能全忘却,这不能全忘的一部分,到现在便成了《呐喊》的来由。"[1]但若仅仅只是回忆,便也不会成为传世的经典,重要的是鲁迅在"呐喊"声中传递的希望的力量,慰藉了一个又一个时代里奋力奔驰的勇士们,"使他不惮于前驱"[2]。本文以《呐喊》中收录的多篇文章为例,来寻找那些黑暗中发出的微光,绝望里长出的新芽,致敬《呐喊》百年诞辰。

一、非具象化的人物演绎——《狂人日记》

鲁迅喜爱在文章中细致地描绘人物的外形,以此来加深人物性格的塑造,如在《孔乙己》中描述孔乙己"身材很高大;青白脸色,皱纹间时常夹些伤痕;一部乱蓬蓬的花白的胡子"[3];在《阿Q正传》中描述了阿Q的"癞疮疤""厚嘴唇"和"黄辫子";又如在《故乡》中对闰土的描写——"紫色的圆脸,头戴一顶小毡帽,颈上套一个明晃晃的银项圈"[4];就连《鸭的喜剧》中的小鸭都有简单的描述——"遍身松花黄""两个白的,两个花的"[5]。而在《狂人日记》文章中反其道而行之,开头就点明了,"狂人"乃是良友之弟,"日记"乃是病中所记,现"已早愈,赴某地候补"[6],因此作者也未见其人,只闻其事。全篇文章俱以第一人称表述,一次也没有对主人公的形象描写,"我"在其中并无实体,无形无状,更不知是高是矮,是胖是瘦,是年轻是年老。但"我"又是极具思想的,从恐惧到反抗,再到认清现实发出呐喊,种种的心路历程表明,"我"确确实实是一个活生生的人。由此奠定了文章的基调——文章中的"我"只不过是一个载体,既是鲁迅反抗精神的形象外化,又是对封建制度和礼教的多层次揭露和批判。

如果说抽象艺术是通过抽象的色彩、线条、色块、构成来表达和叙述人性的艺术方式,那非具象化的人物演绎就是通过语言对话、环境描述、内心独白、气氛渲染来侧写人物性格、展现故事脉络的。首先文章以日记的形式出现,通过主人翁哥哥的表述,这是一个患病的人,已然病愈,前往外地为官,其所写的日记也被以为是荒唐之言,然其书名也是主人翁自己"愈后所题",名曰狂人,一系列评价描述了一个"迫害狂"症患者的形象。接着便是日记本体,主人翁通过许多外部情境与人和人之间互动氛围的描述,娓娓道来中将恐怖气氛渲染到了极点,让读者在无限遐想中完成对"狂人"的审美塑造。例如,见"他"时,有"很好的月光",却被赵家的狗看了两眼,由此得出"我怕的有理"的结论。这是狂人"迫害症"的开始。见的是谁? 怕的又是被谁发现? 此后便是一连串的"疑心"——疑心自己被发现了,疑心自己要被"吃掉"。如何表述"我"的疑心与惊恐,鲁迅在文章中又使用了许多外部描述:天上"全没月光","赵贵翁"既害怕又想害人的眼色,一路上人背后偷偷地议论,以及"其中最凶的一个人,张着嘴,对我笑了笑",便是连孩童也是脸色铁青、在背后议论"我",甚至于家中人也是不理解,看"我"的眼神"同别人一样";"村子里的一个大恶人给大家打死了;几个人便挖出他的心肝来,用油煎炒了吃";"他们会吃人,就未必不会吃我"。这不免让人联想到《药》中的"人血馒头","吃人"的可以是赵贵翁、"刽子手"一般的老中医、"海乙那"的亲眷——赵家的狗、"我"的哥哥、母亲、路上的男男女女,"被吃"就是"我"。读到此处,"狂人"的形象跃然纸上,这是一个瑟缩着惊惧着,害怕周围所有"人"的病者。若只是到此,"狂人"便真只是个发了疯的癫者。但是鲁迅的笔锋急转直下,引入了大段心理活动,这是"狂人"思考的开始,也是鲁迅通过狂人形象表达自己思想的开始。"狂人"翻书至夜半,在字缝里看到,满本的"吃人",由此发出"从来如此,便对吗?"的反传统的喊叫,表现对封建传统的大胆怀疑和批判精神;却仍对未来社会抱有理想、向往,"要晓得将来容不得吃人的人活在世上";同时警告死抱住吃人的封建旧传统不肯改变的那些人,"自己也会吃尽。即使吃得多,也会给真的人除灭了"。从懵懂到醒悟到自己是"有了四千年吃人履历"的民族的一员,未必无意中不曾"吃"人;又不违寄希望于未来,发出"救救孩子"的呼喊声。由此读者们终于明白,狂人为何无任何外在形象的表述,因为"狂人"可以是"你""我""他",就其象征意义而言,他可以是每一个具有现代意识的封建叛逆者,是清醒的启蒙主义者;但是他是孤独的,他被人们认为是"疯子"。通篇文章无任何人物的具象化描述,却塑造了一个实实在在、有血有肉的"狂人"战士。这是鲁迅打破铁屋子的第一声"呐喊",从此鲁迅以笔墨为枪炮,向旧中国发出振聋发聩的声音。

二、另类的鲁迅式"童话"——《兔和猫》《鸭的喜剧》

中国最早的童话集《稻草人》出版于 1923 年,作者是叶圣陶。鲁迅也曾盛赞"叶绍钧先生的《稻草人》是给中国的童话开了一条自己创作的路的"。[7]鲁迅是否喜爱童话,尚未可知。但是从1909年回国,一直到逝世前一年的1935年期间,鲁迅所翻译的童话极多,计有《爱罗先珂童话集》(1922)、《桃色的云》(童话剧,苏联爱罗先珂著,1923)、《小约翰》(荷兰望・蔼覃著,1928)、《小彼得》(奥地利至尔・妙伦著,1929)、《俄罗斯的童话》(苏联高尔基著,1935)等。从鲁迅选择的这些翻译作品来看,都并非普遍认知中的儿童读物。鲁迅自己在《俄罗斯的童话》小引中说道:"这《俄罗斯的童话》,共有十六篇,每篇独立;虽说'童话',其实是从各方面描写俄罗斯国民性的种种相,并非写给孩子们看的。"[8]他也曾解释自己翻译童话的初衷:"不过要传播被虐待者的苦痛的呼声和激发国人对于强权者的憎恶和愤怒而已,并不是从什么'艺术之宫'里伸出手来,拔了海外的奇花瑶草,来移植在华国的艺苑。"[9]由此可知,鲁迅翻译童话的初衷,一开始并非为了给儿童看,而是给成人看的,旨在改良人性、重铸国魂和振兴民族。严格意义上来说,鲁迅也并未写过任何童话,而呐喊中的《兔和猫》《鸭的喜剧》这两篇文章,吸取了童话的表现手法,是鲁迅一次小小的尝试,是另类的鲁迅式"童话"。

《兔和猫》和《鸭的喜剧》皆写于1922年10月。1922年春天,俄国的盲诗人爱罗先珂来到中国,受蔡元培的邀请,到北京大学讲授世界语,就住在鲁迅八道湾的家里。大约是受其影响,鲁迅那一时期的文章都带有童趣,其中《鸭的喜剧》更是用轻松幽默的笔调,描述了这位盲诗人的日常生活中的小细节。小说的开头以爱罗先珂"寂寞呀,寂寞呀,在沙漠上似的寂寞呀!"[10]的诉苦引出后面的故事,结尾却道:"只有四只鸭,却还在沙漠上'鸭鸭'的叫。"[11]不免让人联想到当时的社会环境,当时的北京在北洋军阀的严酷统治下,笼罩在一片黑暗之中。随着新文化运动的蓬勃发展,提倡民主,反对封建专政,要求平等自由的呼声越来越强烈。文章中爱罗先珂渴望缅甸夏夜的蛙鸣虫叫,最后买来蝌蚪,想要

"养成池沼的音乐家"[12],未尝不是在呼唤一个一切自由、美好的生命都得到呵护和尊重的处处充满爱的理想世界。这也正是鲁迅与爱罗先珂惺惺相惜之处:"他不像宣传家,煽动家;他只是梦幻,纯白,而有大心,也为了非他族类的不幸者而叹息。"但是,爱罗先珂期盼的这种人与人、物与物之间的互爱,在当时是不可能实现的。所以文章里蝌蚪被鸭子吃掉了,小鸡也死去了,鸭子褪去了可爱的松花黄绒毛,长大了。长大后的鸭子,虽然"鸭鸭"叫着,却没有留下爱罗先珂,他"忽而渴念着他的'俄罗斯母亲'了,便匆匆的向赤塔去"[13]。到了本该蛙声长鸣的时候,爱罗先珂也没有回来。鲁迅曾说:"悲剧将人生的有价值的东西毁灭给人看,喜剧将那无价值的撕破给人看。"[14]说是鸭的喜剧,鸭子却是在小说的后半段才出现,一出现便成了施暴者;说是喜剧,最后爱罗先珂还是离开了,只留下寂寞的沙漠上,鸭子在叫。这种反转再反转的写作手法,是鲁迅借以抒写自己感受,讽时骂世,发出的呐喊。在《兔和猫》中,这种寂寞的呐喊愈加明显。《兔和猫》写一个家庭主妇三太太在夏天给她的孩子们买了一对小白兔。小说就围绕着兔的出现和消失展开起伏曲折的故事情节。"竖直了小小的通红的长耳朵,动着鼻子"的"天真烂漫"[15]的小兔,生了两只更可爱的小兔,却在某天遭了黑猫的毒手。更悲哀的是小兔死了,大家却并未如何在意,便如那"膏于鹰吻"[16]的鸽子、被马车轧死的小狗、给绳虎咬住的苍蝇,这些弱小生命的逝去触动了鲁迅心底的怜惜,于是鲁迅写道:"假使造物也可以责备。那么,我以为他实在将生命造得太滥,毁得太滥了。"[17]这正是鲁迅伟大的人道主义精神的体现。然而若只是同情,便"不过空虚的布施"[18],与人并无益处,于是我看向了"藏在书箱里"的氰酸钾决定"那黑猫是不能久在矮墙上高视阔步了"[19]。在这里,鲁迅热爱生命,同情、扶持弱小者,并甘愿为之报仇、抗争的思想得到了充分地表现。

《兔和猫》和《鸭的喜剧》是两篇带有"童话色彩"的小说,却没有"童话式"的结局,时刻投射着现实社会的照影,他们所表现出的对生命的无限热爱、对弱小的深切同情、对强权者的深恶痛绝和为弱小者复仇的反抗之声,都是鲁迅"为了对于热情者们的同感……虽在寂寞中……也来喊几声助助威"[20]的呐喊。

三、记忆里的故乡——《故乡》《社戏》

鲁迅文中的故乡,总有一种割裂的悲哀。童年记忆里的故乡是美丽、宁静、祥和、富有梦幻色彩的乌托邦般的存在;而成年后现实中的故乡又是悲凉、压抑、郁闷,充满了萧条景象的现实色彩。正如他文中所说:"我所记得的故乡全不如此。我的故乡好得多了。"[21]

《社戏》主要回忆了"我"十一二岁那年回母家消夏的一段难忘经历,描写社戏的场景并不多,却勾勒出了一幅秀美的江南水乡图。全文笼罩在一种温馨欢快的基调之中。初到时便得到优待,因远来是客,村子里的孩子们都来伴我游戏,并不以辈分为意,乡村里的淳朴气息扑面而来。到了看戏那日,从出行缺船到寻到船后的夏夜行船,实是趣味盎然;船头看戏,虽是看得昏昏欲睡却也让"我"满怀期待;归航偷豆,更充满着乡情野趣。看戏途中更是掺杂了许多的景色描写:"两岸的豆麦和河底的水草所发散出来的清香,夹杂在水气中扑面的吹来;月色便朦胧在这水气里。淡黑的起伏的连山,仿佛是踊跃的铁的兽脊似的,都远远的向船尾跑去了……"[22];"岸上的田里,乌油油的都是结实的罗汉豆"[23];"最惹眼的是屹立在庄外临河的空地上的一座戏台,模胡在远处的月夜中,和空间几乎分不出界限,我疑心画上见过的仙境,就在这里出现了。这时船走得更快,不多时,在台上显出人物来,红红绿绿的动,近台的河里一望乌黑的是看戏的人家的船篷"[24];"回望戏台在灯火光中,却又如初来未到时候一般,又漂渺得像一座仙山楼阁,满被红霞罩着了"。[25]通过文章仿佛可以看到鲁迅心中最柔软的部分,表达了他对故乡的人和故乡的山水深深的眷恋。《故乡》虽是充满了悲凉感,却在回忆儿时的情景时,故乡依旧是那个美丽的故乡。故乡里有"紫色的圆脸,头戴一顶小毡帽,颈上套一个明晃晃的银项圈"[26]的闰土,他心里有"无穷无尽的希奇的事"[27]——雪地里捕鸟、海边捡贝壳、瓜地里刺猬、潮汛时看两条腿的跳鱼儿;还有"擦着白粉"[28]生意很好的豆腐西施杨二嫂,并不似如今尖酸刻薄的样子。《故乡》通过今昔对比,叙写了故乡从先前的繁荣到如今凋敝苍凉;从先前厚道淳朴的乡情,代之以如今势利自私的世风。一切笼罩在沉重悲凉、压抑郁闷中,几乎令人窒息。

鲁迅说:"我有一时,曾经屡次忆起儿时在故乡所吃的蔬果:菱角,罗汉豆,茭白,香瓜。凡这些,都是极其鲜美可口的;都曾是使我思乡的蛊惑。后来,我在久别之后尝到了,也不过如此;惟独在记忆上,还有旧来的意味留存。"[29]然而即便如此,即便"故乡的山水也都渐渐远离了我"[30],鲁迅仍旧对故乡充满眷恋和执着。他将希望寄托在下一代的身上,《故乡》中描写"水生"与"宏儿",分明是闰土与"我"的延伸。他希望"他们应该有新的生活,为我们所未经生活过的"[31],所以在文章最后才会有"希望本是无所谓有,无所谓无的。这正如地上的路;其实地上本没有路,走的人多了,也便成了路"[32]的感慨。鲁迅所追求的不仅是要重建儿时那种和谐的人际关系,也要重建一个理想中的故乡。这是鲁迅表达对于现实的不满,迫切想要改造旧社会、创造新生活的呐喊。

《呐喊》中的作品大多写于五四运动的高潮时期,是为新文化运动的旌旗呐喊。《呐喊》所展示的是一个充满尖锐矛盾与斗争,风雨飘摇中的中国;是一个愚昧和落后重压下挣扎前行的中国;是一个经历着涅槃,渴望新生与腾飞的中国。如今《呐喊》已过百年,呐喊之声却犹在耳边,我们总能在这些文字里找到共鸣,找到自己的影子,找到他人的影子,找到世界的影子。

注释

[1]鲁迅:《呐喊·自序》,《鲁迅全集》第一卷,人民文学出版社2005年版,

第 437 页。

[2] 鲁迅:《呐喊·自序》,《鲁迅全集》第一卷,人民文学出版社 2005 年版,第 441 页。

[3] 鲁迅:《呐喊·孔乙己》,《鲁迅全集》第一卷,人民文学出版社 2005 年版,第 458 页。

[4] 鲁迅:《呐喊·故乡》,《鲁迅全集》第一卷,人民文学出版社 2005 年版,第 503 页。

[5] 鲁迅:《呐喊·鸭的喜剧》,《鲁迅全集》第一卷,人民文学出版社 2005 年版,第 585 页。

[6] 鲁迅:《呐喊·狂人日记》,《鲁迅全集》第一卷,人民文学出版社 2005 年版,第 444 页。

[7] 鲁迅:《译文序跋集·〈表〉译者的话》,《鲁迅全集》第十卷,人民文学出版社 2005 年版,第 437 页。

[8] 鲁迅:《译文序跋集·〈俄罗斯的童话〉小引》,《鲁迅全集》第十卷,人民文学出版社 2005 年版,第 441 页。

[9] 鲁迅:《坟·杂忆》,《鲁迅全集》第一卷,人民文学出版社 2005 年版,第 237 页。

[10] 鲁迅:《呐喊·鸭的喜剧》,《鲁迅全集》第一卷,人民文学出版社 2005 年版,第 583 页。

[11] 鲁迅:《呐喊·鸭的喜剧》,《鲁迅全集》第一卷,人民文学出版社 2005 年版,第 586 页。

[12] 鲁迅:《呐喊·鸭的喜剧》,《鲁迅全集》第一卷,人民文学出版社 2005 年版,第 584 页。

[13] 鲁迅:《呐喊·鸭的喜剧》,《鲁迅全集》第一卷,人民文学出版社 2005 年版,第 585 页。

[14] 鲁迅:《坟·再论雷峰塔的倒掉》,《鲁迅全集》第一卷,人民文学出版社 2005 年版,第 203 页。

[15] 鲁迅:《呐喊·兔与猫》,《鲁迅全集》第一卷,人民文学出版社 2005 年版,第 577 页。

[16] 鲁迅:《呐喊·兔与猫》,《鲁迅全集》第一卷,人民文学出版社 2005 年版,第 580 页。

[17] 鲁迅:《呐喊·兔与猫》,《鲁迅全集》第一卷,人民文学出版社 2005 年

版,第 580—581 页。

[18] 鲁迅:《二心集·关于小说题材的通信(并 Y 及 T 来信)》,《鲁迅全集》第四卷,人民文学出版社 2005 年版,第 377 页。

[19] 鲁迅:《呐喊·兔与猫》,《鲁迅全集》第一卷,人民文学出版社 2005 年版,第 581 页。

[20] 鲁迅:《南腔北调集·〈自选集〉自序》,《鲁迅全集》第四卷,人民文学出版社 2005 年版,第 468 页。

[21] 鲁迅:《呐喊·故乡》,《鲁迅全集》第一卷,人民文学出版社 2005 年版,第 501 页。

[22] 鲁迅:《呐喊·社戏》,《鲁迅全集》第一卷,人民文学出版社 2005 年版,第 592 页。

[23] 鲁迅:《呐喊·社戏》,《鲁迅全集》第一卷,人民文学出版社 2005 年版,第 595 页。

[24] 鲁迅:《呐喊·社戏》,《鲁迅全集》第一卷,人民文学出版社 2005 年版,第 592—593 页。

[25] 鲁迅:《呐喊·社戏》,《鲁迅全集》第一卷,人民文学出版社 2005 年版,第 594 页。

[26] 鲁迅:《呐喊·故乡》,《鲁迅全集》第一卷,人民文学出版社 2005 年版,第 503 页。

[27] 鲁迅:《呐喊·故乡》,《鲁迅全集》第一卷,人民文学出版社 2005 年版,第 504 页。

[28] 鲁迅:《呐喊·故乡》,《鲁迅全集》第一卷,人民文学出版社 2005 年版,第 505 页。

[29] 鲁迅:《朝花夕拾·小引》,《鲁迅全集》第二卷,人民文学出版社 2005 年版,第 236 页。

[30] 鲁迅:《呐喊·故乡》,《鲁迅全集》第一卷,人民文学出版社 2005 年版,第 510 页。

[31] 鲁迅:《呐喊·故乡》,《鲁迅全集》第一卷,人民文学出版社 2005 年版,第 510 页。

[32] 鲁迅:《呐喊·故乡》,《鲁迅全集》第一卷,人民文学出版社 2005 年版,第 510 页。

论《阿Q正传》的"绍兴戏"改编

徐依楠
卓光平　绍兴文理学院

百年以来,鲁迅小说《阿Q正传》的受关注程度一直不减,其表征之一就是不断被改编成各种戏剧影视作品。从20世纪80年代开始,绍兴本土剧作家王云根就非常注重对《阿Q正传》进行二度创作,并将其改编成独具绍兴特色的绍剧《阿Q正传》和莲花落《阿Q与辫子》《阿Q进城》等"绍兴戏"。依据改编作品忠实于原著的程度,可将其分成"再现式"改编与"取材式"改编两类。其中,绍剧《阿Q正传》属"再现式"改编,而莲花落《阿Q与辫子》《阿Q进城》属于"取材式"改编。这些以阿Q为主人公的"绍兴戏"与原著小说相互成就,一方面,戏曲改编将阿Q形象搬上舞台,实现了对阿Q文化资源的创造性转化,丰富了绍兴当代文艺的创作;另一方面,鲁迅小说本身的思想价值和艺术价值又提高了绍兴特色剧种的思想内涵和知名度。

一、情节人物:誊写再现与取材再创

绍剧《阿Q正传》是典型的"再现式"改编作品。其人物、情节与原著小说基本一致,是对原小说的誊写再现。但绍剧的改编绝不仅止步于此,其在原著基础上又做出一些微小的改动。这些改动是对人物、情节的进一步渲染,使得这种再现更具真实性和感染力。

从人物塑造方面来看,绍剧《阿Q正传》保留了原著中的所有人物,各个人物的形象和性格也与原著中的设定相吻合。稍有不同的是,在原著中鲁迅只是一笔带过的人物在改编的剧中有了语言、动作等的表现。这在增加故事真实感的同时,也将人物、主题渲染得更到位。例如,原著中阿Q调戏吴妈的消息传开后,仅有一句对管土谷祠的老头子(绍剧中称之为"庙祝")的描写——"管土谷祠的老头子说些废话,似乎叫他走"。而在绍剧中,他有大段的唱词,句句数落阿Q。在阿Q借革命风波扬言要造反、要革命的时候,原著中同样没有对管土谷祠的老头子作详细描写,但在绍剧中被详细展开。其中尤为生动的是对其动作的描写:"忙点起蜡烛""忙进屋里取茶""忙向阿Q""进屋里,忙出,拿出两个大饼,一壶酒"[1]"庙祝慌忙把他扶住"[2]。5个"忙"字将庙祝的殷勤展现得淋漓尽致,与前面句句数落的情状相对比,丑态毕露,极富讽刺意味。

从情节呈现方面来看,绍剧《阿Q正传》的大体情节与原著保持一致,叙述了阿Q受赵太爷、王胡、假洋鬼子等人欺辱,欺负小尼姑、调戏吴妈、出现生计问题、进城中兴、憧憬革命、不准革命、定罪处决等事件。但绍剧通过一些小细节的改动使阿Q的悲剧命运得到了更好的渲染。例如,作品中关于阿Q被王胡按着碰头的起因就发生了变化。在原著中,王胡并不是无缘无故要按着阿Q碰头的,起因是阿Q因自己身上的虱子没有王胡身上的多而气愤,骂了句"这毛虫!"[3],并吐了口唾沫。事实上,阿Q骂的是虱子,却被王胡误以为在骂自己,于是产生矛盾。但在改编的绍剧中,却是王胡故意先招惹阿Q。王胡和酒店里的众人一起调侃阿Q头上的癞疮疤,这才使阿Q骂他为毛虫,进一步激化了矛盾。这样的改编更能突显出阿Q的悲剧命运,明明是自己先被人侮辱嘲笑,却没有反抗的能力,反而被人抓着往墙上碰头。同时,这也让观众看到了包括王胡在内的周围人的冷漠嘴脸,更加渲染出当时社会那种冷酷黑暗的社会环境。

与绍剧《阿Q正传》不同,作家王云根的另外两个莲花落作品《阿Q与辫子》和《阿Q进城》则属于"取材式"改编。虽然这两部改编作品都能在人物设置和一些小的情节上窥见原著的影子,但其总体上已经有了翻天覆地的改变,是一种全新的创作。

在人物塑造方面,《阿Q进城》的主人公仍然是阿Q,《阿Q与辫子》也取用了《阿Q正传》中的部分人物,如阿Q、王胡子(鲁迅小说《阿Q正传》中叫王胡,这里多了个"子"应是为了演唱时的音律和谐考虑)、钱少爷等均是取自原小说中的人物。阿Q的精神胜利法、钱少爷的仗势欺人等也都在剧本中有所体现,但剧本与原著对人物形象的塑造仍有较大出入。例如,学者沈庆利曾指出小说《阿Q正传》中的阿Q"身上存在着严重的流氓无赖气"[4]。在原著《阿Q正传》中,阿Q继被王胡和假洋鬼子欺负后,将气撒在更为弱小的尼姑身上,而且从"阿Q便在平时,看见伊也一定要唾骂,而况在屈辱之后呢?"[5]一句中便可以很明显地窥见阿Q在弱者身上取得自我安慰。他通过欺负比他更为弱小的人来获得愉悦,丝毫没有同情心,而这也是国民劣根性中很重要的一点。可在莲花落《阿Q与辫子》和《阿Q进城》中均没有欺负尼姑这一情节,亦无其他的情节作为补充以使观众看见阿Q欺负弱者以获得自身满足的一面,阿Q身上的这一点自然也就无法体现。

在情节内容方面,《阿Q与辫子》和《阿Q进城》虽取用了《阿Q正传》的部分情节,但显然作家已经进行了加工创作,相较于原著已发生了大幅度地改变。《阿Q与辫子》以阿Q的辫子为线索结构全文,围绕辫子主要写了三件事:一是阿Q因辫子又黄又细而遭到王胡子的嘲笑,甚至被王胡子拉到墙上碰头;二是阿Q得知钱少爷被剪去了辫子,觉得自己的辫子虽黄但比他没辫子优越,用精神胜利法安慰自己;三是革命党进城坐天下时,阿Q把自己的辫子盘起来想要投靠革命党,却被假洋鬼子钱少爷拒之门外。同时,在《阿Q与辫子》的开头和结尾唱的是现如今男女辫子的叙说,且占了全剧近 1/4 的篇幅。显然戏剧和原著相比已有了很大的改变。而《阿Q进城》是围绕《阿Q正传》中提到的阿Q进城展开的想象,剧中主要展现了阿Q进城的各种遭遇:找不到工作、没地方睡觉、看杀头、抢小讨饭的烧饼吃、跟贼骨头合伙偷窃,这同样与原著情节有很大的出入。

二、思想内涵:继承深化与书写现实

改编作品的人物、情节有所改动后,其思想主题自然也有所变化。作为"再现式"改编作品,绍剧《阿Q正传》的思想内涵是对原著小说的继承和深化。而作为"取材式"改编作品,莲花落《阿Q与辫子》《阿Q进城》则是在新的时代语境下的重新书写,其思想内涵有了新的时代价值和意义。

绍剧《阿Q正传》承袭原著,批判了阿Q的精神胜利法,批判了国民劣根性,将矛头直接指向戕害人心灵的旧社会。与此同时,它通过拓展和补充对吴妈这一次要人物的描写,使其形象变得更加丰富、立体,也让作品反映的主题更加广泛和深刻。吴妈一出场就先唱了一段叙述自己悲惨人生的唱词:"吴大一死三月零,苦命寡妇靠何人,为了还债进赵府,忍悲含泪当佣人。"[8]"我一人要做百样活,起早落夜忙不停。"[7]紧接着,戏剧又呈现了她被赵太爷调戏的情节。这些内容的增添使吴妈作为底层妇女的艰难生存状况得到了更全面和深刻地揭示。而这些戏剧中新增的内容并非凭空而来,在原著中都有苗头可见。首先,原著小说中写到她是赵太爷家唯一的女仆,因此她必然要承担起赵家大部分的活,辛苦是在所难免的。"我一人要做百样活,起早落夜忙不停。"便是由此而发出的感叹。其次,原小说中也有写到赵太爷想要讨小老婆,这说明赵太爷是个有色心的人,所以改编剧中安排他调戏吴妈也是基于原著的生发,存在合理性。正是因为这些情节的增添,绍剧《阿Q正传》不仅表现出原著对"国民劣根性"批判的主题,还对社会环境有了更为广泛和深刻地反映,让读者看到旧社会底层妇女被欺压的辛酸苦楚。

莲花落《阿Q与辫子》和《阿Q进城》则在尊重原著精神的基础上融入了时代精神,展现了历史发展趋势。《阿Q正传》创作于1921年,鲁迅先生结合当时的时代背景,在作品中深刻揭示了国民劣根性和辛亥革命的不彻底性,有力地批判了当时社会的封建腐朽。而剧作家王云根的莲花落《阿Q与辫子》《阿Q进城》均创作于改革开放后,人们的视野开阔起来,思想也变得丰富起来,在改编的莲花落中也能看出剧作家通过今昔对比,对自己所身处的时代进行了肯定赞颂。《阿Q与辫子》的结尾处:"如今时代不相同,男同志头发剃光勿稀奇,哎,女同志可留可勿留,自由自在无顾虑。"[8]就点明了这一主题。《阿Q进城》的结尾处也同样阐释了这一主题:"时代车轮在前进,今非昔比路光明。哎——阿Q也是绍兴人,生不逢时受苦辛。转眼过去八十年,如今是,做人要算伢绍兴人。"[9]同时,由于改编的莲花落中有对原著的部分取材,因此对那个时代的批判,对国民劣根性的批判在改编作品中仍有所体现。这无疑使得鲁迅深邃的批判思想融入了剧中,增强了《阿Q与辫子》和《阿Q进城》的思想性。过去与现在的对比,更强化了莲花落《阿Q与辫子》和《阿Q进城》的现实意义。

三、《阿Q正传》改编的得失与启示

绍兴本土剧作家王云根有关《阿Q正传》的三部改编作品采取了两种不同的改编模式,在形和神上都表现出了不同的特点。这些改编作品有一些共同的优势和不足:优势之处,如改编成戏剧可以增加受众,提升"绍兴戏"的思想内涵等;不足之处,如文字到画面的转化过程中失去了"语言对艺术想象的叙述能力"[10],失去了"非画面性"文字内容表现的创作者创作风格,叙述的语态、心境等,而这些恰是小说本身的意蕴和魅力所在。除了这些共同的优势和不足之外,通过对这些改编实践进一步地比较和总结,还可以发现两种改编模式各自的一些得失,从中获得一些改编的经验和启示。

"再现式"改编遵从原著,能较好地反映原著的内容和思想。对于《阿Q正传》这一类思想深刻的作品来说,采用"再现式"改编模式的戏剧作品往往拥有更高的思想价值。因此,这种改编模式在鲁迅小说的戏剧改编过程中受到很多专家的推崇。但这种改编模式在带来优势的同时也带来了弊端。相较于"取材式"改编的戏剧来说,采用"再现式"改编模式的戏剧吸引力相对较弱。鲁迅的经典小说对许多人来说都已经比较熟悉,已然知晓的情节和人物如果只是简单地从小说改编成戏剧,情节和人物性格几乎不发生改变,那就很难引起观众的兴趣,影响观众观剧时的投入感。所以"再现式"改编最忌讳的就是完完全全照搬来表现原著。它需要改编者有独立的鉴赏能力和批判精神,以此发挥修补功能。正如《小说与话剧文本转换的现代性表达——关于新世纪话剧的文本考察》一文中所言:"创演团队独立的批判精神对话剧具有一定的修补功能。如果原著的人物表现力不够,那么,编演人员可以在表演中加重戏,扩大张力。"[11]绍剧《阿Q正传》的改编显然做到了这一点,整个创演团队通过自己对原著的批判思考和合理想象增加了情节的表现力和人物的感染力,给观众带来强烈的心灵震撼。

与"再现式"改编相反,"取材式"改编只是将小说原著作为取材背景,故事情节和人物则有所颠覆,实现了陌生化。这就打破观众原有的认知,激发观众的好奇心,从而使得观众更沉浸于戏剧之中。除此以外,"取材式"改编由于与原著差距较大,容易引起观看者将改编的戏剧与原著小说进行比较,从而进一步加深观众对戏剧和小说中每一处情节设置、每一个人物形象的理解及对作品思想主题的认识。这对提高观众的文学素养和审美能力来说都具有积极意义。同时,"取材式"改编的作品中更多是改编者自己的新思想,这些思想的产生更是与时代背景息息相关,由此,改编的作品有了更多的现实意义和时代价值。当然,"取材式"改编也难免存在一些弊端。这种改编是距离原著最远的一种改编模式,其中大部分是改编者自己的创作,对于没有看过鲁迅原著小说的人来说,难免会对鲁迅作品的理解产生偏差,对鲁迅的认识产生偏差。但王云根改编的莲花落《阿Q与辫子》《阿Q进城》显然还保留有鲁迅先生所批判的东西以及鲁迅先生的深刻思想,比如上文提到的对精神胜利法的批判、对封建社会的批判等。在此基础上,艺术家又加入了自己的东西,抒发了时代的声音。因此,这两部作品在不完全抛弃原著思想的同时又有了更多现实意义,显然属于比较成功的改编。

注释

［1］王云根:《王云根文集》(第六卷),中国文联出版社2017年版,第41页。
［2］王云根:《王云根文集》(第六卷),中国文联出版社2017年版,第42页。
［3］鲁迅:《鲁迅全集》(第一卷),人民文学出版社2005年版,第520页。
［4］沈庆利:《从"游民"向"流氓"的歧变阿Q形象的"游民文化"视角解读》,《中国现代文学研究丛刊》2003年第4期。
［5］鲁迅:《鲁迅全集》(第一卷),人民文学出版社2005年版,第522页。
［6］王云根:《王云根文集》(第六卷),中国文联出版社2017年版,第13页。
［7］王云根:《王云根文集》(第六卷),中国文联出版社2017年版,第13页。
［8］王云根:《花开花落:绍兴莲花落》,浙江文艺出版社1992年版,第199页。
［9］王云根:《花开花落:绍兴莲花落》,浙江文艺出版社1992年版,第177—178页。
［10］成艳军:《〈阿Q正传〉改编研究》,河南大学硕士学位论文,2009年。
［11］张福贵、周珉佳:《小说与话剧文本转换的现代性表达——关于新世纪话剧的文本考察》,《求是学刊》2013年第3期。

[基金项目：2022年浙江省大学生科技创新活动计划暨新苗人才项目：弘扬"浙学"人文精神　促进和谐社会建设——基于王阳明与鲁迅人文思想的考察与研究(2022R432A001)；教育部人文社科研究项目"中日文化交流中的'文学者鲁迅'研究"(17YJC751062)]

书评

论黄乔生《〈阿Q正传〉笺注》的学术价值

古大勇　绍兴文理学院

2021年是鲁迅先生诞辰140周年，也是其代表作《阿Q正传》发表100周年，产生了不少有关《阿Q正传》的优秀研究成果。其中，黄乔生先生的《〈阿Q正传〉笺注》（以下简称"黄笺"）就是向这两个特殊纪念日的"献礼"之作。黄乔生长年从事鲁迅研究，著作等身，成就卓著，享誉学界。他为人谦和低调，性格温润有君子之风，因此，无论是为学、为文、还是为人，在鲁迅研究界备受好评，是中国鲁迅研究领域的旗帜性人物之一。因此，他的学术方向在鲁迅研究界具有一种引领作用，确切地说，他对《阿Q正传》笺注研究方式的提倡和身体力行，似乎在发出一种信号——要重视对于鲁迅的普及与推广。关于《阿Q正传》的笺注，之前的徐懋庸、李何林和郑子瑜都曾做过，其中影响比较大的是郑子瑜的《〈阿Q正传〉郑笺》。徐懋庸、李何林的笺注完成于新时期之前，郑子瑜的笺注虽然出版于20世纪90年代，但早在1942年之前就完稿。三本笺注都完成于数十年前，由于时代、资料文献、文化语境等诸多原因，留下一些缺陷，需要提高完善。除了《阿Q正传》笺注外，其他鲁迅作品的详细笺注有1982年出版的赵瑞蕻《鲁迅〈摩罗诗力说〉注释·今译·解说》等个别著作。总之，在新时期以来的40年时间里，鲁迅作品的笺注研究传统似乎被遗忘，"黄笺"的"问世"可以视为对这一研究传统回归的呼唤。目前的鲁迅研究重视理论研究，轻视鲁迅的普及与推广，也很少将鲁迅研究的成果转化到普及工作中去，造成鲁迅研究成果利用率不高的现象。另外,当下从事鲁迅研究的人员主要以"学院派"的高校教师为主,他们受到现行学术评价体制的影响,多以发表核心期刊论文为目标,完成上级考核任务,因此,对于鲁迅的普及与推广并不太热心。正是在这种大背景下,黄乔生的学术选择无疑具有正面引领作用,启发广大学人尽量摆脱功利性的评价体制,多做一些鲁迅普及与推广工作,这是利国利民、功在千秋的好事。细读该著,有以下几点学术价值。

一、现代经典"笺注"理论方法的自觉探索建构

什么是笺注?《现代汉语词典》的解释是"古书的注释"。按照此解释,笺注的范围和对象是古代的典籍文献,而对现代经典文学进行笺注极为少见。笔者所知仅有对鲁迅等极个别作家的笺注,而在郑子瑜和赵瑞蕻等之后,也已经多年不见对鲁迅作品进行专题性的笺注著作了。因此,笔者认为,学界应重视打破笺注范围局限于古代典籍文献,将现代经典囊括进来的思路。"黄笺"就是这一思路的落实与践履。在"黄笺"的后记中以及一篇访谈录中,黄乔生交代了笺注的动机、对象、目的、任务与方法等,自觉进行现代经典"笺注"理论的探索与建构。具体而言,他做笺注的动机是给经典"以最高待遇",笺注的阅读对象"首先设想成外国人",因为,"外国人对中国文化和鲁迅时代的现实是陌生的,需要背景知识的介绍和各种名物的释义";[1]当然,笺注的阅读对象最终还是中国读者,"中国读者因为熟悉鲁迅,没有陌生感和新奇感,反而不能对《阿Q正传》做细致和深入的思考。"[2]笺注的首要目的是"回到鲁迅的本意",笺注更重要的任务是"阐释作品中人物行动的思想根源、心理动机"。[3]另外,"笺注不但考虑到版本差异,考订不同版本之间的错漏与讹误,一项重要的任务是对古典和'今典'的阐释,也要顾及方言土语运用与方言读音问题","借助小说文本细节深入到中外深层文化心理中,进行比照和汇通";"笺注常以日、法、英等外文译本

作为参照,尝试以跨文化视角,通过对原著和译本的比对分析,对小说的语言和文化含义进行新的观照"。[4]

关于笺注到什么程度为好?黄乔生担忧"注释文字太多会淹没原著的精彩,喧宾夺主,啰唆夹缠。"[5]因此,他认为笺注达到恰到好处的程度最宜。关于笺注的方法,黄笺事实上采用了双重的笺注方法,即在传统的文字笺注之外,还辅助以图片式"准笺注"的方法。这样既能对文字笺注起到辅助说明作用,也显得笺注内容图文并茂,生动活泼,增加直观感和可读性,形成本书的一大特色。图片式"准笺注"方式下文专门论述,此处交代文字笺注的方法,主要有以下几种:"以鲁笺鲁"(以鲁迅本人的话来自注)、相关人物旁注、本著作者笺注、引用文献笺注等方式,或者独立运用某种方法,或者两种乃至多种方法综合运用。以第四章《恋爱》的悲剧》中的笺注为例,对于"但赵府上晚饭早,虽说定例不准掌灯"一句话的笺注如下:

> 周建人在《鲁迅故家的败落》一书中写道:"我祖父在晚年时,也曾和我讲起他的母亲,总说她对人严正,即使他是独子,也毫不宽容。小时候贪玩是不行的,书读不好也是不行的。他从不敢懈怠偷懒。后来他娶了孙夫人,她对儿子媳妇仍然极为严厉。他对我讲了一个故事。他说,那是结婚不久的一个晚上,他和孙夫人在房里谈天,点了油灯。他母亲拿着一把长柄芭蕉扇,上楼来说:'天这么晚了,好睡觉了! 点着灯干什么,又不看书,还是省省吧!'说罢,拿起芭蕉扇,'呼'地把油灯扇灭,才下楼去。天一亮如果他们还不起床,她又在楼下大声说:'天亮了,还不起来! 落在讨饭船,是讨饭的命,学什么大户人家的样子!'所以我的祖父从小到大不敢偷懒。"赵家如此,周家亦然。

这里引用了周建人的相关论述,运用的是相关人物旁注的方法。

如对于"男女之大防",作了以下笺注:

指封建礼教对男女之间所规定的严格界限。如《礼记·内则》说:"男子居外,女子居内。"《孟子·离娄》说:"男女授受不亲。"儒家针对"男女之大防"有"男女七岁不同席"的明训,近代官绅又根据新形势制定了男女不同泳、不同行等规矩和法令。山东军政首脑张宗昌"维持风化"的时候,明令禁止女学生往游艺场和公园。鲁迅讽刺说:"钻进山东,连自己也数不清金钱和兵丁和姨太太的数目了的张宗昌将军,则重刻了《十三经》,而且把圣道看作可以由肉体关系来传染的花柳病一样的东西,拿一个孔子后裔的谁来做了自己的女婿。"(《在现代中国的孔夫子》)更有甚者,如鲁迅《坚壁清野主义》一文指出:"至于一到名儒,则家里的男女也不给容易见面,霍渭厓的《家训》里,就有那非常麻烦的分隔男女的房子构造图。似乎有志于圣贤者,便是自己的家里也应该看作游艺场和公园。"鲁迅认为:"要风化好,是在解放人性,普及教育,尤其是性教育,这正是教育者所当为之事,'收起来'却是管牢监的禁卒哥哥的专门。况且社会上的事不比牢监那样简单,修了长城,胡人仍然源源而至,深沟高垒,都没有用处的。"

这里引用了《孟子·离娄》《礼记·内则》等文献以及鲁迅本人著述的内容,运用的是引用文献笺注、以鲁笺鲁相结合的方法。

对于阿Q和吴妈谈天时吴妈说的一句话:"太太这两天没有吃饭哩,因为老爷要买一个小的……"作了以下笺注:

鲁迅在《我之节烈观》中批评中国"是女应守节男子却可多妻的社会"。男子纳妾是社会地位高、生活富足的象征,不但不受谴责,反而能得到艳美和推崇。林语堂在《辜鸿铭》一

224

文中谈到辜鸿铭"解妾字为立女,妾者靠手也(elbow-rest),所以供男人倦时作手靠也"。"辜曾向二位美国女子作此说。女子驳曰:'岂有此理?如此说,女子倦时,又何尝不可将男人作手靠?男人既可多妾多手靠,女子何以不可多夫乎?'言下甚为得见,以为辜辞穷理屈矣。不意辜回答曰:'否否。汝曾见一个茶壶配四只茶杯,但世上岂有一个茶杯配四个茶壶者乎?'"不过,人非茶杯,而有感情,一夫多妻的家庭,年老色衰但拥有家政大权的正妻总不免要吃醋,妻妾争宠,演出很多惨剧和闹剧。鲁迅在此于不经意间(更可能是刻意安排)将多妻主义的罪恶与阿Q的原始直白的求爱做了对比。

这里引用了鲁迅《我之节烈观》和林语堂《辜鸿铭》中的相关论述,黄乔生也对之作出相关评价,运用的是以鲁笺鲁、相关人物旁注、本著作者笺注相结合的方法。纵观全书,以鲁笺鲁的方法运用得较为丰富。

二、独特创新:文字笺注为主和图片式"准笺注"为辅的双重笺注方法

郑子瑜的《〈阿Q正传〉郑笺》中没有插图,与之相比,"黄笺"在各章正文内容中穿插了大量的插图(见表1)。这些插图虽然不是标准的笺注,但它的出现也是为理解正文思想内容服务的,与文字笺注达到相同的效果,因此,可以视为一种"准笺注"方式。插图所涉及的内容大部分是《阿Q正传》故事的核心事件,如果将此插图前后连贯起来,可以看出小说完整的叙事演进脉络。同时,这些插图有的是为小说中的语汇进行注释,如第二章对"土谷祠"一词进行文字笺注,则配了一张"土谷祠"的图片,对文字笺注进行辅助性说明,这种直观的方式能让读者更容易理解词汇内涵。关于《阿Q正传》这些图片,黄乔生显然作了精选,图片的作

者既有现代的,也有当代的;在作者国籍上,主要是中国人,但也有苏联作者;既有鲁迅自己的画作,也有如丰子恺、瞿秋白等知名人士的画作,甚至还选用智利作者的画作;在画作的形式上,有素描、木刻、漫画、版画、国画等多种形式。

另外,关于同一内容的画作,"黄笺"选取了不同作者的画作同时呈现,读者可以通过比较看出其中的差别,笺注者也对这种差别进行解释说明:例如阿Q被"枪毙"场面,分别选用了丰子恺和刘建庵的作品,笺注者认为:"枪毙是一种极刑,旧法是砍头,新法是枪毙。有的画家画士兵举枪面对犯人,有的画从背后执行。刘建庵是在战争时期创作《阿Q的造像》的,有实地观察经验。他在书的扉页上拟了这样一段话:'为了抗战,为了胜利,我们需要时时刻刻枪毙阿Q。'而丰子恺画笔下的画面意味深长:阿Q还没有完全倒地,就有两个人抬着棺材到他身边。这固然可以理解为丰子恺身为居士,对横死之人心怀慈悲,但更可能是民间的一种制度(规矩):即便是无亲无故无后的阿Q,社会也有义务让他入土为安。"[6]笺注者联系两位画作作者不同的身份和所处时代环境准确地诠释了两部画作的差别。再如阿Q"求爱"场面,笺注者选用了丰子恺、刘建庵、郭士奇、(苏联)科冈分别创作的4幅作品,比较分析其特点和优劣:"最精彩的是丰子恺的漫画,不但画出了'一刹时中很寂然',还画了装着白菜的吊篮和一只回首张望的猫,比苏联画家(科冈)一条板凳两个人的画面生活气息浓厚得多。"[7]当然,笺注者并不因为丰子恺的名家身份就强调他的高人一等之处,也在比较的视阈中指出了丰子恺个别画作的瑕疵,如在"'嚓'的动作"场面中,选用了丰子恺、郭士奇的两幅画作,在比较中指出:"'嚓!'模拟大刀向王胡脖颈上砍去,是阿Q一生最得意的时刻,不但充分显示自己见闻广博,而且遂了'复仇'的夙愿。丰子恺画中阿Q坐在条凳上演示砍头动作,气势就显得弱一些了。"[8]笺注者指出了丰子恺描绘的阿Q在模拟砍头时气势不足的缺憾。

除了比较辨析之外，笺注者还直接对画作优点和缺憾进行说明或评价，如"阿Q想女人"的场面，选用了刘建庵、郭士奇的作品，笺注者对此评价如下："阿Q在土谷祠里思考解决'无后'问题的办法，直白地说，就是想女人。这是不大容易描绘的场景。阿Q'家'徒四壁，且不识字，画家不可能从'自有颜如玉'的书上做文章，土谷祠的墙上也不可能有美人画之类。无奈，都只好着力表现鲁迅特意强调的阿Q的两个手指。但或张开或捏紧的手指，加上一点儿痴迷的表情，是难以表现出阿Q获得的'滑腻感'的。"[9]这里，笺注者既指出"阿Q想女人"画面表现的难度，同时也指出两幅画作在表现效果上的欠缺与不足。而对于刘岘的"阿Q像"，笺注者既肯定"刘岘将他（阿Q）画得壮实也不无道理"，也提出"面部表情还可以少些'凶相'的建议"，[10]认为刘岘将阿Q的面相画得过于凶悍了。

三、"黄笺"对"郑笺"的诸多超越

徐懋庸、李何林的笺注完成于改革开放前，较注重从阶级的、革命的视角解读阿Q。郑子瑜的《〈阿Q正传〉郑笺》则是在1942年完稿于南洋，其解读较少受到意识形态的影响。黄乔生先生在撰写笺注的时候，并没有忽略"郑笺"的存在，而是将此作为一种参照，并且在笺注的时候适当引用"郑笺"中一些可取的内容，[11]他还说："'郑笺'的新意在于他的注释多从文化的角度着眼，符合鲁迅本意。我的笺注沿着这条道路走，汲取他的一些成果，希望更充分地挖掘和展现这部名著的文化含量，有的地方有与'郑笺'的对话。"[12]这些都表明了他对前人劳动成果的尊重。但"黄笺"在借鉴与对话之外，更有独创与超越，主要表现在以下几点：一、如上所述，"郑笺"中没有插图，这样会显得单调呆板，不如"黄笺"生动活泼，容易理解。黄乔生先生曾撰写过《鲁迅图传》《鲁迅像传》等著作，在图片运用方面更具有优势。二、"郑笺"的笺注方式

表 1 笺注鲁迅文章中的插图

项目章节	"序"	《优胜记略》	《续优胜记略》	《恋爱的悲剧》	《生计问题》	《从中兴到末路》	《革命》	《不准革命》	《大团圆》
图片	不准姓赵(2幅)、阿Q像、阿Q像、我手执钢鞭将你打	土谷祠、阿Q像(2幅)、《中法战争剧社首次公演特刊》封面、阿Q被打(2幅)、赌博示意图	捉虱(2幅)、被王胡打败(2幅)、被假洋鬼子打(4幅)、调戏小尼姑(2幅)	阿Q想女人(2幅)、求爱(2幅)、求爱遭打(2幅)、地保教训(2幅)、磕头赔罪(2幅)	龙虎斗(2幅)、偷萝卜(3幅)	"嚓"的动作(2幅)、现钱打酒、买绸裙、发财、偷窃	造反、昂头革命、姿态傲慢、总比我有、做梦(2幅)、到尼姑庵革命(2幅)、革命打尼姑、革了宣德炉	剪辫、柿油党和银桃子(4幅)、不准革命(2幅)	抓捕阿Q(2幅)、阿Q画圈(3幅,另附智利版画"阿Q画圈")、"审判"、示众、枪毙(2幅)
作者	刘建庵、郭士岷、闻青、瞿秋白	蒋兆和、史铁尔、丰子恺、刘建庵、刘岘、郭士奇、鲁迅	刘建庵、郭士奇、(苏联)、丰子恺、铁耕	刘建庵、郭士奇、(苏联)、科冈、(苏联)兖拉甫谦科	丰子恺、郭建庵、刘建奇	丰子恺、郭士奇刘建庵	刘建庵、郭士奇、(苏联)科冈、刘岘、丰子恺	丰子恺、郭建庵、郭士奇、(苏联)科冈	丰子恺、刘建庵、郭士奇、智利作者(佚名)

相对单一,"黄笺"的笺注方式相对多元化。郑子瑜在"郑笺"的"附记"中说:"郑笺既是以鲁迅的杂文为主来注解鲁迅的小说之代表作《阿Q正传》,当足以帮助读者对《阿Q正传》的了解,实有刊行问世的必要和意义。"[13]但正如上文所述,"黄笺"是多种方法的综合运用,而"郑笺"则是"以鲁迅的杂文为主来注解"的"以鲁笺鲁"方式。三、"黄笺"较"郑笺"的笺注内容更全面一些。例如,在小说第一章有一句"'内传'在哪里呢,倘用'内传',阿Q又决不是神仙。"郑子瑜只对"神仙"作了注释,而对"内传"没有笺注。而"黄笺"对此则作了注释:"鲁迅对日文译者山上正义的解释是:'昔日道士写仙人的事多以'内传'题名"。[14]"内传"是一个令读者感到生疏的名词,有必要注释,"郑笺"却忽略了,这反映了"郑笺"在笺注内容的广度和覆盖面方面还有待扩展。"郑笺"一共作了323条注释,"黄笺"一共作了364条注释,从表面上看,"黄笺"注释的数量比"郑笺"超出不多,但其笺注的深度和广度事实上更体现在每个笺注条目的具体内容上。如"黄笺"对"柿油党""三百大钱九二串"等名词的笺注,引用日、法、英译本中的译语进行跨文化视角的比较分析,而"郑笺"对于这两个词汇虽有简单注释,但没有前者跨文化比较的内容,知识视野显得较为局促狭窄。四、"黄笺"在笺注的过程中,有机吸收了学界一些有关鲁迅研究的前沿成果,所以部分笺注内容能做到与时俱进,更有新意;而"郑笺"因为产生于20世纪40年代的南洋,相关研究成果缺乏,可参考的资源较少,因此,在笺注内容的新意和时代性方面不如"黄笺"。总之,在注释的全面、丰富、细致、深入、严谨、审慎、有新意,以及笺注方法和形式的多样化方面,"黄笺"无疑是超越了"郑笺"。

四、结语

黄乔生是"陪了鲁迅一辈子"的学者,已经出版《度尽劫波——周氏三兄弟》《鲁迅与胡风》《鲁迅图传》《鲁迅像传》《鲁迅:

战士与文人》《八道湾十一号》《鲁迅年谱》《〈阿Q正传〉笺注》等鲁迅研究著作,编辑出版《回望鲁迅》(22卷)、《鲁迅藏外国名著插图本》(4卷)、《鲁迅藏外国版画全集》(5卷)、《鲁迅藏拓本全集》(12卷)等鲁迅研究史料丛书,参与策划《鲁迅生平展》《鲁迅的艺术世界》等展览。"陪了鲁迅一辈子"具有两个层面的内涵:一方面,"陪了鲁迅一辈子"表明对研究对象鲁迅本身的痴迷与热爱。研究对象鲁迅的深邃博大和无穷魅力深深吸引了研究者,甚至在研究者那里,鲁迅不是一个冰冷的客观研究对象,而是与研究者产生精神共振与生命共鸣的对象,研究者在鲁迅的精神世界中找到自己、发现自己,通过鲁迅来获得生命体验。我们把鲁迅研究群体分为两类,一类是依靠鲁迅"吃饭"的研究者,一类是依靠鲁迅来满足内在生命需要的研究者。前者众多,后者罕见。前者是"著书都为稻粱谋",鲁迅只是研究者"稻粱谋"的工具,鲁迅可以作为这个工具,其他研究对象也可以代替。而后者的鲁迅研究更多的是源于生命内部精神层面的满足,因此,鲁迅作为研究对象是不可替代的。按照这种划分,黄乔生大致属于后一类,他毕生对于鲁迅研究不离不弃,"纠缠如毒蛇、执着如怨鬼",恐怕更源自个体内在生命的需要。另一方面,"陪了鲁迅一辈子"说明学术研究要专。人的一生精力是有限的,除非那些少数天才型的学者,能一生在数个领域都能取得不凡成就,而对于大多数学者来说,只要能在一个研究领域取得突破就已经非常不错了。很多学者没有研究定力,紧跟时代风潮做研究,辗转多个研究领域,但最终却无所建树。在这个意义上来说,黄乔生先生"陪了鲁迅一辈子"学术之路对后来者不无借鉴参照意义:即使我们不能做到与研究对象产生生命共鸣,即使把研究当成"稻粱谋"的工具,我们也要有"陪了鲁迅一辈子"的那种持之以恒的定力和专心。

注释

[1] 黄乔生:《〈阿Q正传〉笺注》,商务印书馆2022年版,第196页。
[2] 黄乔生:《〈阿Q正传〉笺注》,商务印书馆2022年版,第197页。
[3][5] 黄乔生:《〈阿Q正传〉笺注》,商务印书馆2022年版,第199页。
[4][12] 李霞:《鲁迅博物馆常务副馆长黄乔生:经典〈阿Q正传〉经得起时间的磨洗》,《长江日报》2022年6月21日。
[6] 黄乔生:《〈阿Q正传〉笺注》,商务印书馆2022年版,第191页。
[7] 黄乔生:《〈阿Q正传〉笺注》,商务印书馆2022年版,第84页。
[8] 黄乔生:《〈阿Q正传〉笺注》,商务印书馆2022年版,第118页。
[9] 黄乔生:《〈阿Q正传〉笺注》,商务印书馆2022年版,第75页。
[10] 黄乔生:《〈阿Q正传〉笺注》,商务印书馆2022年版,第13页。
[11] 如在第四章"恋爱的悲剧"中,对于阿Q看到一男一女在那里讲话,阿Q"或在冷僻处,便从后面掷一块小石头","黄笺"作以下笺注:"专门惩治伤了风化的女人的方法很多很普遍。新加坡文史学者郑子瑜说他的家乡福建龙溪就有'尼姑和尚某,个个八大斗,如何教示她,掷块大石头!'的民谣。阿Q向小尼姑扔小石头,只是表达不满或嫉妒,不是真的审判和惩罚,与用石头砸死相比,就是小巫见大巫了。"这里提到的龙溪民谣就是"郑笺"中所写到的内容。再如,阿Q因为调戏小尼姑而挨了秀才的大竹杠,"黄笺"作以下笺注:"郑子瑜在《〈阿Q正传〉》中认为欧美人一定看不懂这个情节:'他们会发生这样的疑问:男佣人向女佣人求爱,女佣人不答应,也就罢了,这和主人有什么关系?为什么主人却要打他?怎么可以打他呢?但是中国的读者却可以不言而喻,而且以为打他也是应该的。中国人和欧美人的观感,就有这样的不同。'这差异耐人寻味,也发人深思。"
[13] (新加坡)郑子瑜:《〈阿Q正传〉郑笺》,中国社会科学出版社1998年版,第15页。
[14] 黄乔生:《〈阿Q正传〉笺注》,商务印书馆2022年版,第6页。

[基金项目:2022年国家社科基金后期资助项目"鲁迅在台港澳暨海外华人文化圈的接受研究"(编号 22FZWB098)阶段性成果]

鲁迅活动采撷

绍兴市推进全域文化繁荣、全民精神富有路径研究
——以绍兴鲁迅故里为例

绍兴市鲁迅研究会课题组

作为中国近现代史上的丰碑，鲁迅先生的生平、著作、思想和精神，正是我国先进文化的杰出代表，毛泽东同志曾评价："鲁迅的方向，就是中华民族新文化的方向。"无论是近代还是当下，在国内或国外，鲁迅的思想精神都拥有着强大的凝聚力和号召力。

2022年6月的浙江省第十五次党代会报告中明确提出"着力推进全域文化繁荣全民精神富有"的主要任务，强调要"推行以精神富有为标志的文化发展模式，增强先进文化凝聚力，在共同富裕中实现精神富有，在现代化先行中实现文化先行"。鲁迅的思想与精神正是极具标志性意义的先进文化的代表，对增强民族认同感、凝聚力有着十分重要的意义。加强鲁迅思想精神的传播与普及，正是对"全域文化繁荣"和"全民精神富有"等理念的积极践行。

一、鲁迅思想精神传播普及情况概述

鲁迅逝世后，绍兴、南京、北京、厦门、广州、上海6座鲁迅生活过的城市，陆续成立了鲁迅博物馆、纪念馆。其中，在鲁迅出生和成长的故土上建起的绍兴鲁迅纪念馆，始建于1953年，是浙江省成立的第一个人文类纪念馆。绍兴是鲁迅一生履痕的起点。一

方水土养一方人,稽山镜水哺育了鲁迅,越中先贤滋养了鲁迅,绍兴鲁迅纪念馆(以下简称"我馆")也因此拥有了区别于其他鲁迅纪念馆的特色和关键。

这里拥有非常丰富的鲁迅思想精神积淀与文化资源。不仅有鲁迅祖居、鲁迅故居、百草园、三味书屋、土谷祠等实景陈列,还有鲁迅生平事迹陈列厅、鲁迅笔下风情园等系统展示鲁迅文化的载体,馆内还珍藏着大量与鲁迅相关的文物、史料。每年有数百万海内外鲁迅文化拥趸来到这里,瞻仰鲁迅,走近鲁迅,读懂鲁迅。

建馆70年来,我馆始终坚守"弘扬先进文化,打造精神家园"的初心,为海内外观众守护好、传承好、利用好鲁迅文化精神富矿。2002年,《历史街区保护规划》审慎实施,我馆扩容为鲁迅故里景区。2008年6月起,景区整体免费开放,破除了门票壁垒,原先被80元一张的门票拦在门外的低收入者,如外来建设者、普通工薪阶层成为免费开放的最大受益者。免费开放第一年,景区的年接待量即从85万人增长至135万人,之后每年的游客量均在200万人左右。2018年9月起,我们打破了时间限制,将景区的开放时间延长至21:00,开创全国重点文物保护单位晚间开放之先河。近年来,我们陆续获得了全国爱国主义教育基地、全国红色旅游经典景区、国家5A级旅游景区等10余项国字号荣誉,赢得了社会各界的广泛赞誉。

就近年的接待数据统计来看,走进绍兴鲁迅纪念馆参观的观众,其年龄结构、客源地等都呈现出多样化的趋势,既有学生游,又有亲子游,省外、境外观众也占了显著的比例,由此可见,伴随着免费开放、晚间开放的脚步,越来越多的人得以畅享这里蕴藏的优质文化资源。这是我们在推进全域文化繁荣、全民精神富有方面所做的实践和取得的成绩。

尽管我们在鲁迅思想精神的传播普及上已经做了不少尝试

和探索,也使得鲁迅思想精神的传播普及范围有了显著的拓展,但是,站在理论高度上的总结和提升仍比较缺乏,因此,本文试图通过对鲁迅思想精神的传播普及实践做理论层面的总结和提升,提炼有益经验并加以利用,让鲁迅文化薪火相传,让更多人走进故里、走近鲁迅、品读经典、接受熏陶。

二、全域文化繁荣、全民精神富有路径探索:以鲁迅文化符号为代表

自 2010 年以来,作为新疆阿克苏地区阿瓦提县的对口支援城市,绍兴市援助改建和扩建了阿瓦提县鲁迅幼儿园、全额投资建设了阿瓦提县鲁迅小学和鲁迅中学,在受援地实现了从学前教育到义务教育阶段的"鲁迅"系列学校全覆盖,还连续多年在绍阿两地学校开展"纪念鲁迅先生诞辰""鲁迅爱国思想线上同步教育"等系列活动,设立"鲁迅奖学金""鲁迅助学金"等。在这一过程中,我馆始终积极为之提供协助。我馆坚持持续推广鲁迅"立人"教育理念,在受援地不断扩大鲁迅文化品牌影响力,把鲁迅的精神风骨镌刻进校园文化。

此外,我馆还帮助绍兴鲁迅小学、树人小学和绍兴对口支援的四川马边彝族自治县民建小学、新疆阿瓦提县鲁迅小学等学校,建设校园里的百草园、三味书屋,把鲁迅笔下的著名场景还原在校园里,让学生们在教室也能感受百草园的盎然生机、三味书屋的浓浓书香。

在这些实践中,以鲁迅文化符号为代表的鲁迅思想精神得以更广泛的传播和普及,特别是在本地的鲁字号学校和对口支援城市的校园,鲁迅文化符号已经成为连接我们的馆藏鲁迅文化资源与中小学生的桥梁和纽带,也为全域文化繁荣、全民精神富有的践行提供了一种有益的尝试和借鉴。

三、全域文化繁荣、全民精神富有路径探索：
以鲁迅藏品资料为代表

我馆现有馆藏文物 6 500 余件，其中包含三级文物 109 件、二级文物 63 件、一级文物 50 件。丰富的馆藏资源，为我们实现全域文化繁荣、全民精神富有提供了支持与保障。我馆通过深挖藏品资料，精心策划推出了许多精品展览、学术书籍，如《绍兴鲁迅研究》学术年刊以及《鲁迅与他的乡人》《鲁迅与绍兴》等业务书籍。

从 2019 年至今，我馆共举办了鲁迅文化主题临展 26 个，如《五四潮　中国梦——鲁迅与同时代乡贤展》《经典的解读——赵延年《阿Q正传》木刻插图展》《方寸天下　黑白之美——鲁迅故里研学木刻藏书票展》《记忆星尘——周海婴摄影艺术展》《鲁迅的身影——原版照片珍藏展》《母亲大人膝下——鲁迅致母亲书信展》《期刊中的民国风——馆藏百年期刊展》等。这些展览不仅出现在纪念馆的展厅里，也走向了社区、校园、工厂、矿山和更多不同的省市和国度。如《回望经典——纪念鲁迅诞辰 140 周年版画展》《觉醒——赵延年木刻鲁迅题材作品原作展》等展览，就是在外地博物馆举办的。

尤为值得一提的是我馆结合党的百年华诞和鲁迅诞辰 140 周年，特别策划推出的《山河赤子心　岁月峥嵘行——鲁迅与共产党人》专题展以及配套的"五个一"宣教活动，即一个展览、一次宣誓、一堂党课、一片敬意、一份纪念，荣获了全国革命文物保护利用优秀案例、全国红色旅游发展典型案例、全国社会主义核心价值观主题展览重点推介项目等重量级大奖。

为了把红色的种子播撒至更广阔的空间，2023 年，我馆与同获社会主义核心价值观主题展览重点推介项目殊荣的南湖革命纪念馆一起，联合举办了重点项目的全省巡展。3月和5月，我们分别把展览送到了嘉兴和台州。此举显著拓展了鲁迅思想精神传播普及的广度和深度,让全省人民都能在家门口分享鲁迅的精神文化。

早在 2021 年,绍兴市援疆指挥部就计划在新疆当地的鲁迅中学里建起一座占地面积约为 350 平方米的鲁迅文化馆,以进一步弘扬鲁迅精神,传播鲁迅文化。为此,我馆抽调了专业的展陈研究人员,帮助确立了初步的展陈大纲、设计方案等。围绕"大先生鲁迅"的主题,我馆用"俯首甘为孺子牛""文章得失不由天""我以我血荐轩辕""心事浩茫连广宇"四个章节,系统地介绍了鲁迅的生平事迹、主要作品、精神内涵、评价影响等内容。作为一个建在校园里的展览,对于展陈内容的选取,我馆有意识地贴合了中学生的课堂教学实际和兴趣点,主要作品更多地选用教材中出现过的文章,展示鲁迅的精神则利用了更形象、更立体的真实故事。2023 年春,展陈团队还专程赴当地考察交流,充分听取了受援地的意见,并结合受援地的实际环境和需求,对展陈的内容和形式都作了相应的调整。

四、全域文化繁荣、全民精神富有路径探索: 以研学教育资源为代表

近年来,研学旅游越来越成为热门话题。仅 2019 年,我们就接待了超过 25 万名研学游学生。他们从全国各地乃至海外慕名而来,在这片鲁迅生活过的土地上,追寻文学巨匠的足迹。得天独厚的人文资源,构成了纪念馆研学业务的基石,近年来先后获得首批全国研学旅游示范基地、首批全国和浙江省中小学生研学实践教育基地、绍兴市非遗研学游基地等荣誉,为我馆的研学业务打开了新局面。

以研学为抓手,我们从"跟着课本游绍兴"品牌出发,立足资源优势和团队优势,不断探索创新,开拓研学业务,丰富文化内涵,提升服务品质,努力探索着全域文化繁荣、全民精神富有的个

性化的新路径。

以"名人＋研学"为核心理念,策划推出了许多特色鲜明的主题活动。其中最为核心的是"三味书屋·鲁迅故里研学游",它主要面向中小学生,以课本中的鲁迅作品为主线,结合实景资源、原状陈列和互动体验,为孩子们创造了趣味盎然的第二课堂。还有为党团员专设的鲁迅与共产党人专题党课,讲述鲁迅与28位共产党先驱的革命情谊,引领党团员们重温峥嵘、不忘初心。此外,我馆还陆续开设了一些小而美的特色课程,如"黑白世界的真善美"鲁迅特色藏书票拓印课:从鲁迅的木刻情结出发,独辟蹊径开展美学启蒙;"清正如镜照古今"清廉宣讲团:立足五廉并举,讲述清廉故事,打造清风廉旅。

在此基础上,我们编辑出版了《走近鲁迅》学生征文集、《只要能培一朵花》研学教案集锦、《走近鲁迅——鲁迅故里研学游》读本等专著,及时总结和宣介了研学业务的成果和经验,让更多读者从书本中汲取鲁迅文化精神的营养。2021年启动的鲁迅故里综合保护工程,规划范围约47公顷,总投资30亿元,其中的重要一环,就是开辟"研学游综合体",完成景区研学业务的迭代升级,也将为鲁迅思想精神的传播和共享打造一个全新的创意空间和辐射中心。

五、全域文化繁荣、全民精神富有路径探索：以文化服务产出为代表

我们立足与鲁迅文化基金会的交流和合作,充分利用基金会平台的辐射力和号召力,高质量输出鲁迅思想精神与文化服务,从而加快实现全域文化繁荣、全民精神富有。其中最为瞩目的成就是国际化高端学术交流项目"大师对话",至2023年,已举办10届,陆续沟通了法国、俄罗斯、印度、日本、意大利、德国、美国、爱尔兰、丹麦、匈牙利等10个国家,开展了丰富、务实、卓有成效的对

话,促进了以鲁迅为代表的中国文化界与世界各国顶级文豪的跨时空交流,得到中宣部的肯定,获得了中共浙江省委宣传部的文化创新奖。

2023年5月,常设展览《"大师对话:鲁迅对话世界文豪"十周年纪念展》在我馆隆重开幕,系统地展示了10年来"大师对话"的丰硕成果,吸引了大量观众的目光。今后,我们将继续扩张大师对话的版图,以鲁迅作为连接世界的文化符号,搭建更多古今中外优秀文化互通互鉴的桥梁,促进中外顶级文化交流,让不同形态的文化能"美美与共"。我馆还要借大师对话的契机,探索更多馆际、国际交流的有效途径,寻求与各国友好馆的深度合作与交流,如联办展览、出版书籍、友好互访、座谈研讨等,让绍兴鲁迅纪念馆真正成为具有国际视野的鲁迅文化朝圣地,让以鲁迅思想精神为代表的优秀文化,成为全域文化繁荣、全民精神富有的标杆。

此外,我馆还联合鲁迅文化基金会、越秀外国语学院等机构组织,实行"灯火计划"公益活动,为偏远、贫困地区输送优质文化资源;举办"鲁迅青少年文学奖"比赛,不断推广鲁迅文化的普及范围;举办"惜别·鲁迅与藤野先生中日云交流暨'藤野严九郎碑'落成40周年纪念活动",让鲁迅与藤野先生这段跨越重洋的师生情,在中日两国人民的心中激荡起更辽远的回声。

同时,我们也将目光聚焦到绍兴本地的名人文化资源上,计划开展绍兴版的"大师对话"活动,每年以鲁迅对话一位绍兴籍文化名人,目前已与绍兴文理学院、绍兴楚越文化研究中心、绍兴文理学院鲁迅研究社联合主办"古越精神:从大禹到鲁迅"青年学术工作坊、"精神丰碑:周恩来与鲁迅的红色遗产"青年学术论坛等。我馆还积极投身于城市惠民书屋的建设,在游客中心内建起了"大先生书房",并为塔山街道鲁迅故里党群服务中心的文化资源共享区块提供支持,躬行实践优质文化资源全民共享。

鲁迅,这位"燃一生的气血为民族的前行做火炬的人"[1],尽管已经远去半个多世纪,他的身影,却依然"如大星悬挂于苍穹,永远照耀着大地上那些艰难跋涉的求索者们"[2]。而我们作为鲁迅故乡的守门人,也正在努力践行着先生的"立人"思想,让鲁迅的思想精神成为火种,播撒到无穷的远方、无数的人们,实现全域文化繁荣、全民精神富有的美好愿景。

注释

[1][2] 马笑泉:《愧对先生》,《光明日报》2011年11月2日。

[本文系绍兴市哲学社会科学规划项目(2023年度指南课题)最终研究成果。项目编号:145340]

"古越精神:从大禹到鲁迅"青年学术工作坊

卓光平　绍兴文理学院
周玉儿　绍兴鲁迅纪念馆

绍兴有着 2500 余年的建城史,自古钟灵毓秀、文脉千年不绝,是著名的名士之乡。发源于绍兴的越文化不仅是中华优秀传统文化的重要组成部分,也是浙江文化的根脉。作为上古时代治水的英雄,大禹成了古越文明的文化原型之一,其流传在越地的神话传说也奠定了古越文明的文化特质。悠久的越文化孕育了文豪鲁迅,鲁迅也被视为近世越地文化的象征。作为越人,鲁迅对越人先祖大禹充满敬畏之情,他的一生中都有着很浓的"大禹情结",他不仅在年少时就阅读过有关大禹传说的书籍,登临过大禹陵,而且还做过相关研究,并创作了大禹治水题材小说《理水》。可以说,鲁迅不仅对大禹精神进行了深入发掘,而且还一直以继承与发扬大禹精神为己任。作为越地两位极具影响力的文化名人,大禹和鲁迅先后都成为越文化的代表性符号,他们的影响不仅遍及越地,而且至今仍对中国和世界有着广泛的影响。为了进一步探讨鲁迅与大禹之间的深厚联系,进一步诠释大禹、鲁迅与越文化的传承发展,进一步弘扬大禹文化和鲁迅精神,绍兴文理学院人文学院与绍兴市鲁迅研究会、绍兴楚越文化研究中心共同举办了"古越精神:从大禹到鲁迅"青年学术工作坊。

一、贯穿鲁迅一生的"大禹情结"

主持人: 大禹是一位生于古越大地的民族英雄,在口述传说、文献记载、考古研究的三重历史叙述话语系统的层层论证中,其中华民族精神文化原型的身份得到了毋庸置疑的肯定。作为越人,鲁迅不仅在年少时就阅读过有关大禹传说的书籍,还曾多次登临游览过大禹陵,而且还做过有关大禹的相关研究,并与顾颉刚就大禹的历史问题展开激烈的争辩,同时他还创作了大禹治水题材小说《理水》,可以说"大禹情结"贯穿了鲁迅的一生,大禹的精神也流淌在鲁迅的血液之中。

孙拉拉(绍兴文理学院人文学院硕士):鲁迅生于绍兴,他自幼便有许多机会了解大禹的故事,大禹的英雄事迹渗透在少年鲁迅的读书生活中。鲁迅6岁入私塾读书,桌上放的就是《鉴略》。在《鉴略》上卷"夏后氏纪"中记载了夏禹的一生功绩与德行。可以说,蒙学时期的鲁迅便已与大禹结下不解之缘了。鲁迅小时候在家塾读过《论语》《孟子》,在三味书屋还读过《易经》《诗经》《书经》《礼记》《左传》等。在《论语·泰伯》中,孔子十分推崇大禹的精神品格:"子曰:禹,吾无间然矣。菲饮食,而致孝乎鬼神;恶衣服,而致美乎黼冕;卑宫室,而尽力乎沟洫。"《孟子·滕文公》中,孟子以尧舜禹三帝时期治水之策为例,来解答滕文公如何治理国家的困惑,"禹疏九河,瀹济漯,而注诸海;决汝汉,排淮泗,而注之江,然后中国可得而食也。当是时也,禹八年于外,三过其门而不入,虽欲耕,得乎?"《诗经》中也有诗句赞扬大禹疏导洪水,助国家长治久安的功绩,"丰水东注,维禹之绩。"(《大雅·文王有声》)"洪水茫茫,禹敷下土方。"(《商颂·长发》)。大禹的功绩与德行早就融入鲁迅儿时阅读生活中,潜移默化地影响着鲁迅。

朱留星(绍兴文理学院人文学院硕士):在日本留学的鲁迅深受摩罗诗人的影响,这使他开始有意识地发掘越地文化血脉。回国以后,鲁迅在给许寿裳的信中提出"开拓越学,俾其曼衍,至于无疆"的主张。他也身体力行地致力于开拓越学,其中就包括《会稽郡故书杂集》的辑录工作。同时鲁迅对大禹文化的关注非常自觉,他在《会稽郡故书杂集序》中称留学日本10年以后回到绍兴,"禹勾践之遗迹故在"。但大禹之精神似乎被遗忘,因此他整理会稽郡故书,肯定其"叙述名德,著其贤能,记注陵泉,传其典实,使后人穆然有思古之情"。在这里,鲁迅高度评价绍兴先贤传扬大禹文化,充分显示出鲁迅对于大禹精神的推崇。在《越铎出世辞》中,他说于越"其民复存大禹卓苦勤劳之风"。这既是对《越铎日报》精神取向的指引,也是对大禹文化精神的提炼与宣扬。

田雨(绍兴文理学院人文学院硕士):鲁迅在青年时期,曾去大禹陵游玩过三次。第一次,1911年3月18日,他游禹祠,并在附近山上采集花草标本,且与打杂人交谈。在《辛亥游录》有写:"三月十八日,晴。出会稽山门可六七里,至于禹祠。老藓缘墙,败槁布地,二三农人坐阶石上。"第二次,1913年6月26日,他"晨同三弟至大路浙东旅馆,偕伍仲文乘周游兰亭,又游禹陵"。还有一次是在1914年12月,他在《〈会稽郡故书襟集〉序》中提到他在日本留学10年后回到绍兴,"禹勾践之遗迹故在"。这三次游玩大禹陵的经历烙印在鲁迅的记忆中,可见大禹在鲁迅心中的分量之重。作为鲁迅的爱人,许广平也在鲁迅的影响下表达了想去拜谒大禹陵的想法。鲁迅在1934年写给母亲的信中提道:"害马多年想看南镇及禹陵,今年亦因香市时适值天冷且雨,竟不能去。"由此可见,鲁迅对于大禹文化精神的推崇由己及人,他与大禹文化的渊源随着个人经历的厚重而愈加深远。

揭维舒(绍兴文理学院人文学院硕士):我们都知道,鲁迅不仅是一个文学家,更是一个功底深厚的学者。在1912—1917年,鲁迅抄古碑,辑录金石碑帖,校对古籍。他在1917年曾作《会稽禹庙窆石考》,这是对绍兴金石文物的一篇考证文章。傅斯年说"鲁迅先生毕生爱好金石文字之学",但"所撰写的金石考据专文并不很多",而《会稽禹庙窆石考》是"其中颇可宝贵的一篇"。鲁迅的《会稽禹庙窆石考》虽然写于1917年,但他对窆石的考证工作是早就开始了的。从1911年开始，鲁迅就不断地游览大禹陵。周建人曾说鲁迅以他的名字发表了两篇游记，其中一篇"记着生在会稽山的岩壁上的一叶兰的生活状况"。自此，鲁迅对大禹的关注就一直持续着，而他对大禹文化的研究也在悄然进行。

马丹芳（绍兴文理学院人文学院硕士）：鲁迅也将"大禹情结"贯穿在整个杂文写作中。当顾颉刚把"古先哲人"大禹形象进行虚化和否定时，鲁迅立刻为大禹辩护。在研究古史时，顾颉刚提出"大禹是一条虫"的论断，他引用《说文解字》认为禹即虫也，因此推断大禹是虚构不存在的，或许是从九鼎上的形象演变而来，这是基于专业考究而引发的一种学理推测。而鲁迅则在杂文、小说和通信里多次嘲讽顾颉刚的观点。鲁迅在《崇实》中谈道："禹是一条虫，那时的话我们且不谈罢，至于商周时代，这地方却确是已经有了的。"在《我们怎样教育儿童的》中，他也嘲讽："则其功德，当不在禹（虽然他也许不过是一条虫）下。"顺笔讥讽了这个观点。在与章廷谦的信件中，鲁迅用充满戏谑性的口吻写道："禹是虫，故无其人；据我最近之研究：迅盖禽也，亦无其人，鼻当可聊以自慰欤。"他批评顾颉刚的《古史辩》，认为里面只有破坏没有建设，已将古史"辩"成虚无。禹身上带有神话传说的色彩，这是远古时代的必然结果，顾颉刚所在的时代作出"禹是一条虫"的论断或许是一种"大胆的假设"，值得他人"小心的求证"。鲁迅自小就对大禹具有强烈的信仰，这是对历史文化的坚守与弘扬，他对大禹文化报以求真的态度进行考据，是自身"大禹情结"的生动表达。

汪佳妮（绍兴文理学院人文学院硕士）：鲁迅对大禹始终抱有深厚的情感。就在去世的1936年，鲁迅在小说《理水》中实现了他对于"大禹情结"的一次文学表达。小说虽以"大禹治水"的故事为主线，但大禹真正出场是在故事的后半段。在大禹出场之前，鲁迅以略带嘲讽的笔调描写了"绅士""学者""官员"等形象，而后出场的大禹和他们无疑形成了鲜明的对比。比起文化山上只知纸上谈兵的学者们,"面貌黑瘦"的大禹无疑是个一心为民的实干家。由于父亲鲧的治水失利,大禹治水的开端就受到了重重质疑。他在逆境中开局,但没有放弃,经过长期勘察研究,大胆地提出了"导"的治水方法,力排众议,将之实行下去,可见其不为任何人所动的坚定意志;在治水过程中,他体恤百姓,亲力亲为,让众人信服于他,可见其朴实、平易近人;治水成功,回京复命,大禹向舜进言,可见其大公无私、心系天下。纵观《理水》全篇,鲁迅直接描写大禹的笔墨并不多,大禹治水的经过也并未展开书写,但就在寥寥几笔之中,大禹这一民族脊梁的形象跃然纸上。

陈振宇(绍兴文理学人文学院本科生):鲁迅的"大禹情结"与其一生对神话的认知与研究有密切联系,"大禹情结"实际上也是鲁迅神话思想的衍生与发展。早在日留学期间,鲁迅便强调神话对于民族发展的重要性:"盖不知神话,即莫由解其艺文,暗艺文者,于内部文明何获焉。"将神话视为西方文明的源头,并肯定了中国神话"神思美富,益可自扬"。因而,鲁迅回国后便在绍兴禹陵、涂山等地考察大禹遗迹,发掘大禹文化遗存,整理会稽郡旧书。这不仅是鲁迅对大禹文化的重视与传扬,更是对其早期神话观的考证与践行。作为神话思想的文学实践,他借大禹治水的"因由"创作了小说《理水》。大禹神话是上古神话中的最具影响力的一部分,更是鲁迅神话思想的重要组成部分。

二、鲁迅如何自觉发扬大禹精神价值

主持人:作为越人,鲁迅对越地子民的先祖大禹充满了敬畏之情,大禹的精神也流淌在鲁迅的血液之中。因而,鲁迅不仅在精神人格和气质等许多地方与以大禹为代表的越地先民都是相通的,而且还从历史文化传承和现实的实际需要出发对以大禹为代表的越地先民的古越精神进行了自觉发掘、吸收和传承发扬。因此,我想请大家谈一谈鲁迅是如何立足越地子民、学者、杂文家和小说家等自身的立场和角度来自觉发扬大禹的精神价值的。

孙拉拉："独异性"是鲁迅思想的一个重要精神特征,其形成与鲁迅潜移默化地吸取大禹的反叛精神有关。《史记·卷二 夏本纪第二》中记载,尧舜时,九河不治,洪水泛滥。尧用鲧治水,鲧用雍堵之法,九年而无功。后来舜用禹治水,禹开九州,"通九道,陂九泽,度九山。"他疏通河道,因势利导,经过13年终克水患。《吴越春秋》也指出禹治理水患之法为"得通水之理"。由此可见,禹以反叛的眼光,将先人治理水患的方法从雍堵之法改为疏导之策,最终解决了困扰众人多年的难题。鲁迅亦延续了大禹身上的反叛精神,儿时的鲁迅在科举落榜之后,并未像大多数士大夫子弟去地方做幕友,也并未去经商,而是"走异地,逃异路,寻求别样的人们"(《〈呐喊〉自序》)。鲁迅又将此反叛精神进行创造性的转化,形成了独具鲁迅特色的"独异性"思想。

朱留星：大禹身上有着充分的古越先民的勤奋和斗争精神,在洪水泛滥之际,以大禹为代表的古越先民绝不低头放弃,而是顺应自然规律,在极为有限的条件中凭借不辞辛劳的勤奋奉献精神坚持因势利导、疏川导滞,力求从根本上消除水患,让天下人共享治水成果。鲁迅留日回国后不久,辛亥革命推翻封建王朝。但此时反封建的任务仍未结束,需要有无数具有大禹那般斗争精神的有识之士站出来维护来之不易的革命成果,不认输、不怯懦,誓要从根本上断绝反动势力在中国大地上复燃的可能。此时,鲁迅的"大禹情结"与他当时民主主义的政治热情是紧密结合的。

田雨：鲁迅以大禹文化作为启蒙国民的精神资源,具体表现在以下三个方面：第一,他带领民众祭祀大禹。1911年春天他任绍兴府中学堂监学时,曾率领师生佩戴白花祭祀大禹。在凭吊大禹的过程中追思大禹的功德,并以此感召和教育绍兴学子重视大禹精神,弘扬大禹文化。第二,他以大禹精神作为宣传导向。鲁迅在1912年1月3日为《越铎日报》创刊发创刊词时特别提出要坚守大禹卓苦勤劳之风气以自强,他写道:"于越故称无敌于天下,海岳精液,善生君异,后先络绎,展其殊才;其民复存大禹卓苦勤劳之风,同勾践坚确慷慨之志,力作治生,绰然足以自理。"第三,鲁迅精心考证大禹文化的遗存。1917年,鲁迅对大禹陵禹庙窆石进行考证并写下《会稽禹庙窆石考》:"此石碣世称窆石,在会稽禹庙中,高虑儠尺八尺九寸,上端有穿,径八寸五分,篆书三行在穿右下。"这些说明了鲁迅对大禹文化遗存的自觉关注,从青年时期游玩大禹陵再到后来专注于大禹文化遗存的守护,鲁迅对于大禹文化精神的体认由浅入深。

揭维舒:在鲁迅之前,已有历代学者对禹庙窆石进行了研究,但都认为窆石上篆书刻辞的原文"难以考证",甚至"不可读",可见此项工作的难度之大;但鲁迅在前人考证的基础上又辨认出"二又半字",共得"十七又半字"。鲁迅又对石上龙朝夫的题诗和序作了辨释,不仅根据字形辨识,还以意属读,对前人的考证结果进行了辨析和更正;不仅在前人基础上多识了3字,还辨异10字。窆石来历成谜,鲁迅也对此进行了考察。在传统的"碑桓""镇妖石""石船"三种说法外,结合阮元的考证,得出窆石是"碣"的结论,并指出窆石篆文为三国孙氏所刻,推翻了前人推测为汉代所刻的无由猜测。在《中国小说史图略》中,鲁迅对于大禹捉无支祁的故事进行了研究,梳理了其流变过程,破除了大禹身上的迷信色彩。鲁迅对于顾颉刚"禹是一条虫"的说法极为不满,在《理水》中讽刺其为一个迂腐愚昧的红鼻子学者,并对他把"禹"作"禺"来解释的观点进行了反驳。

马丹芳:鲁迅对大禹文化精神的传扬,一方面体现在他本人继承了大禹精神,另一方面则体现在他对大禹真实性的维护及其文化精神的传播上,这一点形象鲜明地体现在他与顾颉刚关于"禹是一条虫"的激烈论辩上。鲁迅笔下的大禹生活朴素、严于律己,面对治水的难题毫不畏惧、意志顽强,脚踏实地为民做事;身先士卒地冲在前线,吃苦耐劳的背后是他脚踏实地的付出;他提出改"湮"为"导"的治水方法,富有科学创新的精神和敢为人先的品质。鲁迅对于大禹精神和大禹文化的弘扬,是对中华民族英雄的礼赞和讴歌,他既是正统文化的强烈批判者,也是大禹文化的坚定守护者,显示了他对中华优秀传统文化的强烈自信与民族自豪。

汪佳妮:《理水》创作采用了古今杂糅的手法,而其中的大禹形象是完全贴合历史实际的,鲁迅自觉地发掘并发扬了可贵的大禹精神。在《理水》中,可以看到鲁迅是以《尚书·益稷》和《史记·夏本纪》的记载为依据对大禹展开的描写——大禹一回到帝都,不仅向舜帝汇报其治水的情形:洪水泛滥,下民深受其害。而且向舜帝进言"做皇帝要小心,安静。对天有良心,天才会仍旧给你好处"!并且说他"讨过老婆,四天就走",舍小家为大家,"生了阿启,也不当他儿子看。所以能够治了水,分作五圈,简直有五千里,计十二州,直到海边,立了五个头领,都很好。只是有苗可不行,你得留心点"!可以说,《理水》中大禹的一言一行,都能够在史书中找到依据,是鲁迅对于大禹形象进行的补全和合理还原。

陈振宇:以大禹文化为基本要素的神话思想为鲁迅民族自信与爱国精神的塑造起到了重要作用。在《破恶声论》中,鲁迅驳斥外人借口科学对中国"神龙"的毁谤,肯定中国神话的价值,反映出早年鲁迅通过神话树立的民族认同感与自信心。同样在《自题小像》中的"血荐轩辕"也取自上古神话中轩辕氏形象,表达其强烈的爱国热忱。1933 年,鲁迅的五言绝句《无题·禹域多飞将》中"禹域",典出大禹神话,代指中华大地,与第二句"蜗居"形成鲜明对比,勾勒出"禹域"被日本帝国主义与国民党消极抗日派蹂躏下的惨状,可见鲁迅对于古老中国的深切忧患,这在鲁迅所作的《理水》中有更具体的表现。

三、鲁迅"大禹情结"的生成原因

主持人：鲁迅的一生都有着很强的"大禹情结"，他也做过相关研究，并创作了大禹治水题材小说《理水》。那么鲁迅为什么会如此重视大禹这个历史人物，为何会不遗余力地发掘、研究和发扬大禹身上的古越精神，就这一点请大家谈一谈自己的理解和认识。

孙拉拉：沈瓞民在日本时曾赞扬鲁迅"斯越人也，有卧薪尝胆之遗风"。古越的精神传统熔铸在鲁迅的血脉中，对鲁迅的人格精神的养成有潜在的影响作用。而大禹与古越之间有很深的羁绊。《吴越春秋》："禹三十未娶，行到涂山，恐时之暮，失其度制，乃辞云：吾娶也，必有应矣。"后，禹娶涂山女。而据孔灵符《会稽记》中记载此山便是在绍兴，"永兴县东北九十里，有余山，传曰是涂山。"绍兴境内"夏履桥"得名亦与大禹相关，大禹治水途经此地，并于此丢失了一只履，此地先人感念大禹治水之功以此桥为纪。传说"夏禹治水，毕于了溪"（《嘉泰会稽志》），"了溪"便位于如今绍兴市所辖的嵊州市。除此之外，绍兴还有大禹陵、禹庙、禹祠等，越地的文化遗迹使少年时期的鲁迅便能从多方面深入了解大禹。在此熏陶之下，青年时期的鲁迅写出《会稽禹庙窆石考》，便是情理中的事。

朱留星：鲁迅的一生都抱有深厚的"大禹情结"，这与他是越地子民、骨子里流淌着越地之血是分不开的。《浙江潮》主编蒋百里曾在分析中指出："抑吾闻之，近于山者其人质而强，近于水者其人文以弱。"相较于处于水泽之乡、民风柔和纤巧的"吴"地，遍布山地的"越"地更为刚韧血性，越人有着强烈的粗犷、硬朗情调，骨子里有着坚韧不拔的斗争精神。鲁迅作为越地人，斗争精神的基因本就流淌在血液中，特别是禹的"卓苦之风"，勾践的"慷慨之志"在他身上都有明显地表现。鲁迅怀抱强烈的爱国主义精神，坚韧的战斗精神、硬骨头的气概、严谨的治学态度，都是对越先贤思想品格的积极的继承。鲁迅留日回国不久，面对神州大地的现状，他很快便看清了政治方向，决心向着一个目标奋勇地斗争下去，绝不中途投降妥协，与越人先祖大禹不认命、敢与天斗的斗争精神能得到完美地呼应与契合。

田雨：大禹文化遗存对鲁迅"大禹情结"生成的影响可从两个方面展开，一是环境熏陶；二是鲁迅对大禹文化的自觉追认。第一点是因为，大禹文化孕育在绍兴文化中，鲁迅作为绍兴人目之所及总能看到大禹文化的光影。光绪二十一年(1895年)，杭州副都统将军常恩奉旨致祭大禹。光绪二十五年(1899年)，重修禹庙完成，并立《重修大禹陵庙碑》，举行祭禹仪式和典礼。光绪二十九年(1903年)，杭州副都统将军常恩再次奉旨致祭大禹。第二点是因为，鲁迅自幼沐浴在大禹文化之中，对大禹文化精神具有强烈的民族认同感。鲁迅何以被称为"民族脊梁"，追溯其精神源流可以发现大禹文化对鲁迅"敢为人先"精神的启迪，而大禹文化中拼搏、忘我、谦卑、开拓等精神又在鲁迅的笔下得以延续。鲁迅与大禹的对话，不仅是两位智士跨越时空的思想碰撞，更是两种亘古弥新精神力量的聚集。

揭维舒：鲁迅对有关大禹讹传的纠正，不仅是他作为一个学者对待学术的审慎态度和专业素养，更是为了维护越地文化的两大源头之一的真实性。大禹是夏朝的开国之君，死后葬于会稽，会稽也因此建有禹陵、禹庙，他更是浙东"卓苦勤劳之风"的精神源头，鲁迅作为一个深受浙东文化浸染的绍兴之子，他对大禹的研究某种程度上来说是命运的回响。因此，他看到"禹勾践之遗迹故在。士女敖嬉，睥睨而过，殆将无所眷念"时，毅然以一个学者的身份站了出来，用自己的方式去守护大禹文化，守护这一份大禹精神。

马丹芳：鲁迅以正史的笔调维护大禹的光辉形象，与顾颉刚打了一场"笔墨官司",显示了他对大禹精神的恪守与传承。他批判了顾颉刚的"疑古主义",同时又修正关于大禹的虚妄传说,始终维护其精神的圣洁高地,其传扬的大禹精神是民族奋勇前进的力量源泉。他将大禹的文学原型进行了有意识的现代化,禹在这种层面上直接或间接地与现代人发生了错综复杂的联系,提供了源源不断的现代文化价值。鲁迅从禹的身份探究推论,赞颂他勤劳能干、一心为公的伟大精神;同时反讽了"文化山"上学者们的"空谈",将光怪陆离的荒诞上层世界与坚毅卓苦的平民世界进行了对比,更加烘托出大禹脚踏实地、艰苦实干的革命精神,将庄严的大禹圣像与普通的民间力量融会贯通。由此可见,这种"游戏笔墨"下的精神文化是对历史文化的一种尊重。作为越文化原型之一,大禹是中华民族文化的折射与表现,在历史与当下都极具启示意义。

汪佳妮:并不仅仅是鲁迅需要大禹,中华民族也需要大禹。鲁迅在民族危亡的时刻创作了《理水》,借大禹治水这个故事来映射当时肆虐17个省的洪灾,但比洪灾更可怕的,是中国当时所面临的日寇侵略危机。鲁迅以正史的笔调完成了对大禹形象的塑造,不仅显示其所具有的民族自信和民族自豪感,更在对比之中凸显出大禹的崇高的精神品质,这才是中华民族在生死存亡之际所应该传播的可贵品质。换而言之,大禹在当时无疑是一面振奋人心的旗帜。以当下的眼光观照大禹,可以发现他的身上体现了三种宝贵的民族精神:艰苦奋斗、坚韧不拔的创业精神;尊重自然、求真务实的科学精神;大公无私、造福于民的奉献精神。这三点是我们在新时期也应该学习并发扬光大的。

陈振宇:作为大禹文化的重要传承地,绍兴无疑为鲁迅"大禹情结"乃至"神话情结"的生成起到关键作用。一方面,绍兴大禹遗迹遗存之广、大禹传说保存之多、大禹精神传承之深,是全国之少有,鲁迅自然是从小对大禹不陌生。另一方面,保留在社戏、迎神赛会等民风民俗中的原始神话以及流传在绍兴民间的美女蛇、白蛇传等古老传说都将成为鲁迅"神话情结"的萌芽。

〔本文系 2019 年浙江省哲社规划项目："民族魂"鲁迅在少数民族中传播的文献汇集、整理与研究（1918—2018）（19NDJC125YB）；教育部人文社科研究项目"中日文化交流中的'文学者鲁迅'研究"（17YJC751062）阶段性成果〕

裘士雄·鲁迅文史资料

与鲁迅有关的人物像传(二)

裘士雄 绍兴市鲁迅研究会

一、藏书家丁丙

鲁迅在《古籍序跋集·〈唐宋传奇集〉稗边小缀》一文中说:"余所见者为影钞小草斋本,既录其传奇三篇,又以丁氏八千卷楼钞本校改(唐代沈亚之著的《沈下贤集》——笔者注)数字。"此处的"丁氏八千卷楼",是指清代丁申、丁丙兄弟继祖父丁国典而重建的藏书楼,也是鲁迅唯一一次间接谈及丁丙。

丁丙(1832—1899),字嘉鱼,又字松生,号松存,浙江钱塘(今杭州)人。清末著名藏书家。诸生,好学嗜书。咸丰十一年(1861年),太平军攻占杭州后,与兄丁申潜入文澜阁捡拾散残《四库全书》万余卷,整理后于光绪初年璧还文澜阁。同治年间,左宗棠收复杭州后委其善后。他总理赈抚、医药等局,设粥厂,浚西湖,颇有声誉。曾荐授江苏知县,不就。其祖原有名曰"八千卷楼"的藏书处,丁丙又增建善本室,总称嘉会堂,藏书更丰。他还充分

图1 丁丙

利用藏书,发挥其作用。除与丁申合辑《杭郡诗》三辑外,另撰《善本书室藏书志》四十卷、《松梦寮诗稿》、《北隅赘录》、《三塘渔唱》和《庚辛泣杭录》等。鲁迅在南京、北京工作之余,曾利用"丁氏八千卷楼钞本"辑校《谢承后汉书》等。

二、才女、作家石评梅

当时人称石评梅和吕碧城、张爱玲、萧红为"四大才女"。且人们对这位富有才华的女作家只活了20多岁表示惋惜。《两地书》1925年4月30日曾提到过她。当时,石评梅任《京报》附刊《妇女周刊》的编辑,为编该刊的周年纪念特号,特约鲁迅撰写《寡妇主义》一文,发表在纪念特号上。1926年8月26日下午,鲁迅离京南下,是日《鲁迅日记》就有"评梅来送"的记载。1928年9月30日,石评梅不幸英年早逝,鲁迅在10月12日写给章廷谦的信中也叹息:"据京报,评梅死了。"尽管鲁迅在作品中直接记载石评梅的就这一些,但是,石评梅曾是北京女子高等师范学校学生,与刘和珍、许广平均为要好的同学,她又积极参与和支持女师大风潮和"三一八"运动,与鲁迅的实际交往肯定更多。

图2 石评梅

石评梅(1902—1928),乳名心珠,名汝璧,笔名评梅、波微、漱雪、冰华、梦黛、林娜等,山西平定人,作家。她从小聪颖,自幼接受良好的家庭教育和学校教育,先后在山西太原师范附小、太原女子师范学校和北京女子高等师范学校读书。1923年完成学业后,她应聘北京师大附中,先后担任女子部学级主任、体育教员、国文教员,后又在春明女校、女一中、若瑟女校和师大等校任教。

1924年,她与陆晶清等编印《京报》附刊《妇女周刊》,她以犀利的笔触,揭露和抨击社会上的黑暗势力,激励妇女和人民的革命斗争,也得到鲁迅的关心和支持。1925年3月,与石评梅心心相印的共产党人高君宇病逝,对她的精神打击不小。他们俩的爱情曲折而坚定,在短暂的生命中散发出绚丽耀眼的光芒。在北京女师大风潮、上海"五卅"惨案、北京"三一八"惨案等大是大非面前,石评梅均表示严正的态度,以《妇女周刊》编辑部特别启事的方式,对"沪汉惨屠"表示愤慨之情;"三一八"翌日,她奔赴医院看望慰问陆晶清等伤员,在《京报副刊》上发表《血尸》檄文;参加女师大追悼刘和珍、杨德群大会;又在《京报副刊》发表《痛哭和珍》一文,怒吼道:"昨天的惨案,这也是放出野兽来噬人。""你的血虽然冷了,温暖了的是我们的热血,你的尸体虽然僵了,铸坚了的是我们的铁志。""我也愿将这残余的生命,追随你的英魂!"1926年上半年,石评梅又与陆晶清等编辑《世界日报》副刊《蔷薇周刊》。

石评梅的处女作是诗歌《夜行》,1921年12月20日在山西大学《新共和》刊物第一卷第一号发表。其作品较多。1928年12月逝世后不久,除《世界日报》印行《石评梅纪念刊》外,经庐隐、陆晶清等努力,编辑出版了她创作的小说、散文集《偶然草》和散文集《涛语》等书。20世纪80年代,北京书目文献出版社推出了《石评梅作品》(《散文》《诗歌·小说》《戏剧·游记·书信》)三卷。

三、无产阶级革命家、社会科学家、教育家成仿吾

成仿吾(1897—1984),原名勋,灏,笔名石厚生、芳坞、澄实等,湖南新化人。无产阶级革命家、教育家、社会科学家、翻译家、文学家,创造社主要成员之一,新文化运动的重要代表。成仿吾家学渊源,从小聪颖又养成刻苦好学的良习。少年时代随长兄东渡日本读书,很快掌握日语,此后又精通英、德、法、俄等多种语言。他在日本学过工、医,还在东京帝国大学学过兵器制造。不

过，成仿吾与许多当先进的中国知识分子一样，认为挽救危亡的祖国不能仅依靠科学技术，更重要的是努力提高民众的政治觉悟。于是，1921年，他与郭沫若、郁达夫等在上海组织文学团体"创造社"，创办《创造季刊》《创造周报》《创造日》等刊物，发表革命文学作品。介绍马克思主义文艺理论的同时，年轻气盛的成仿吾也伤害了同一营垒的鲁迅。他在《创造季刊》第2卷第2期上发表《〈呐喊〉的评论》一文，批评《阿Q正传》为浅薄的纪实的传记""描写虽佳，而结构极坏"。他还认为，《狂人日记》《孔乙己》《药》等亦均为"浅薄""庸俗"的"自然主义"作品，唯有《不周山》一篇"虽然也还有不能令人满足的地方"，却是作者"要进而入纯文艺的宫廷"的"杰作"。他甚至攻击鲁迅"倒是我们中国的堂·吉诃德——堂鲁迅！""我们中国的堂·吉诃德，不仅害了神经错乱与夸大妄想诸症，而且同时还在'醉眼陶然'；不仅见了风车要疑为神鬼，而且同时自己跌坐在虚构的神殿之上，在装作鬼神而沉入了恍惚的境地。"鲁迅也理所当然地作了回答，他在《故事新编·序》《二心集·"硬译"与"文学的阶段性"》《集外集·俄文译本〈阿Q正传〉序及著者自叙传略》《且介亭杂文二集·"题未定"草（五）》《三闲集·"醉眼"中的朦胧》《三闲集·我的态度气量和年纪》《集外集·〈奔流〉编校后记（七）》等文章均对成仿吾的批评有所回应。当时，社会背景和文坛错综复杂，成仿吾与鲁迅、茅盾、郑振铎、陈西滢等诸多人，与文学研究会、语丝社、礼拜六派等不少社团都发生过论战，既有文艺思想的争论，也有对作品的评论，还有可能是误解造成的。

图3 成仿吾

其实,鲁迅与成仿吾有合作的愿望,他们有多次合作的打算,最终还是走在一起。1927年"四一二"政变后不久,成仿吾远涉重洋到法国、德国,探求革命真理,毅然加入中国共产党,编印党组织机关刊物《赤光》,翻译《共产党宣言》……1931年7月,他回国后即赴鄂豫皖革命根据地担任省委宣传部部长、红安县委书记,同国民党反动派开展殊死斗争。当成仿吾受省委委派,历尽艰难险阻到上海就是通过鲁迅的帮助才找到党中央的,这亦足以说明他们在政治上的互信。1934年1月,他安全抵达瑞金,10月即参加了艰苦卓绝的二万五千里长征。在陕北,成仿吾任陕北公学鲁迅艺术学院院长。1937年鲁迅逝世一周年,他主持陕北公学纪念大会,请毛泽东发表《论鲁迅精神》讲演。翌年,他又作《纪念鲁迅》一文,高度评价鲁迅的历史功绩,带头并号召学习鲁迅精神。中华人民共和国成立后,成仿吾先后在东北师大、山东大学、中国人民大学等校任校长。

成仿吾谦虚地回顾自己的一生:"我是从文学革命到革命文学,从文化人到革命战士。"其实,他是党内不可多得的获有许多头衔的专家、学者。其著译甚丰。著作有《守岁》(小说)、《使命》(评论)、《流浪》(小说、诗)、《仿吾文存》(论文集)、《从文学革命到革命文学》(与郭沫若合作,论文集)、《文艺论评》(与郁达夫合作,论文集)、《新兴文艺论集》(论文、游记合集)、《长征回忆录》(回忆录)、《战火中的大学》(回忆录)、《成仿吾文集》等。译有《德国诗选》(与郭沫若合作)、《共产党宣言》(理论,与徐冰合作)等。

四、政学两界风云人物刘师培

在我国清末和民国前期的政学两界的风云人物中,刘师培可算一个。他只活了30岁,但在政治舞台上相当受人瞩目。他从革命党人、无政府主义者到清廷封疆大吏幕僚,后来成为"筹安会"六君子之一;他在学术舞台上连创佳绩,为近现代中国文学史研究留下不可多得的巨著《中国中古文学史》,史有"二叔"之誉(章太炎字枚叔,刘师培字申叔)。在学术上获得鲁迅的充分肯定。

刘师培(1884—1919),字申叔,小字闰郎,号左盦,江苏仪征人。政治上的变色龙,颇有成就的学者。刘师培家学渊源非常深厚。1902年中举,翌年在沪结识章太炎,改名光汉,从此一度参加反清宣传和反清革命,加入中国同盟会。他参与创办师范学会,发表《论留学生之非叛逆》,协助扬州人

图4 刘师培

出洋留学;又作《黄帝纪年论》,提出以黄帝纪元取代封建帝王纪年;积极参与《俄事警闻》《警钟日报》《国粹学报》编辑;与章太炎、蔡元培、谢无量走在一起。1906年,他到芜湖,甚至与陈独秀组织岳王会。1907年,他复赴日本,结识孙中山、黄兴、陶成章,参加同盟会东京本部工作,与章太炎等发起亚洲和亲会,发表《普告汉人》《辨满人非中国之臣民》等文章……可是,刘师培很快被两江总督端方收买,作《上端方书》,献"弭乱之策十条",背叛革命,甚至出卖战友,投靠端方并公开入其幕,为他考订金石,兼任两江师范学堂教习。直至1911年,他随端方入川镇压保路风潮,一度被革命军拘捕(因党人念旧情被获释)。获释后,刘师培在成都筹建四川国学会、国学院,任副院长,又创办四川国学学校,讲授《左传》《说文解字》等。不过,1913年,他就投靠阎锡山,又通过阎靠傍上袁世凯。1915年,他参与组织筹安会,连篇累牍发表《君政复古论》《联邦邦义》等文章,鼓吹和拥戴袁氏帝制。此举违逆历史潮流,失败后他流落天津。

1917年,蔡元培执掌北京大学,礼聘落魄狼狈的刘师培到北

大当文科教授,开设"六朝文学""文选学"等课。他还与人组织"国故月刊社",印行《国故学刊》《国粹学报》《国粹汇编》等,引起鲁迅的不满。因刘师培有劣迹,又借此与新文化运动相对抗,被鲁迅骂得狗血喷头。他在1918年7月5日致钱玄同信谈及此事愤愤地说:"中国国粹、虽然等于放屁、而一群坏种、要刊丛编、却也毫不足怪。该坏种等、不过还想吃人、而竟奉卖过人肉的侦心探龙做祭酒、大有自觉之意。""该坏种等之创刊屁志、系专对《新青年》而发、则略以为异、初不料《新青年》之于他们、竟如此其难过也。"(《书信·180705致钱玄同》)鲁迅对刘师培的人品和新文化运动中的表现,是非常不满的,但对他的学术成就还是肯定的。刘师培短暂一生,学术成果颇为丰硕,计有《左盦集》八卷、《左盦外集》二十卷、《左盦诗录》四卷、《词录》一卷及论经学、文学专著74种,均收录1934年印行的《刘申叔先生遗书》。鲁迅在《而已集·魏晋风度及文章与药及酒之关系》中谈到有关魏晋文学著作时说:"辑录关于这时代的文学评论有刘师培编的《中国中古文学史》。这本书是北大的讲义。""对于我们的研究有很大的帮助。能使我们看出这时代的文学的确有点异彩。"在1928年2月24日致台静农信中,鲁迅谈及中国文学史著作,又称赞道:"我看过已刊的书,无一册好。只有刘申叔的《中古文学史》,倒要算好的。"

五、宋紫佩的侄子宋德沅

关于宋德沅,《鲁迅日记》有两处记载,即1925年8月12日"紫佩属其侄德沅赠笋干及茗"和1932年11月20日"德元来"。

宋德沅(1899—1933),字闰桂,《鲁迅日记》又作"德沉",浙江会稽宋家店村(今属绍兴市柯桥区)人,宋紫佩之侄。据宋紫佩之母宋王氏于民国10年1月所立的"分书"和1968年1月8日宋友英致宋舒、茅品全夫妇的书信以及1983年4月24日宋德沅之子宋崇光给笔者的复信等,宋德沅系宋紫佩的次兄宋盛纲(刚)的长子。他自幼由其叔宋紫佩领养,在北京长大,读书,继而教书。据宋紫佩另一领养的侄女宋友英回忆:"太师母——鲁迅母亲则很喜欢德沅。德沅每周必须去看她一次。"替她跑街买东西、写信等。1983年4月24日,其子宋崇光函复笔者,除了告知宋德沅的生卒年月外,又说他成人后在北京教书,也逝世在北京,还说"父亲宋德沅拜鲁迅先生的太夫人为干娘"。

图5 右为宋德沅

六、学者、书法家和同事张宗祥

张宗祥(1882—1965),谱名思曾,因慕文天祥为人,改名宗祥,字阆声,号冷僧,别署铁如意馆主,浙江海宁硖石人,现代学者、书法家和诗人。孩提时代,他与蒋百里一起勤奋苦读,俱文采斐然,齐名乡里。长大成才各有贡献甚伟,故有"文有张冷僧,武有蒋百里"之历史美谈。光绪二十五年(1899年),张宗祥取秀才,二十八年中举人,先后任教于硖石开智学堂、桐乡桐溪学堂、嘉兴府学堂和秀水学堂,以教授地理闻名于两浙。光绪三十三年(1907年)应聘至浙江高等学堂执教,后又在浙江两级师范学堂和杭州府中学堂任教。他系鲁迅在

图6 张宗祥

两级师范任教时的同事,宣统元年(1909年)12月,他俩与许寿裳等大多数教员参加反对封建校长夏震武的"木瓜之役",获胜后一起在湖州会馆合影留念。宣统二年(1910年),赴京应试,得一等,任大理院推事并兼任清华学堂地理教员。辛亥革命后,一度在浙江军政府教育司任职。1915年1月调任北京教育部,任视学,再次与鲁迅共事。22日,他"与钱均夫到部来看"鲁迅。4月28日,鲁迅赠他由周作人所译的波兰小说《炭画》。翌年4月10日、9月30日,鲁迅又赠他《永明造象》《往生碑》等拓片。张亦于同年4月16日将所藏古陶文字拓片回赠鲁迅。1916年1月29日,鲁迅还将自辑《会稽郡故书杂集》赠张。同年7月,教育总长范源濂主张祭孔读经,遭到张与鲁迅、许寿裳等同事的联名写信反对。1919年起,张兼任京师图书馆馆长,为鲁迅提供《说郛》《青琐高议》等珍籍善本的借阅方便。在鲁迅经济拮据时,张宗祥及时伸出援手,《鲁迅日记》均有记载。在此期间,张宗祥负责整理故宫移交的大量古籍,埋头两年于"日拂拭灰土中",成《善本书目》4卷,亦纠正了过去著录的不少讹漏。1919年,他南返杭州任浙江省教育厅厅长后,鉴于文澜阁《四库全书》因战乱受损严重,乃奔走沪杭募款,并组织人力赴京补抄,历时两年,抄得4497卷,补齐残缺。同时,他悉心推行新学制,整顿教育,并筹建浙江大学。1925年,张宗祥任瓯海道尹,翌年冬则定居上海,专事抄校古籍。1931年,他赴汉口任平汉铁路局秘书。抗战时,他迁至四川,先后在国民政府交通部、中国农民银行任职。他兼任文澜阁《四库全书》保管会委员可说很称职,对抗战时此书安全转移入川和胜利后回归杭州出力甚多。蒋介石败退台湾时,张拒绝随农民银行同行。

中华人民共和国成立后,张宗祥任浙江图书馆馆长、浙江文史研究馆副馆长、西泠印社第三任社长、中国美术家协会浙江分会副主席等职,又被选为浙江省人大代表,被聘为浙江省政协常委。他治学谨严,擅长校勘古籍,达300多种,已出版的有《说郛》

《国榷》《罪惟录》《越绝书》等。张宗祥工诗能文，精鉴赏，通晓医药、戏曲、文学、史地等，其书法学李北海，兼融汉魏碑法，雄浑洒脱。他亦善绘画，著有《临池随笔》《书法源流记》《论书绝句》《论晋人书法》《不满砚斋誊稿录》《游桂草》《入川草》《清代文学史》《铁如意馆杂记》《临症杂谈》《医药浅说》《本草简要方》等，还改定昆剧《十五贯》，创作改编神话剧《平飓母》《卓文君》《马二先生》等。他涉猎广泛，著述等身，有许多作品均系精品，称"一代宗师"毫不过誉。对于老友鲁迅 1936 年 10 月逝世时，张宗祥即作《哭豫才》悼诗吊唁，晚年他又撰有《我所知道的鲁迅》《回忆鲁迅先生》等文，深情追念故友。

七、作家、语言学家、翻译家林语堂

林语堂（1895—1976），原名和乐，改名玉堂，又改语堂，笔名毛驴、宰予、岂青等，福建龙溪（今漳州）人。现代著名作家、学者、翻译家、语言学家和编辑家。林语堂基督教家庭出身，1912 年入上海圣约翰大学读书，毕业后到北京清华等校任教。1919 年秋赴美入哈佛大学文学系，1922 年毕业获文学硕士。同年转赴德国莱比锡大学专攻语言学，翌年获博士学位回国。1924 年《语丝》创刊，为语丝社主要成员，是年在《语丝》发表处女作《论士气与思想界之关系》。1925 年起任北京大学教授、北京女子师范大学教务长兼英文系教授，与鲁迅同事。鲁迅主编《莽原》周刊，常约请他撰稿。在"女师大风潮"中，林语堂与鲁迅一样站在进步学生方面，发表了《谬论的谬论》《咏名流》

图 7 林语堂

《祝土匪》等杂文,声援和支持进步师生的正义斗争。1925年11月,女师大风潮取得胜利,林语堂却在是年12月24日发表《插论语丝的文体——稳健、骂人及费厄泼赖》一文,倡导"费厄泼赖"精神,主张"对于失败者不应再施攻击"。鲁迅与林语堂的私交不错,但是非分明,立即发表《论"费厄泼赖"应该缓行》一文,对他的错误意见进行了严肃的批评。林语堂又从此后不久发生的"三一八"惨案的教训中认识到鲁迅批评的正确、中肯,连续发表了《打狗释疑》《讨狗檄文》等杂文,坦承"事实之经过,使我益发信仰鲁迅先生",并主张来一个"打狗运动"。惨案发生后,他参加追悼死难烈士的活动,发表了《悼刘和珍杨德群女士》等文章,深切哀悼死难者,愤怒揭露和抨击封建军阀和帮闲的"现代评论"派,也因此遭受段祺瑞执政府的通缉、迫害,于1926年5月被迫离京。鲁迅日记记载,19日"赴女师大饯别林语堂茶话会",24日还"得语堂辞行片并照象"。他返闽任厦门大学文科主任兼国学院秘书。不久,他又邀请鲁迅到厦门大学任教。《集外集拾遗补编·鲁迅自传》对此亦有记载:段祺瑞执政府"要捕拿我,我便因了朋友林语堂的帮助逃到厦门"。在厦大共事期间,鲁迅十分支持林语堂的工作,林则对鲁迅各方面很关心和照顾。这在鲁迅《两地书》中多有谈及。后来,鲁迅因对厦大当局的不满,又想离开此地,在《华盖集续编·厦门通信(三)》中谈到了他当时的矛盾处境:"看着语堂的勤勉和为故乡做事的热心,我不好说出口。""语堂是除办事教书之外,还要防暗算,我看他在不相干的事情上,弄得力尽神疲,真是冤枉之至。"鲁迅在1926年10月29日致恋人许广平信中也担心地说:"只怕我一走,玉堂立刻要被攻击,因此有些彷徨。"(《两地书·六四》)不出鲁迅所料,1927年初鲁迅应邀到广州中山大学任教后不久,林受到校内"现代评论"派势力排挤而另找出路,先去武汉任国民政府外交部秘书,"宁汉合流"后到上海从事文学工作。同年10月3日鲁迅抵沪当天,林语堂即登门拜访,翌日又一起午餐,合影。从此,两人往来较为密切。据1927年10月—1934年8月(不包括1931—1933年)《鲁迅日记》中就有80次以上出现林语堂。实事求是地说,林语堂是采取自由主义的态度创作文学的,竭力提倡"幽默文学"和"以自我为中心,闲适为格调"的"性灵"文学(小品文)。这也体现在林语堂1932年主编的《论语》半月刊、1934年创办的《人间世》和1935年创办的《宇宙风》等杂志。从发行量看,如日中天,杂志办得很成功。鲁迅并不苟同林语堂的办刊理念,但也在这些刊物发表或转载了《学生与玉佛》《谁的矛盾》《王化》《"论语一年"》等10余篇文章。林氏亦为鲁迅主编的《朝花》《奔流》等刊物撰稿。1928年,他在英文杂志《中国评论周报》发表《鲁迅》一文,尚能客观评价鲁迅在中国思想界、文化界的重要地位。1933年1月,林语堂和鲁迅一起参加中国民权保障同盟,并被选为上海分会执行委员。2月17日,他们又共赴宋庆龄寓所参加民权保障同盟领导人欢迎英国进步作家萧伯纳的宴会,并与宋庆龄、萧伯纳、蔡元培、史沫特莱、伊罗生合影,还与杨杏佛陪同萧伯纳出席上海笔社(会)欢迎会。其间,林语堂与鲁迅在一次聚餐时发生过不愉快的事,《鲁迅日记》道:"席将终,林语堂语含讥刺,直斥之,彼亦争持,鄙相悉现。"从《鲁迅日记》看,两人自此曾有近3年半时间互不往来。1934年起,林语堂渐成"论语派"的代表人物,鲁迅曾多次批评和规劝,如在《南腔北调集·"论语一年"》中说:"老实说罢,他所提倡的东西,我是常常反对的。先前,是对于'费厄泼赖',现在呢,就是'幽默'。"认为在"炸弹满空,河水漫野"之时提倡幽默,只是"将屠户的凶残,使大家化为一笑。"在《准风月谈·"滑稽"例解》中则讽刺说:"慨自语堂大师振兴'幽默'以来,这名词是很通行了,但一普遍,也就伏着危机。""倘若油滑,轻薄,猥亵,都蒙'幽默'之号","必已成为'文明戏'也无疑。"鲁迅在《译文序跋集·〈说幽默〉译者附记》中也说:"音译为'幽默',是语堂开首的。因为那两字似乎含有意义,容易被误解为'静默''幽静'等,所以我不大赞成"。1934年8月13日鲁迅致曹聚仁信中说:"语堂是我的老朋友,我应以朋友待之,当《人间世》还未出世,《论语》已很无聊时,曾经竭了我的诚意,写一封信,劝他放弃这玩意儿,……以他的英文程度,不但译本于今有用,在将来恐怕也有用的。他回我的信是说,这些事等他老了再说。……自信是良言,要他于中国有益,要他在中国存留,并非要他消灭。他能更急进,那当然很好,但我看是决不会的,我决不出难题给别人做。不过另外也无话可说了。"1934年12月林语堂在《论语》第55期发表《游杭再记》,嘲讽口含"苏俄香烟"、手挟"什么斯基的译本"的青年,鲁迅在《且介亭杂文·论俗人应避雅人》中就予以反刺,说这是"卢布学说的老套"。在开展大众语的讨论中,林语堂在《论语》发表《论语录体之用》《一张字条的写法》等文章,鼓吹复古的语录体,反对白话文。鲁迅在《花边文学·玩笑只当它玩笑(下)》中也对此观点进行了批评。1935年,林语堂在《人间世》发表《今文八弊》,反对介绍欧洲弱小民族的作品,鲁迅在《且介亭杂文二集·"题未定"草(三)》中批驳了此错误观点。另外,鲁迅在《花边文学·小品文的生机》《且介亭杂文·买〈小学大全〉记》《病后杂谈》《且介亭杂文二集·"题未定"草(六)》《杂谈小品文》《再论"文人相轻"》和《且介亭杂文末编·"立此存照"(三)》等文章中,对林氏提倡"性灵"小品文等理念多有批评。由于理念和思想认识的分歧越来越大,加上民族危机日益严重,心向欧美的林语堂于1936年徙居美国,也同多年老朋友鲁迅断绝了关系。

林语堂在美国哥伦比亚大学等校任教。1954年他曾赴新加坡筹建南洋大学,任校长。1966年,他携家寓居台湾,翌年应聘任香港中文大学研究教授,于1976年3月26日因病在港去世。平心而论,林语堂离开祖国后,笔耕不辍,著译甚丰,充分利用他高超的英文水平弘扬中华传统文化。他著有小说集《京华烟云》《啼笑皆非》《风声鹤唳》《赖柏英》《朱门》《唐人街家庭》《逃向自由城》《红牡丹》等；散文、杂文文集有《翦拂集》《人生的盛宴》《生活的艺术》《欧风美语》《吾国与吾民》《大荒集》《有不斋文集》《我的话》《孔子的智慧》《俚语集》《锦秀集》《中国圣人》《雅人雅事》《无所不谈》《文人画像》《爱与刺》等；评论集有《新的文评》《中国文化精神》《平心论高鹗》《信仰之旅——论东西方的哲学与宗教》等；传记有《苏东坡传》《武则天传》等；教育和辞典有《开明英文读本》《开明英文文法》《当代汉英辞典》《语言学论丛》《最新林语堂汉英辞典》等；译著(中英对照系列)有《冥廖子游》《不亦快哉》《东坡诗文选》《幽梦影》《板桥家书》《老子的智慧》《浮生六记》等。林氏晚年亦念旧，撰有《记周氏兄弟》《忆鲁迅》等文回忆与鲁迅往来始末及对鲁迅的看法。林语堂又曾任联合国教科文组织美术与文学主任，国际笔会副会长等职，还于1940年、1950年两度获诺贝尔文学奖提名。

八、文史大家、编审金性尧

图8　金性尧

金性尧(1916—2007)，别号星屋，笔名文载道、金矛、毛杆、赵天一等甚多，其中取自韩愈"文以载道"之意的文载道最负盛名。他是浙江定海人，也是古典文学家、一代文史大家、资深编辑和出版家。他早年在家乡读私塾，也在定海《舟报》副刊发表一些文章。1934年11月19日、21日、28日和12月11日，鲁迅先后收到金性尧的4封来信，并在19日、24日、28日和12月11日给他写了4封回信。鲁迅忙于写作，实在无暇接待他和替他修改文稿,均即时谢绝。金性尧后来也自责因年少气盛,给鲁迅写信的措辞不够尊重,甚至责问他修改文稿的意见太少,所以两人互通4封书信后也中断了来往。顺便说明一下,金性尧写信时字迹潦草,被鲁迅认作"惟尧",他也不好意思纠正,回信亦书"惟尧",故鲁迅一直是认定他"金惟尧"。全面抗战爆发后,金性尧到上海参加二十卷本《鲁迅全集》的校对工作,并与许广平、柯灵等创办《鲁迅风》,他实际上是主编。此外,他也主编过《萧萧》《文史》,并出版《星屋小文》《风土小记》《文抄》等书。

中华人民共和国成立后,金性尧先后在上海文化出版社、中华书局上海编辑所工作。"文革"结束后,他回到上海古籍出版社,策划并主编"古典文学基础丛书""古典文学基础知识丛书""中华活页文选"等,也是学术成果最丰硕的黄金时期。他出版了《唐诗三百首新注》《宋诗三百首》《明诗三百首》《炉边诗话》。他的论著有《伸脚录》《清代笔祸录》《清廷宫廷政变录》《饮河录》《不殇录》《土中录》《闭关录》《六宫幽灵》《奸佞春秋》《亡国之君》《清宫掌故》《三国谈心录》等,可谓中华人民共和国建立后所作文史随笔的结集。1988年,他又为香港中华书局主编诗词坊丛书,个人也著有《闲坐说诗经》《夜阑话韩柳》等书。

九、编辑家周颂棣

周颂棣(1906—1988),原名钜鄂,浙江诸暨五泄十四都藏绿村人。20世纪20年代初,他就读于诸暨县中学,不久转入绍兴越材中学,因参加学潮被开除,进杭州宗文中学。1924年毕业后,他考入北京大学理学院预科,两年后进入数学系学习,课余从事文学创作。1926年,他经张天翼、刘仁静介绍加入中国共产党(后脱党),1929年考入中华书局辞典部,参加编纂《中华百科全书》《辞海》。抗日战争全面爆发后,他坚持参与中华书局《中华成语辞典》《中华大字典》《中华百科辞典》等编辑工作。他为维持生计,一度进入南洋煤球厂工作。1953年,他在作家书屋工作。公私合营后,他入新知识出版社。1958年,他调至辞海编辑所,参加新《辞海》的编纂工作。他承担了词语部分4万余条的修订工作,不论量与质比旧版有了很大的改进。1970年退休后,他徙居杭州。"文革"结束后,他应聘参加1979年版《辞海》《汉语大辞典》等大型工具书的审稿。他曾当选上海市第三届人大代表。

在为他人做嫁衣裳的同时,周颂棣也撰写和翻译了不少著作、文章,主要译著有《快乐的人们》《克兰丽蒙特》《德国舒德曼短篇小说集》等和论文《老〈辞海〉是怎样编成的》,回忆文章《我和张天翼相处的日子》《怀漠华》等。

图9　周颂棣

1932年3月31日,鲁迅在日记里记载:"午后为颂棣书长吉七绝一幅。"周颂棣与鲁迅当时均在上海从事文化活动,彼此应该认识,可能并不亲密,是通过熟识的冯雪峰向鲁迅求墨宝的(冯在上海从事党的地下工作也得到周颂棣的掩护和营救)。鲁迅为周颂棣所书的是唐代诗人李贺《南园十三首》之七:"长卿牢落悲空舍,曼倩诙谐取自容。见买若耶溪水剑,明朝归去事猿公。录长吉诗为颂棣先生雅属　鲁迅。"据增田涉《鲁迅印象记》、致山本初枝夫人信等记述,鲁迅"在年青时比较喜欢唐代李贺的诗",这可能同两人的家道中落等遭遇相似有关,但鲁迅后来"对这位李君也已经不佩服了",这又可能是他并不认同李贺及其诗词的过于忧伤、消极。

十、"有名之'兄弟素不吃饭'人物"的屈映光

鲁迅在《两地书·三四》中写道:"报言章士钉将辞,屈映光继

之,此即浙江有名之'兄弟素不吃饭'人物也,与士钉盖伯仲之间,或且不及。"这是鲁迅在其数百万言著作中唯一谈及屈映光的地方。民国时期,屈映光不仅"浙江有名",而且是全国有名;他的"素不吃饭"的名言数十年来成为故乡人民乃至全国人民的谈笑资料。

屈映光(1883—1973),乳名神魁,字文六,浙江临海东塍上街凉棚村人。民国时期,他在浙江、山东等省担任过主要的负责官员,在中央出任过内务部总长、国务院顾问、中央赈济委员会副委员长、台湾地区密宗佛教奠基人,在政界、教育界、慈善赈济和佛教界有相当的知名度。早在光绪三十二年(1906年)就读于杭州赤城公学时,屈映光加入了光复会。辛亥革命后,就任浙江都督府民政司司长、内务司司长和巡按使等职。

图10 屈映光

1915年后,他上表拥护袁世凯称帝,后又投靠段祺瑞,历任北洋政府国务院顾问、山东省省长、总督府顾问、清宫善后会议代表、内务总长兼赈务督办等职,并授赞威将军衔,是较为活跃的政客。1927年北洋政府解体后,他隐居上海,直到1938年复出,赴重庆任中央赈济委员会副委员长,主持全国难民的赈济工作。中华人民共和国成立前,他出走香港,1952年去台湾,一度受聘为当局顾问。但此时开始,他主要精力投入佛教,在桃园斋明寺设密宗讲坛,弘扬佛法,在海内外有一定影响。

除在政界、教育界、公益慈善赈济界和佛教界声名显赫外,屈映光关于"兄弟素不吃饭"这一令人费解的名言,笔者所见所闻两个版本:一是佚名的《屈映光纪事》载:"映光前年赴京觐见,有友某招其晚餐,映光复书谢之曰:'弟向不吃饭,更不吃晚饭云云',京内外传为笑柄。其意盖谓向不赴人餐约,尤不赴人晚餐,而文理不通如此。"而笔者从"老绍兴"朱仲华采访所得,大概情形是:还是屈映光在浙江主持政务的时候,有一次,他应邀赴一盛宴,喝完了酒,主人献殷勤,招呼侍者为他加餐,屈氏当即起立辞曰:"主人盛情,甚感。惟鄙人向不吃饭,今日尤不吃饭!务希鉴谅。"弄得宾主愕然,不知所谓。幸有屈氏随从连忙为之解释:"省长平时食量甚小,今日政躬微觉不豫,益不思进食也。"从此,屈映光"向不吃饭"的名言传开了,成了浙江人民的笑料。鲁迅也听闻此坊间笑谈,用他那支泼辣又锋利的笔勾画出旧官僚的虚伪面目和尽出洋相的丑态。

十一、世界语学者黄尊生

黄尊生(1894—1990),原名涓生,广东番禺人,著名的世界语学者。当世界语传入我国之初,黄尊生是一位热心的传播者。1912年夏,他在广州参加许伦博开办的世界语班,进修6个月毕业。1913年应广东香山县县长郑道实之邀,他曾去办班,为该县教育界人士讲授世界语。1918年,他又与蔡元培、吴稚晖、李石曾等11人联名发表《中国世界语学院劝捐启》。不久,黄尊生考取公费留学法国。1921年10月,他与区声白、刘石心(刘师复之弟)等作为首批粤籍留法学生抵达里昂中法大学就读。期间,黄尊生有幸参加国际世界语运动。如1922年春,国际联盟秘书厅在瑞士日内瓦召开国际世界语教育会议,主持者之

图11 黄尊生

一、法国世界语学者邦瑟通知黄尊生、区声白参加。黄尊生代表中国向大会报告世界语教育在中国之状况,他坦然对待与会者的质询,对答流利,给与会者留下深刻印象。他认为,"自经此次教育会议,世界语运动即已步入一新阶段。"因为德国法兰克福、莱比锡和法国里昂等著名城市的工商"赛会"已经采用世界语印发说明书和通函交流。1923年,黄尊生有幸参加在意大利威尼斯举行的世界语商业会议,还结交蒲利华博士。同年,他又参加在伊比利亚半岛举行的首届世界语大会。通过这些国际交流和实际锻炼,黄尊生能讲国语,从小学英语,到法国留学又学会法语,但到此时,他讲世界语甚至比母语广州话还要好了。1923年,黄尊生用世界语在国际世界语机关刊物 Esperanto 上发表《世界语与国语的类似点》,他在文中指出:"世界语虽产生于西方,但它却含有东方语的数个特点,所以它确实具有世界性的。"黄尊生的工作亦被国际社会肯定,是年,他被选为语言委员会委员,负责保护世界语在语言文字上的演进。1924年,黄尊生又被选为国际世界语中央委员会成员,负责欧洲以外之事务。这一年,他陪同蔡元培夫妇参加在维也纳举行的第十六次国际世界语大会。"(蔡元培)先生目击大会之盛会,与世界语运动之热烈,深表庆慰"。翌年,经蔡元培推荐,黄尊生被北洋政府教育部任命为代表,参加5月在巴黎召开的国际世界语科学会议。他为此特撰题为《世界语在科学上之价值》,并将这长达四万言的报告寄呈教育部。广州市立世界语师范讲习所成立后将该报告印成单行本发行。同时,黄尊生在罗津教授的严格指导下,完成并通过题为《埃及象形文与中国六书》的博士论文,于1926年初学成回国。他婉谢京沪等地高校的邀请,决定留粤任教,在广州中山大学教授文字学、语言学和刚正式列入课程的世界语。著名的语言学家岑麒祥教授就是他得意门生之一。在1926年5月召开的第六次广东省教育大会上,黄尊生提出设立世界语师范讲习所的建议被主管部门采纳,落实他具体负责。

1927年1月18日,鲁迅应聘到广州中山大学担任教职,成为黄尊生的同事,在《鲁迅日记》中留下五则相关记载。1月21日是"黄尊生来访未遇,留函而去"。22日上午,"黄尊生来访"鲁迅,是邀请他参加欢迎徒步环游全世界的一位法国世界语学者的招待会。23日午后,则是"梁匡平等来邀至大观园饮茗,又同往世界语会"。这位法国世界语者叫赛耳(Zei-nile),又是诗人。他从1923年8月1日从法国猎昔出发,1927年1月上旬徒步抵达广州,住在广州长堤青年会。黄尊生和广州市教育局长伍大光就邀请鲁迅、孙伏园等名流参加在桂香庙寰球学会举行的欢迎赛耳大会,与会者多为世界语言学者及其学习者,欢迎词、答词等均用世界语演说,"鼓掌之声不绝",现场气氛相当热烈。鲁迅不仅很高兴地出席欢迎大会,发表即席演讲,还和一些与会者"至宝光(照相馆)照相"留念。25日午后,黄尊生又看望鲁迅,那天下午,中山大学学生会集会欢迎鲁迅,他"演说约二十分钟毕赴茶会。"27日上午,黄尊生再次造访鲁迅,"并赠《楔形文字与中国文字之发生及进化》一本",这是1926年巴黎东方书店出版的黄氏著作,自然是很有意义的。30日"晚黄尊生、区声白"同访鲁迅。此后,鲁迅在日记里可能失记了。

1941年太平洋战争爆发后,黄尊生又从香港避居澳门,战后则居长洲,他晚年信仰有变,信奉天主教,并入修道院终了。1958年,黄尊生出版过《小沧桑斋诗集》。

十二、立宪派头面人物之一梁善济

梁善济(1862—1924),关于梁氏卒年,以往多为误注,字伯强,鲁迅日记又作"次长""梁次长",山西崞县北社西村(今属定襄县)人。梁善济出身在一个书香门第的家庭,自幼聪颖,25岁为廪膳生,33岁以岁试冠军檄调入令德堂,1894年举优贡,1895年朝考,得二等,被任命为芮城县训导。1902年,英人李提摩太以英国教育会退还庚子山西单独赔款创办山西大学,梁善济承岑抚聘任校史馆馆长。1904年甲辰开科,梁善济进士及第,三甲120名,授翰林院庶吉士。1905年,他被保送到日本法政大学,留学两年后回国,正逢山西发生矿权事件:山西巡抚胡聘之等少数官绅勾结外商,将盂县、潞安、泽州等地煤铁采矿权卖给外商开采,三晋震动,全省民众纷纷提出抗议,梁善济被推选为代表,赴京谈判的同时,梁善济领衔数百绅民联合上书清廷,要求废除与英国福公司已签订的合同。他们不畏洋人,据理力争,最终以资赎回矿权。梁氏此举深得民心,名声大震。嗣后,他又出任省教育会会长,看到官商勾结贩卖鸦片牟取暴利,不少人家因染上毒瘾而倾家荡产,危害甚为严重,遂成立禁烟会,自任会长,在全省发起禁烟运动,大获成效,山西百姓莫不叫好。

图12 梁善济

不久,各省成立谘议局,梁善济被推举为山西省谘议局议长,主持全省参政议政。几乎同时,梁善济又发起筹建宪友会山西支部。1910年9月17日,在太原正式成立宪友会山西支部,公推梁善济为干事。民国肇建后,梁善济以为同新任山西都督阎锡山难与共事,遂应汤化龙等人之邀,参与中华民国建设规划讨论会。不久当选为国会议员,还选上副议长。1914年5月,袁世凯解散国民党和国会的同时,又拉拢进步党、民主党,让汤化龙、梁善济出任教育总长、副总长。是年5月12日《鲁迅日记》亦记载:"上午次长梁善济到部,山西人,不了了。"第一天到教育部赴任,梁善济毫无作为,未有动作,所以,鲁迅使用了"不了了"的贬义词。8月18日,鲁迅与同事徐吉轩去通俗图书馆办事,看到梁善济"次长亦至"。1915年鲁迅镌刻《百喻经》出版后,鲁迅也"赠汤总长、梁次长《百喻经》各一册。"大概梁善济忙于其他政事,他也于同年辞去教育部次长职务。梁的政治生涯十分活跃。1916年,他与梁启超、汤化龙等进步党人组织"宪法研究会",成为"研究系"首领之一。他发起自由讲谈会,胡适之、陈独秀曾参与,后游历浙江诸胜,称"平生快乐以此为最"。他演讲时,"滔滔雄辩,层峦起伏,无不如志",人称"老青年"。1920年,他仍赴欧考察,以为中国社会问题之借鉴。

梁善济晚年过于操劳,健康状况迅速恶化。1924年6月19日,梁善济因下肢部位患丹毒症(急性细菌感染)而去世。有《伯强回感录》《旅游日记》等遗著存世,自编年谱亦至临终前。

十三、邀请鲁迅到集美学校演讲的蒋希曾

见诸《鲁迅日记》有两处涉及蒋希曾:1926年11月26日"晚蒋希曾来。"27日"晨蒋希曾及玉堂来,同乘小汽船往集美学校,午后讲演三十分,与玉堂仍坐汽船归。"当时,蒋希曾任厦门集美学校校董室秘书兼《集美周刊》编辑主任、图书馆主任,受校长叶渊委托邀请鲁迅到集美学校演讲,林语堂(玉堂)均往还陪同在侧,鲁迅作了主题内容为"人生的意义与价值"的讲演。鲁迅虽于12月2日"下午寄集美学校讲演稿",但因与校方意见相左,未能发表,亦因此失佚。

蒋希曾(?—1941),字孝丰、叔儒,湖南湘乡西阳人。蒋氏"幼即嗜学,年十六,已解群经诸子。清宣统己酉,考湖南私立明德中学,时主校务者为茶陵谭延闿组庵、湘潭胡元倓子靖二公,视

图13 蒋希曾

君文章迈伦,相与称许,榜发竟冠其曹。辛亥鼎革,君转学湖南高等师范,民国三年考入国立北京大学英文学系,兼习中国文学系、哲学系功课,造业日深。五四运动起,君努力独多,虽屡蹈危险,毫无难色,其宏教有如此者。"(《中国图书馆名人录·蒋希曾》)

在北京大学读书期间,蒋希曾思想进步,表现活跃,除积极参加"五四运动"外,参加著名报人成舍我在北大组建的新知编译社,翻译《劳动罢工戏曲》等外文,旨在"研究学术,传播思潮,共同努力于文化运动,以图世界根本的改造";他又参加北大戏剧研究会,被选为出版股主任;他还参加北大新知书社,被选为庶务委员。1920年8月20日,《北京大学日刊》刊载了蒋希曾与蔡元培、李大钊等人的启事,提出成立临时国民大会,解散非法国会,肃清祸国党孽,禁止起用复辟帝制犯,废除督军制,凡国民应享之一切自由权利,禁止侵犯,实行地方自治,根据民意决定外交方针等要求。因此,蒋希曾也上了京师警察厅的黑名单。

1921年在北京大学毕业后,蒋希曾在《北京白话晚报》、私立平民大学和北大图书馆短期工作过。虽有人推荐他到国务院、国史馆工作,他因官吏皆尸位素餐,不愿同流合污而辞谢。1923年2月,蒋希曾应厦门集美学校校长叶渊"坚邀"到该校任职。

陈嘉庚1913年创办集美小学时就设置图书资料室,于1918年发展成为集美学校图书馆,此时该校已有小学、师范、中学、水产、商业、女师、农林、国学等部,能满足全校各专业师生教学需要。为开展学术研究,图书馆又先后增设史地研究室、中日问题和南洋问题研究室,经常组织专题研讨会,并编印专题资料。蒋希曾在1923年秋至1928年任集美图书馆主任时,潜心钻研图书馆学。他根据集美学校的实际,参照美国杜威的"十进分类法"、王云五的"中外图书馆统一分类法"和杜定友的"杜氏图书分类法",编成"集美学校图书馆分类法"。这是福建省最早的图书馆学研究成果,也解决了本校藏书的科学、合理分类问题。1929年1

月下旬,中华图书馆协会第一次年会在南京金陵大学举行。蒋希曾作为福建省代表参加这次全国图书馆界的学术盛会,在 29 日的演讲时,吁请全国各教育行政机关励行设立公共图书馆案,获得与会者热烈响应,经大会稍作修改后呈请教育部通令全国各教育行政机关实施。蒋希曾还加强与外地和国际图书馆界的交流合作。他亲自主持制作了集美图书馆馆舍、阅览室、书库等照片、图表和文字材料,与省教育厅图书馆、厦门图书馆一起参加在意大利罗马举行的"国际图书展览会",这是图书馆空前的"壮举"。平时,蒋希曾还重视引进丁山、沈兼士、顾颉刚、陈万里、潘家洵等专家、学者到校指导、交流,这对于集美图书馆馆员的业务水平的提高大有裨益。

1929 年秋,蒋希曾离开集美学校,前往浙江定海的浙江省水产职业学校任教务主任兼国文科主任,协助筹建该校图书馆,并致力于充实馆藏。1933 年,他又任湖北省立图书馆主任。两年后,则应南京中山文化教育馆兼职理事蔡元培之召,到南京该馆任编辑。1937 年才回乡任春元中学副校长,他是长春小学第一期毕业生,对故乡和该校很有感情,故老当益壮,全力以赴,终于将该校办成全县第一所完全中学。蒋希曾在工作上鞠躬尽瘁,主动捐献海洋生物标本,有教师因故请假,他亲自代课,口碑极好。他终因积劳成疾,加上长女、三子相继去世,白发送黑发,过于忧伤,于 1941 年不幸辞世。

蒋希曾幼时天资并不聪颖,但刻苦读书,以勤补拙,在文学、教育、图书馆学诸多领域颇有造诣,称他为这些方面的专家并不为过。1925 年 3 月 12 日孙中山逝世,他写挽联一副,其古文功底略见一斑:

因种族而革命,因政治而革命,因社会而革命;屡起屡厥,再接再厉;此种龙马精神,冠绝古今;

为民权来牺牲,为宪法来牺牲,为主义来牺牲;至大至刚,任劳任怨;如斯英雄事业,讴歌中西。

他一生勤奋,著译也不少,据不完全统计,著有《集美学校图书馆》《丰乐图书馆概况》《中外图书统一分类法》《图书馆使用方法》《湘乡民间文艺》《孝丰氏图书》《图书分类法之异同》等。译作有《加尔各答道上之奇遇》《萧伯纳作戏剧的四种规律》《学生与图书馆》《战歌序幕》等。

十四、靖化禁烟并以身殉职的黎光明

黎光明(1900—1946),名静修、劲修、敬修,字光明,四川灌县(今都江堰市)顺城街人,回族人。他早年就读于灌县县立高等小学堂(今北街小学前身)。青年时期,黎光明相继在四川成都成华联合中学、江苏南京国立东南大学求学。1927年,他已是广州中山大学历史学系学生。1月19日上午,"伏园、广平来访,助为移入中山大学(大钟楼)"。29日,鲁迅就"得黎光明信",并于翌日"上午复黎光明信"。31日,黎光明登门拜访鲁迅。2月5日,他

图 14　黎光明

偕林霖夜访鲁迅。"四一五"事变发生后,鲁迅于5月11日"寄中山大学委员会信并还聘书",即为抗议国民党右派倒行逆施的暴行,决定辞去中山大学职务。17日,黎光明获悉后于当晚看望鲁迅。此后,他再也没有同鲁迅往来了。是年秋毕业后,黎光明应聘到南京中央研究院历史语言研究所任助理研究员。1928年秋冬,所长傅斯年派遣黎光明前往四川西北山区考察藏羌等少数民族的民俗人文。于是,黎光明邀约同乡挚友王元辉同行。他俩沿

松茂古道,溯岷江而上,目的地是汶川、茂县、松潘一带。可是行至茂县与松潘交界的叠溪海子,突遇"甘军兵变",无法前行,被迫原路折返灌县。

翌年春,黎光明、王元辉再次出发考察。他俩历尽艰辛,费时半年,大获成功。两人向中研院历史语言研究所(史语所)递交了《川康民俗调查报告》。王元辉却有违傅斯年关于"不应以中央研究院研究工作向他处发表"的要求,又另著考察心得和游记体随笔《近西游副记》,是对《川康民俗调查报告》的补充,亦有可读性,故于1930年初付梓出版。而《川康民俗调查报告》尽管是川西最早的人文社会民俗研究文本,颇具史料和研究价值,但被史语所束之高阁,没有引起应有的重视。傅斯年不悦,黎光明只得离开史语所,后曾任中央军校成都分校上校政治教官。抗战期间先后担任荫唐中学、省立成都中学和省立绵阳中学等校校长,后步入政坛,任四川省第十六区专员公署秘书、阿坝靖化县(今属阿坝藏族羌族自治州金川县)县长。当时四川西部的松潘、茂县、理番、汶川、懋功和靖化6县隶属十六专区,是四川两大盛产鸦片的地区之一。王元辉兼任十六专区专员,宣布"三头政策":好人抬头、坏人回头、不回头者杀头,仰仗保安部队铲烟、禁烟,但几次出师均败北而归。川西的禁烟阻力实在太大了,这些地方的烟匪和黑势力武装已超过了地方政府和地方保安队。1945年初,黎光明临危受命,出任阿坝靖化县县长。次年3月2日,他虽成功设计捕杀了大毒枭杜铁樵,但身陷烟匪们的穷凶极恶的围攻,次日不幸以身殉职。当时,政府、社会舆论和广大民众对黎光明持正面评价,原中山大学校长、时任教育部部长朱家骅发去唁电,说:"黎光明同学疾恶如仇,认真推行政令,以文官不惜死而殉职边区,不辜负革命策源地之熏陶也。"国民政府亦颁发嘉奖令,表彰黎光明"尽忠职守,弗避艰危,为国捐躯"。

十五、献身中国人民解放事业的文学青年颜黎民

颜黎民(1912—1947),原名邦定。颜黎民其实是他写信给鲁迅时的化名,四川省梁平县城南乡颜家沟村人。1930 年,18 岁的颜黎民到北平求学,受挫后转天津入南开中学读初中。毕业后,他再到北平入宏达中学念高中。颜黎民爱好文学,也非常仰慕鲁迅的人格和文品,读高中时与同学创办进步刊物。1935 年,因其言论和文章偏激遭受国民党当局的迫害,以"共党嫌疑"为由横遭逮捕。1936 年春出狱后不久,3 月 27 日,他隐去真名,以"颜黎民"这一化名,用孩子的口吻给鲁迅写了第一封信。此时距鲁迅病逝仅半年时间,他重病在身,身体已经相当虚弱,但鲁迅还是于 4 月 2 日收信当晚及时写了回信。尽管颜黎民写给鲁迅的这第一封信的原件现无法看到,但从鲁迅回信的内容可以了解:颜黎民之父对子女的态度较为严厉,曾把孩子关禁闭在黑屋子里;颜黎民的六叔却是鲁迅著作的爱好者,曾拿鲁迅的书给涉世未深的他阅读。颜黎民在信中向鲁迅请教该看什么书为妥,并冒昧地向鲁迅索要照片和两本书。鲁迅的回信用词诙谐、幽默,自始至终十分

图 15　后排右一为颜黎民,前排右一是其叔颜伏(后任济南军区炮兵司令员)

亲切、平和,对颜黎民这位素不相识的孩子所提出的问题逐一解答,体现了他对青少年的亲切关怀和爱护。4 月 3 日鲁迅"复颜黎并寄一包。"此处鲁迅所说的"寄一包"就是《表》和《引玉集》两本书和一帧鲁迅照片。《表》是苏联班台莱耶夫创作的中篇童话,鲁迅据德国爱因斯坦的德译本重译,又据日本槙本楠郎的日译本《金时针》参校,1935 年 7 月上海生活书店刚出版,适合少年儿童阅读。《引玉集》则是鲁迅编辑的苏联木刻作品选集,珂罗版精印,十分精美,鲁迅考虑赠书也是十分周到的。14 日鲁迅又"得颜黎民信"。翌日晚他抱病写了回信。虽然收信人 11 年后英勇牺牲,但这封信后来被选入小学课本,成了一通著名的信札,让数以万计的一代又一代国人获益匪浅。鲁迅在这封信里说:

  你说专爱看我的书,那也许是我常论时事的缘故。不过只看一个人的著作,结果是不大好的:你就得不到多方面的优点。必须如蜜蜂一样,采过许多花,这才能酿出蜜来,倘若叮在一处,所得就非常有限,枯燥了。

  专看文学书,也不好的。先前的文学青年,往往厌恶数学、理化、史地、生物学,以为这些都无足重轻,后来变成连常识也没有,研究文学固然不明白,自己做起文章来也胡涂,所以我希望你们不要放开科学,一味钻在文学里。譬如说罢,古人看见月缺花残,黯然泪下,是可恕的,他那时自然科学还不发达,当然不明白这是自然现象。但如果现在的人还要下泪,那他就是胡涂虫。

鲁迅对文学青年始终是关怀备至,怀有亲切、爱护之情,是舐犊之情,他致颜黎民的这封信就是典型的例证。

颜黎民从中学时代起就要求进步,国民党当局越打压、迫害,他的革命意志越坚定。1938 年,经在新四军工作的叔父颜伏和新四军政治部介绍,他赴延安抗大学习。翌年毕业后,颜黎民被分配到安徽搞民运工作。解放战争期间,他在韦国清、张震任正副司令员的华东野战军第二纵队从事部队工作。1947年5月,他们取得了全歼国民党王牌74师的孟良崮大捷。7月,又打响了鲁中的南麻战役,南麻,即今淄博市沂源县城。这一鲁中腹地周围群山环立,易守难攻,驻守南麻的是国民党军"五大主力"之一整编第11师,装备精良,训练有素,师长是"狡如狐,猛如虎"的胡琏。颜黎民时任华东野战军第二纵队的营教导员,所在的二纵队担任正面进攻,敌方飞机大炮狂轰滥炸,加上连日暴雨成灾,这场山地攻坚战打得空前艰苦,甚至可说惨烈、残酷。人民解放军10余万将士经过四昼夜浴血苦战,歼敌9 000余名,同时也付出了惨重的代价,其中光荣牺牲的就有35岁的教导员颜黎民,他把自己的一生直至宝贵的生命献给了中国人民的解放事业。

馆藏一斑

绍兴鲁迅纪念馆藏三封名人家书释读

周玉儿　绍兴鲁迅纪念馆

片纸千钧重,家书意万重。家书是写给亲人言情、明志、谈事、说理的私人书信。一封家书,一份亲情,是一个时代思想文明的一种传承,更是一个时代历史发展的一种见证。2023年7月21日,《此致·近你——名人家书展》在湖南常德丁玲纪念馆温情开展,绍兴鲁迅纪念馆特选送馆藏鲁迅、周建人、许寿裳的三封家书参展。这三封尘封已久的家书,有对手足的牵挂之意,有对故乡的思念之情,有对晚辈的期盼之感,它凝结着浓浓的乡情,传递着血脉亲情,是家庭的情感纽带,是家教的重要载体,也是家风的一面镜子。

一

1920年,鲁迅二弟周作人患肋膜炎住院治疗,后又复发加重。1921年6月2日至9月21日,周作人在西山疗养,当时在北京教育部工作的鲁迅为他安排了食宿和医药,并常在周末前往探视。鲁迅给周作人的信有几百封,唯独这一时期的信保存下来,即使之后周作人与鲁迅关系恶化,这一段在病痛交加中感受过的温暖兄弟情,始终让周作人不忍毁弃。此信全文如下:

二弟览:昨得来信了。所要的书,当于便中带上。

母亲已愈。芳子殿今日上午已出院;土步君已断乳,竟

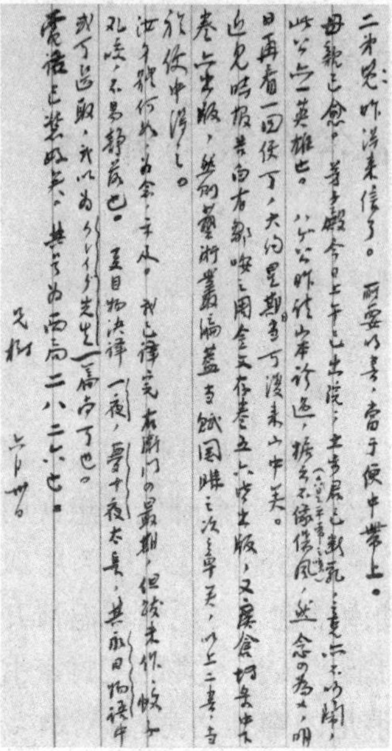

亦不吵闹，此公亦一英雄也。ハグ〔が〕公昨请山本诊过，据云不像伤风（只是平常之咳），然念の爲メ，明日再看一回便可，大约星期日当可复来山中矣。

近见《时报》告白，有邹咹之《周金文存》卷五六皆出版，又《广仓砖录》中下卷亦出版，然则《艺术丛编》盖当赋《关雎》之次章矣。以上二书，当于便中得之。

汝身体何如，为念，示及。我已译完《右衛門の最期》，但跋未作，蚊子乱咬，不易静落也。夏目物〔語〕决译《一夜》，《夢十夜》太长，其《永日物語》中或可选取，我以为《クレイグ先生》一篇尚可也。

电话已装好矣。其号为西局二八二六也。

兄树 六月卅日

图1 1921年6月30日 鲁迅致周作人信（二级文物） 尺寸：23×12.5cm

信中，鲁迅向周作人告知家人的近况。信中提到的芳子，即羽太芳子，羽太信子之妹，周建人妻。"土步"，即周丰二（1919—1992年），原名沛，周建人与羽太芳子的次子。"土步"是一种非四鳃的鱼，有点呆头呆脑，傻得有点可爱的样子，绍兴人称为"呆土步"。鲁迅短篇小说《鸭的喜剧》中，就有一段以"土步"与乌克兰盲诗人爱罗先珂的交往为素材的对话。翻看这一时期的《鲁迅日记》，从对丰二的记载中可见鲁迅对"土步"很关爱，视同己出。信中鲁迅更是将2岁的黄毛侄儿戏为"英雄"，夸赞他乖巧勇敢。特别是丰二周岁前后患病时,鲁迅更是多次为他延医诊治,"为沛取药",常常彻夜不眠,字里行间充分感受到了他对晚辈的大爱和真情。

"ハグ〔が〕公",即周丰一(1912－1997年),周作人与羽太信子之子,原名丰,又称丰丸,后改丰一,鲁迅为他取名"之迪"。1912年5月16日,周丰一生于浙江绍兴,5月23日,鲁迅从三弟周建人来信中得知这一喜讯,随即在日记中记载:"大小均极安好,可喜"[1]。在《鲁迅日记》中,有28处提及周丰一与鲁迅的交往,均集中在丰一的童年时代。鲁迅也很关爱这个周家大侄子,为他延医治病,送他皮鞋、饼饵等礼品和玩具。尽管鲁迅惜时如金,却从不吝啬在这位大侄子身上耗费时间,他曾多次携周丰一"同游农事试验场"[2]"游须子园""游公园"[3]。周丰一晚年时也十分感念辞世多年的伯父鲁迅,在日本和中国发表过多篇回忆文章。

信的后半部分,主要论及书籍出版、自译文稿等事宜。1921年6月6日,上海《时报》刊登了时任上海广仓学会编辑、金石学家邹胺(应为邹安)所编的《周金文存》(正编六卷,补遗六卷)《广仓砖录》(上海广仓学会辑印的古代砖瓦文字图录,三卷)的出版广告,鲁迅便将此事告知周作人。此外,还谈到了《周金文存》《广仓砖录》曾在《艺术丛编》上连载但未载完等事。在表达了对弟弟周作人身体状况的挂念后,鲁迅又聊到了自己翻译日本菊池宽作的短篇小说《三浦右卫门的最后》和日本小说家夏目漱石《永日物语》中《克莱喀先生》一事。信的结尾,还将新安装的电话号码告知周作人。

1991年9月,周丰一回乡探亲,感念桑梓情深,便将包含这封书信在内的17封书信捐赠给绍兴鲁迅纪念馆,为故乡的鲁迅研究提供了珍贵的文物史料。

二

周建人(1888—1984)系鲁迅的胞弟，本名松寿，字乔峰，在兄弟中排行第三。郦辛农(1891—1971)本名郦永庚，绍兴城区广宁桥直街人，是周氏兄弟的姨表弟，他们之间关系密切，尤其与周建人交往更多。此信系1969年8月28日，周建人写给郦辛农的。写这封信时，周建人眼睛已经不方便。在他女婿顾明远印象中，晚年的周建人眼底出血，近乎失明，看书时必须用放大镜，最大的那个放大镜可以放大6倍。后来，用放大镜也看不清了，写字经常会两行变一行。因此，我们看到这封信，字迹略显凌乱，但童年生活的稚趣却跃然纸上，用周建人自己的话来说，"这等幼年之事回忆回忆，大可以消暑"。此信全文如下：

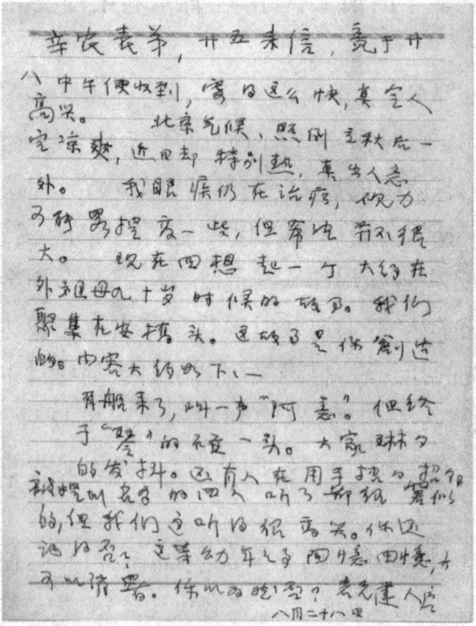

图2　1969年8月28日　周建人致郦辛农信　尺寸:25.7×18.9cm

辛农表弟，廿五来信，竟于廿八中午便收到，寄得这么快，真令人高兴。北京气候，照例立秋后一定凉爽，近日却特别热，真出人意外。我眼疾仍在治疗，视力可能略提高一些，但希望并不很大。现在回想起一个大约在外祖母九十岁时候的故事。我们聚集在安桥头。这故事是你创造的。内容大约如下：——

有船来了，叫一声"阿意"。但终于"琴"的碰一头。大家琳琳的发抖。还有人在用手招招招招，被提到名字的四人听了都很窘似的，但我们这听得很高兴。你还记得否？这等幼年之事回忆回忆，大可以消暑。你以为然否？

表兄建人启
八月二十八日

信中，周建人谈到自己患眼疾的事，更多是回忆了童年时与表兄弟们在安桥头外婆家的趣事。鲁迅在《社戏》一文中回忆的，鲁镇上未当家的出嫁女儿，有在夏间回母家消夏的习俗。信中回忆的趣事，正是发生在鲁迅母亲回娘家消夏时。郦辛农所创造的故事，提到的四个人名是"意""琴""琳""招"，分别是鲁迅小舅父鲁寄湘的四个女儿，即鲁琴姑、鲁意姑、鲁佩琳和鲁招官，她们和周氏三兄弟还有一段不同寻常的故事。周建人在《鲁迅故家的败落》一书中写道："我的小舅父、小舅母带了他们的四个女儿到我家来住了几天，他们的四个女儿，大的叫琴姑，老二叫意姑，老三叫林姑，老四叫昭（招）官。一个个都生得很端正……我小舅父也就教她们读书，所以她们都有文化，琴表姊还能看医书。她们的年龄，琴姑和我大哥相仿。"[4]旧时，绍兴盛行老亲结亲的习俗，小舅父很想许配一个女儿给外甥，鲁迅母亲也希望两家能"亲上加亲"。鲁迅在南京读书时，鲁迅母亲曾到娘家提过亲，有意撮合鲁迅、琴姑结为秦晋之好。但琴姑生肖属羊，遭到迷信的长妈妈的极力反对,说琴姑命凶,会克夫,鲁寄湘只好把琴姑济配给了别人。不久,琴姑病逝,临终前,琴姑对服侍她的贴心保姆说:"我有一桩心事,在我死前非说出来不可,就是以前周家来提过亲,后来忽然不提了,这一件事,是我的终身恨事,我到死都忘不了。"[5]鲁迅母亲后来听说了,把头低了下来,半天没有出声。琴姑临终前遗憾终生的一席话,一直使鲁迅母亲感到内疚。

本来,鲁寄湘的次女意姑、三女林姑也都到了年纪,可以许配给周作人,不料周作人1906年东渡日本留学,在异国他乡与东洋女子羽太信子坠入爱河。对此,鲁寄湘对自己的姐姐也有意见,曾怨愤地对鲁迅母亲说:"难道周家的门槛那么高吗?我的女儿就进不了周家的门吗?"[6]周家幼子周建人与鲁家幼女招官恰好同龄,两家又让周建人与招官订了婚,但由于招官的早逝,这桩姻缘再一次成为泡影。1912年10月1日《周作人日记》载:"午,安桥头使来,云招官于昨下午八时去世,为之愕然。午后母亲及乔峰趁舟同去。"2日《周作人日记》又载:"午,母亲、乔峰归,小舅舅同来。"5日《周作人日记》还载:"下午,乔峰往安桥,为理首七事。"(7日"午,乔峰归")周建人参与料理了鲁招官后事和"理首七事",正是他曾是鲁家"准女婿"的旁注。

收信人郦辛农,比鲁迅小10岁,他早年教过书,在动植物学方面颇有造诣。虽然鲁迅在《鲁迅日记》中对他仅有4处记载,但二人志趣相投,多有往来。1908年,远在日本的鲁迅获悉郦辛农出于养蜂、种植等需要,想新建一座实用住宅,就用白铁皮为他亲手设计制作了一个房屋模型。1925—1928年,郦辛农以此模型为蓝本建成一座住宅,这座住宅吸取了许多日式元素,如拉门拉窗等,打破了绍兴民宅的传统,令人耳目一新。现在,这座房子尚在,而鲁迅设计的房屋模型也珍藏在绍兴鲁迅纪念馆里。辛亥革命期间,鲁迅在绍兴教书,同样对动植物感兴趣的二人时有往来。1916年底,鲁迅从北京回绍探亲,特地将一盆从日本带回的水野栀子馈赠给郦辛农。郦辛农一直精心培育，直至1963年6月25日，他割爱将这盆日本花卉托付给了绍兴鲁迅纪念馆。1919年12月，鲁迅回绍，准备举家迁至北京，期间郦辛农多次前来探望，鲁迅又将一只蓝底白花的八角瓷花瓶和一枚自日本带回的水晶图章等礼物送给他，以资纪念。郦辛农与鲁迅交情匪浅，对故乡的鲁迅研究事业也颇有助力，除了捐赠大量鲁迅文物之外，他还将周建人寄给自己的珍贵信札也毫无保留地捐给了国家。郦家家风淳朴，1988年11月10日，郦辛农次子郦厚生又将这封周建人晚年的来信捐献给了绍兴鲁迅纪念馆，现得到妥善保存。

三

许寿裳(1883—1948)，浙江绍兴人，中国现代著名教育家、学者。1948年2月遇刺，死于台北。许寿裳是鲁迅的同乡、同学、同事，更是一生挚友。这是许寿裳写给姨甥张启宗的信。

1937年6月，许寿裳应夏丏尊之邀，在《中学生》月刊第76期上发表《青年期的读书》一文，对青年的读书问题，他"愿意贡献一点小小的意见：（一）少读中国书，多读外国书；（二）少捧国粹，多捧'人粹'。"[7]他希望青年读书，应由自己泛读，自己抉择，将书上得来的一切，经过自己的思索与实践的验证，从而真正内化为自己的智慧。许寿裳作《青年期的读书》一文时，鲁迅已经离开人世8个多月了，在文中，许寿裳大段引述了鲁迅在《华盖集·十四年的"读经"》《华盖集·青年必读书》中的话，这也是许寿裳对鲁迅1925年"青年必读书"主张的认同与弘扬。

姨甥张启宗看到许寿裳写的《青年期的读书》一文后，随即写信给许寿裳，虽然张启宗想去北方参加学生运动，但在信中，只告知许寿裳希望在北方大学里当图书管理员，能便于在大学旁听，以求上进。这是张启宗第一次给许寿裳写的信，此后书信往返不断。很快，6月22日，许寿裳便给张启宗回了此信，除了感慨至亲

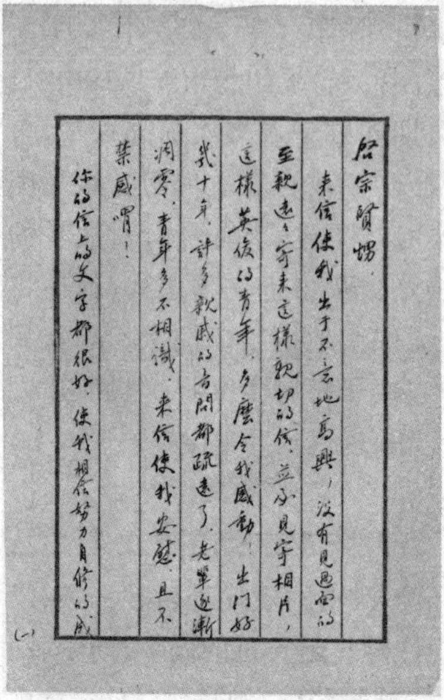
啓宗賢甥：
來信使我出于不意地高興，沒有見過面的至親，遠遠寄來這樣親切的信，並且見寄相片，這樣英俊的青年，多麼令我感動。出門好幾十年，許多親戚的音問都疏遠了，老輩逐漸凋零，青年多不相識，來信使我安慰，且不禁感喟！
你的信上的文字都很好，使我相信努力自修的成

(一)

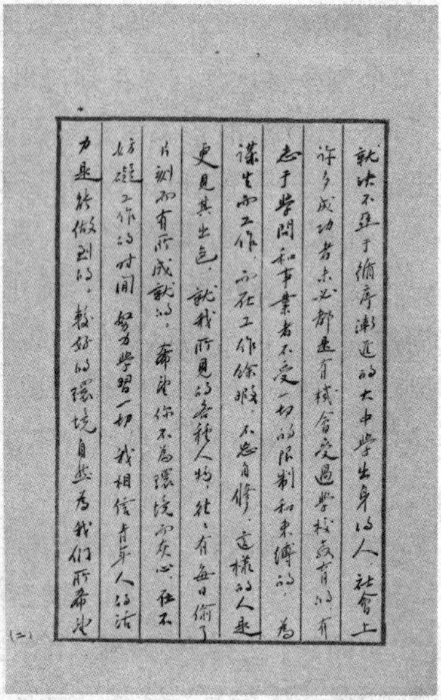
就決不亞于循序漸進的大中學出身的人。社會上許多成功者未必都是有機會受過學校教育的，有志于學問和事業者不受一切的限制和束縛的。為謀生而工作，而在工作餘暇，不忘自修，這樣的人尤更見其出色。就我所見的各種人物，往往有每日除了片刻而有所成就的。希望你不為環境所灰心，在不妨礙工作的時間，努力學習一切，我相信青年人的活力是能做到的。較好的環境自然為我們所希望

(二)

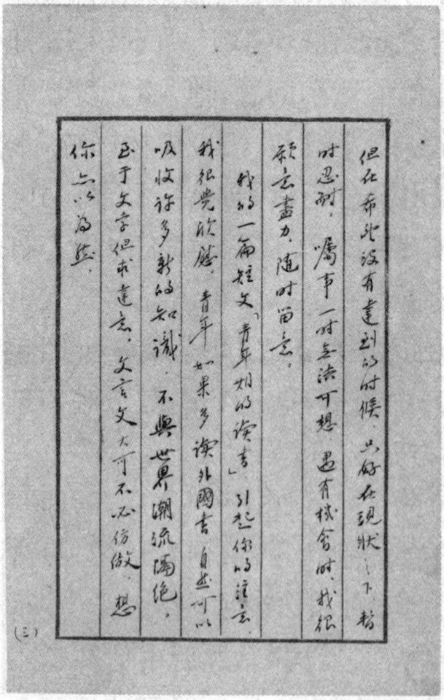
但在希望沒有達到的時候，只好在現狀下利用時間。囑事一時無法可想，遇有機會時，我很願意盡力，隨時留意。
我的一篇短文「青年們的讀書」，引起你的注意，我很覺欣慰。青年如果多讀外國書，自然可以吸收許多新的知識，不與世界潮流隔絕。至于文字，但求達意，文言文大可不必仿做。想你亦以為然。

(三)

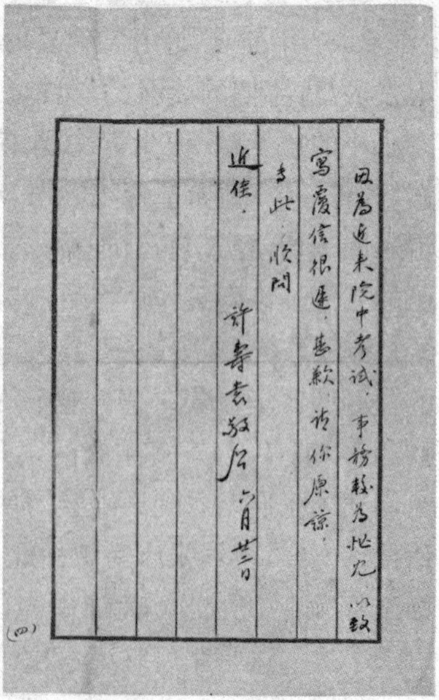
因為近來院中考試，事務較為忙冗，以致寫覆信很遲，甚歉，請你原諒。
專此，順問
近佳。
許壽裳啟　六月廿二日

(四)

图 3　1937 年 6 月 22 日　许寿裳致张启宗信　尺寸:28.4×18.6cm

的青年自远方来信给自己以极大安慰之外,还由衷地鼓励张启宗,应当有志于学问与事业,而不拘泥于循序渐进的学校教育,也热心地表示愿尽力提供帮助。此信全文如下:

启宗贤甥:

　　来信使我出于不意地高兴,没有见过面的至亲远远寄来这样亲切的信,并承见寄相片,这样英俊的青年,多么令我感动!出门好几十年,许多亲戚的音问都疏远了,老辈逐渐凋零,青年多不相识,来信使我安慰,且不禁感喟!

　　你的信上的文字都很好,使我相信努力自修的成就,决不亚于循序渐进的大中学出身的人。社会上许多成功者,未必都是有机会受过学校教育的,有志于学问和事业者,不受一切的限制和束缚的。为谋生而工作,而在工作余暇,不忘自修,这样的人是更见其出色。就我所见的各种人物,往往有每日偷了片刻而有所成就的。希望你不为环境而灰心,在不妨碍工作的时间,努力学习一切,我相信青年人的活力是能做到的。较好的环境自然为我们所希望,但在希望没有达到的时候,只好在现状之下暂时忍耐。嘱事一时无法可想,遇有机会时,我很愿意尽力,随时留意。

　　我的一篇短文《青年期的读书》引起你的注意,我很觉欣慰。青年如果多读外国书,自然可以吸收许多新的知识,不与世界潮流隔绝。至于文字但求达意,文言文大可不必仿做,想你亦以为然。

　　因为近来院中考试,事务较为忙冗,以致写复信很迟,甚歉,请你原谅。

　　专此,顺问

近佳。

许寿裳敬启　六月廿二日

张启宗(1916—?),浙江绍兴人,后参加地下党工作,中华人民共和国成立后在交通部离休。1992年6月,张启宗在《朴实淡雅,勤慎恒学——回忆姨父许寿裳先生》一文中,深情回忆许寿裳爱护青年、诲人不倦的往事,他说"姨父要求我'勤、慎、恒、学',也指出了我的缺陷是勤奋不足,谨慎宜严,耐心欠够,……现在我虽已七十有六,进入了老年。但我还应当以'勤、慎、恒、学',作为我此生的座右铭。"[8]

20世纪90年代初,得知张启宗藏有许寿裳书信的信息,绍兴鲁迅纪念馆裘士雄、徐东波两位馆长多次赴京,希望张启宗能捐赠这些珍贵书信,以飨大众。最终,张启宗为两位馆长的真诚所感,慷慨地将近百封许寿裳书信无偿捐赠给了绍兴鲁迅纪念馆。今年是许寿裳诞辰140周年,笔者作为鲁迅纪念馆的工作人员,怀着对许寿裳先生的钦佩之情,谨以这则短文,作为心香一瓣,纪念这位亮节高风的现代贤儒。

上述三封家书,只是绍兴鲁迅纪念馆众多文物藏品中的冰山一角。建馆70年来,绍兴鲁迅纪念馆的馆藏文物资料,从无到有,由少变多,直至如今,馆藏文物数量在浙江省人物类博物馆(纪念馆)中已位居第一,这需要归功于像郦辛农、周丰一、郦厚生这样的鲁迅亲友的慷慨捐赠;归功于像张启宗这样的有识之士的无私奉献;归功于几代纪念馆人的不懈努力。正因为有了他们,这些流落星散的珍贵文物,才得以重新凝聚成近现代历史的浩瀚星河。

注释

[1] 鲁迅:《日记·壬子日记〔一九一二年〕五月》,《鲁迅全集》第十五卷,人民文学出版社2005年版,第2页。

[2] 鲁迅:《日记·己未日记〔一九一九年〕十月》,《鲁迅全集》第十五卷,人民文学出版社2005年版,第381页。

[3] 鲁迅:《日记·日记第十〔一九二一年〕二月》,《鲁迅全集》第十五卷,人

民文学出版社 2005 年版,第 425 页。

[4] 周建人:《升叔要求替斩》,《故家的败落》,福建教育出版社 2017 版,第 80 页。

[5] 周建人:《要改变国民的精神》,《故家的败落》,福建教育出版社 2017 版,第 183 页。

[6] 周建人:《"袁世凯毒死了万岁爷!"》,《故家的败落》,福建教育出版社 2017 版,第 193 页。

[7] 许寿裳:《青年期的读书》,《现代贤儒——鲁迅的挚友许寿裳》,台海出版社 1998 年版,第 262 页。

[8] 张启宗:《朴实淡雅 勤慎恒学——回忆姨父许寿裳先生》,《许寿裳纪念集》,浙江人民出版社 1992 年版,第 78—79 页。

鲁迅日本时期《说文解字》笔记考

徐晓光　绍兴鲁迅纪念馆

2021年9月,由国家图书馆出版社、文物出版社出版的《鲁迅手稿全集》第64册杂编收录了两份鲁迅在日本东京听章太炎讲授的《说文解字》笔记——一份是由绍兴鲁迅纪念馆收藏的《说文解字》,共27页;一份是国家图书馆收藏的《说文解字札记》,共18页。北京鲁迅博物馆的肖振鸣老师曾写过一篇名为《〈说文解字札记〉题记》,对这两份笔记进行了介绍。但文中对于两套笔记的来源和内容没有作过多的介绍,使大众产生了不少的疑问。今天,通过对这两份笔记的考据,让我们更好地了解青年鲁迅是怎样学习的,我们也可以从鲁迅师从章太炎学习古文字可见,鲁迅在学习中能够独立思考不盲从,严谨的治学态度,运用文字的"洁癖",以及对魏晋六朝文章的爱好等方面,对鲁迅一生都有极其深刻的影响。

清光绪三十四年(1908年),鲁迅在日本东京求学。同年4—9月,章太炎出狱以后,在日本东京一边为《民报》撰文;一边为青年开设国学讲习班,讲授《说文解字》《尔雅义疏》《庄子》等典籍,并专设《说文》讲座一班。许寿裳在《亡友鲁迅印象记》中对《从章先生学》作了详细的描述,"每星期日清晨,我们前往受业,在一间陋室之内,师生环绕一张矮矮的小桌,席地而坐。先生讲段氏《说文解字注》郝氏《尔雅义疏》等,神解聪察,精力过人,逐字讲释,滔滔不绝,或则阐明语原,或则推见本字,或则旁证以各处方言。"听讲者共八人：朱希祖、钱玄同、鲁迅、周作人、龚未生、许寿裳、朱宗莱、钱家治。当时听课者都记了笔记，现存的只有鲁迅、朱希祖、钱玄同和许寿裳四人的笔记。笔者没有看到其他三人的笔记，但鲁迅的笔记却有两套，这是怎么回事呢？笔者经过仔细核对，对两套笔记进行了分析。认为第一套笔记应该是鲁迅在日本听课时期所作的原稿，字迹相对潦草，有修改的痕迹。根据现存的情况，第二套是鲁迅后期在第一套的基础上，进行整理后，重新抄录的。据周作人回忆："用的书是《说文解字》，一个字一个字的讲下去，有的沿用旧说，有的发挥新义，鲁迅曾借未生的笔记抄录。"因此，第二套笔记是鲁迅向朱希祖借抄后的笔记，对有些内容进行增补，字迹工整，版面清晰，书写一气呵成。但这套笔记最终也没有做完整，就被带到了北京，最后由周作人收藏。

这两套笔记到底有哪些不同呢？第一套笔记收录有第一篇（下）86个汉字；第二篇（上）84个汉字；第二篇（下）68个汉字；第三篇（上）85个汉字；第三篇（下）73个汉字。书写的文字相对潦草，书眉有大量的批注，正文有夹注，对内容有多处修改的痕迹。纸张泛黄，页面有墨渍、水渍等污损。

第二套笔记收录有第一篇（上），收纳7部56个汉字；第一篇（下），收纳2部64个汉字；另有3页记录关于"六书"的内容。书写的文字秀丽、工整、清晰，纸张洁白，排版非常整洁，似是整理后的抄写稿。

为了更好地区分两套笔记，笔者对两套笔记所记录的"艹部"进行比较。第一套"艹"部共记录83个汉字，第二套的"艹部"共记录60个汉字，其中23个汉字是第一套所没有的，是在抄写时增补进去的，笔记抄到"蔦"字，便结束了，还有45个"艹"部汉字没有记录，而是另起一页，抄写了关于"六书"的内容。而"六书"这些内容是第一套所没有的。因此两套笔记内容都不完整，但记录工整，条理缜密，书法古雅，体现了鲁迅早期手迹一贯严谨的风格。

第二套笔记的卷首页有不知何人所记的题记"一九〇八年在东京《民报》社听章太炎先生讲《说文》时之笔记二种",说明笔记确实有两套不假。据北京鲁迅博物馆叶淑穗老先生回忆,两套笔记原存周作人手中,约在 1953 年,由其子周丰一将《说文解字札记》捐赠给北京图书馆,后又将《说文解字》捐赠绍兴鲁迅纪念馆。其实,这一说法有误。根据近年出版的《绍兴鲁迅纪念馆馆藏文物精华》介绍,现藏于绍兴鲁迅纪念馆的《说文解字》讲义是在绍兴发现的。原来,1919 年 12 月,因共同出卖周氏新台门,鲁迅特意从北京回绍兴处理搬家北上事宜。在家的周建人为这次搬家做了各种准备,有些不能带走又不舍处理的藏书等资料都放在三只黄皮箱子里,寄存在绍兴友人张梓生家里。1953 年许广平为协助绍兴鲁迅纪念馆筹建鲁迅故居的原状陈列,将当年记录寄存售卖之《绍兴存件及付款簿》寄给绍兴鲁迅纪念馆。工作人员按记录中线索,在绍兴县(今绍兴市柯桥区)皋北乡洋浜村张梓生家取回当年鲁迅家寄存的三箱藏书,并从中发现了不少鲁迅青少年时期的遗物,其中便有鲁迅在南京时期的手抄课堂讲义五种以及日本时期的《说文解字》笔记等。由此可见,第一套笔记始终在绍兴,没有被带到北京。第二套笔记是被带到北京或准备在北京继续抄写,使鲁迅对古文字也有了相当的研究,曾准备写一部《中国文字变迁史》。因此,这套笔记一直收藏在周作人手中,之后由其子周丰一捐赠国家图书馆。

从现存的两套笔记可知,鲁迅对这次学习非常重视,不但在上课时认真听讲做记录,课后还对笔记进行查漏补缺,整理抄写。细致严谨,一丝不苟的学习态度,给他打下扎实的古文字学功底,同时,在文学创作和古文字学上都受到章太炎潜移默化地影响很深。鲁迅在编著的讲义《汉文学史纲要》中还专门论述了《说文解字》,便是受到了章太炎观点的启迪。

鲁迅作品教与学

西南联大学生的鲁迅阅读
——以许渊冲为例

张学义　西安翻译学院文传学院

许渊冲的《西南联大 1939—1943 求学日记》（以下简称《日记》）一书的资料性可谓独具特色。一是日记资料的主体性强——充分反映了当年自己在西南联大外文系读书时的学习、读书、思考与收获等；二是资料的完整性强——几十年之后对应性地做了补充；三是资料的穿越性强——今昔对应地择要做了注释；四是资料的总括性强——具备索引、统计功能的"附录"具有查阅与检索的方便。这本极具阅读价值的"日记"清晰地反映出其"求学"的内涵——读书、翻译与思考等。其广泛阅读鲁迅著作的有关记述，为窥得当年西南联大学子在战乱年月求学、成长、发奋，提供了可信的例证。

"自得其乐"的阅读

鲁迅自 1918 年《狂人日记》问世至 1936 年 10 月 19 日去世，他的名字一直和呐喊、批评、抗争、号召青年行动联系在一起。随着 1936 年鲁迅逝世丧礼的隆重举行，1938 年二十卷本的《鲁迅全集》赫然问世，鲁迅与中国青年学生的联系进一步紧密。当年作为西南联大外文系的学生许渊冲，早就开启了自己的鲁迅著作阅读，这在他的《日记》里多有记载，从中可以看出在那个战火纷飞的年代，鲁迅作品对西南的一个青年大学生的阅读与影响。

许渊冲在1938年17岁时毕业于南昌中学(读高三时迁入永泰镇),7月,参加了浙江大学的统一考试,当知道清华、北大、南开三所大学南迁组成昆明西南联合大学,于是第一志愿就报考了联大外文系。[1]在口试的过程中,他引用鲁迅在青年必读书中的观点回答自己为什么报考外文系的面试提问,即"读中文书死气沉沉,读外文书生气勃勃。"至1938年11月1日,他读完了鲁迅翻译的《死魂灵》第一部。他当时感觉"还有什么比自由阅读更有兴味呢!读福尔摩斯不如读《死魂灵》有味了。福尔摩斯长于结构,《死魂灵》却长于写实。书中所描写的主角的性格都是活的,我们随时可以在我们自己或我们认识的人之中发现些'乞乞可夫'气。它暴露了俄国民族的弱点之后,又运用了艺术之笔,加以很巧妙的讽刺。《死魂灵》真可以不朽了。"[2]至1938年11月12日,他又读《鲁迅杂感选集》,对其中《文学与革命》诸篇感受颇深,他说:"鲁迅的意见以为文学是没有多大力量的,他并不能改革时代,只有改革时代才能改革文学,所谓超时代的文学不过是和'自己提起自己的耳朵离开世界'一样地自欺欺人。但我学文学,目的本也不是想改革时代,不过想多读几本书而已。"[3]这说明,许渊冲在中学阶段(也许更早)就读到不少鲁迅的作品且深深爱上鲁迅的著作,在自己的思考与接受中产生了深深的共鸣。这为他进入西南联大之后的本科学习中继续寻觅着阅读鲁迅著作开了一个好头,做了一个铺垫。1938年11月5日,许渊冲从10月30日的《江西国民日报》上得知自己考取了西南联大外文系的消息。1939年1月,他才到了昆明西南联大报到入学,正式成为一名大学生——他是带着《鲁迅杂感选集》和《死魂灵》入校的。[4]

许渊冲把他上大学之前的读书方法概括为"自得其乐"法。后来反思说:"对于鲁迅,我中学时代我几乎是无话不听的。浙江大学口试之后,才觉得鲁迅也有片面性。关于文学改造时代的问题,鲁迅未免说得太绝对了。……我这样自得其乐的读书法有利有弊:弊在不乐不读,如果兴趣不大,阅读就不会多;利在有兴趣才能深入,才有所得,如能乐而忘忧,还可能有所创造,并且还能保持身体健康。"[5]

够青年用一辈子

进入西南大学之后,许渊冲的阅读自由度更大了。在大学一年级时,他对阅读鲁迅表现出少有的热度。这个时期,主要阅读的有《死魂灵》《集外集》《毁灭》《工人绥惠略夫》等。在听了几场有关鲁迅的学术报告,大受启发,进一步强化了他自己的独立思考能力。

1939年1月,许渊冲到昆明西南联大报到入学,这时候学校已经开学上课有一个月的时间了。1939年2月1日,他接着读鲁迅翻译的《死魂灵》第二部,由此认识到果戈理努力要创造一个正面人物,结果却失败了。因此他想:"写反面人物容易,写正面人物却很难。"[6] 2月3日,在读完《死魂灵》第二部时,他认为这是果戈理没有写完,鲁迅又没有译完的名著,感慨说如果自己再读不完,那真是"三不美"了。[7]接着,他又读《鲁迅先生语录》并摘抄内容若干条。认为鲁迅说得真好,够青年用一辈子。[8] 2月13日,他读鲁迅译的法捷耶夫的《毁灭》两章。[9] 2月15日,他读鲁迅《集外集》。[10]在西南联大南院阅读室读鲁迅翻译的法捷耶夫的小说《毁灭》,他感到小说不重情节,但是性格生动,战争描写逼真。[11]

他读鲁迅译《工人绥惠略夫》,感到这部作品说明了革命尚未成功的思想状况,[12]读鲁迅译的《十月》,感到内容写苏俄十月革命时莫斯科的混乱,觉得不如《毁灭》。[13]读鲁迅译《苦闷的象征》,并做摘要三条。[14]归纳总结自己这一时期总体的阅读偏好,明确表示爱读俄国作品。[15]

2月27日,他上政治学概论时,"浦薛凤和张佛泉教授都说英国议会制好。从保守的观点来看,也许如此;但从进步的观点来看呢？也许结论就不同了"。[16]对于"也许结论就不同了"的话,其意思就是许渊冲并不认为议会制对中国就一定适用、老师的观点就未必正确的个人见解。许渊冲后来回忆道,当时之所以有这样不同意老师观点的看法,可能受了鲁迅、巴金等人小说的影响。[17]

丰富的大学生活里的学术报告提升了他的阅读质量,许渊冲在积极听取学术报告中善于参悟自己的鲁迅阅读。1928年1月2日下午,他到西南联大三楼大教室听茅盾的演讲。在《日记》里写道:茅盾是由朱自清陪着来的。茅盾的讲题为《一个问题的面面观》,批判汪精卫投降日本的行径。[18]4月27日,听魏建功教授讲鲁迅的《狂人日记》,觉得这篇小说早就读过,不过读而不知其味。"魏先生是鲁迅的学生,他说从作品中可以看出新旧思想的斗争。鲁迅从新的观点看,认为旧社会是人吃人的社会,所以要改革。我这才明白了这部作品的意义。"[19]8月1日,他听朱自清讲鲁迅的小说,说到《药》写中国吃人的风俗,穿插着亲子之爱和新生的希望。许渊冲当时觉得不如解释为愚昧的群众用革命者的鲜血来治病,不知道用革命精神来做救世的良药。他说《眉间尺》赞美复仇的精神,讽刺懦怯和帮闲的人物。这倒是符合鲁迅的思想。[20]

在阅读与思考的潜移默化中使他有了自己的思考与心得,于是又想起鲁迅的话:"革命之后的文学,一种是旧的怀恋,一种是新的讴歌。"我前一种心情是怀恋,后一种是讴歌,那么,我的生活中也有革命了。[21]他把阅读和自己学生时代的人生成长结合起来,醒悟到他的学生生活中的一些言行"暴露了我的分数观点和阿Q精神"[22]。对于读了《鲁迅全集》的人来说,要求未免太低,鲁迅的文字也老化了。他通过读朱光潜的《孟实文钞》,思考着"自己应该为人生而艺术还是为艺术而艺术？发现自己是一个中庸主义者"[23]。

1939年10月20日下午,孙伏园先生来联大南院"南天一柱"

大教室演讲。他谈到鲁迅作品,在《呐喊》中最喜欢《药》,鲁迅先生自己却更喜欢《孔乙己》。因为《药》的主人公是一个特殊的革命先烈,群众也是太愚昧、太无同情心的群众,不如《孔乙己》写一个常见的普通人,群众也不是完全无同情心,更有现实意义。许渊冲觉得"此人的修养不同,观察就不相同;观察不同,见解也就不同。"[24]

11月15日,他读完萧军《八月的乡村》,概括出这部"写东三省游击队和日本军队作战、杀财主、招兄弟以及牺牲的故事,中间有两段恋爱的插曲。比起法捷耶夫写游击队的《毁灭》来,显得结构和描写都有逊色。《毁灭》第一部分写队员的性格,第二部分写小冲突,第三部分写大斗争,全部发展前轻后重,人物性格生动,《八月的乡村》却有矫揉造作之感。"[25] 12月7日,他看电影《夏伯阳》,尤其喜欢夏伯阳的性格,写道:"夏伯阳是一个军官,性格非常暴躁,有时因私忘公,但他作战非常勇敢,总是一马当先,他的脾气也像六月的风暴,爆发时很吓人,发作后又很平静了。只要辅助得人,还可能成功的。我说喜欢夏伯阳的性格,匡南笑着说:因为你像他嘛。"[26] 读《铁流》,他赞扬其充满革命的磅礴激情,在日记里写道:"左边是山,右边是海;后面有哥萨克,前面有克鲁哀。铁流没有子弹,但用马队冲锋,空拳夜袭,居然取得胜利了。"[27] 1940年7月6日,他又读施蛰存的谈鲁迅《明天》一文,认识到"自己从前读《明天》一点不懂,读了施文,才知道是写母爱与性心理的。"[28]

能看出来,作为大学生的许渊冲,在其丰富、忙碌中,阅读鲁迅的作品占据了他很多时间。他的阅读更注重把自己的思考带进去,从创作技法方面的对比,与自己人生发展历程的结合,也有读书方法上的反思与改进。对鲁迅,他也表现出一般读者少有的清醒与评判。但鲁迅著作中关于现实的批评、人生的解剖等是他获得最大的激励力量,发自肺腑的"够青年用一辈子"的判断,是对鲁迅本身的"革命性"最大的肯定。

质疑鲁迅的"硬译"

进入大学二年级后,许渊冲的鲁迅阅读与上一年相比冷静了不少,他作为一个外文系的大学生,对鲁迅著作阅读注重与自己的外文课程的学习结合起来,尝试着从翻译的专业角度考量鲁迅的翻译,这成为他阅读鲁迅译作中的一个习惯性眼光。他对鲁迅所主张的"直译"有一个从接受、实践到质疑与扬弃的过程,最终形成了自己的翻译思想。

1939年1月9日,他读完果戈理的《巡按使》英译本,认为"作品内容是讽刺腐败的官僚,虽然是俄国剧本,却比鲁迅的小说好懂多了"[29]。6月10日,他买了一本鲁迅翻译的《俄罗斯的童话》,读后觉得可以取法的地方不多,可以批评的地方不少。[30]

他在尝试翻译练习之初,受鲁迅的影响,用直译的方法,结果翻译得自己也不满意,甚至对翻译失去了兴趣。后来采用意译,认识到"不但是要翻译部分,还要翻译整体,这才能和原文作者的心灵交流,心心相印,息息相通,偶得妙译,乐不可言,这才尝到了翻译的甜头。回忆起来,这种翻译思想的来源,却是得自张佛泉先生的政治课"[31]。2月3日,他觉得林语堂的翻译比鲁迅译的《死魂灵》更好。[32]

1940年4月9日,与同学讨论鲁迅翻译中的直译,认为鲁迅翻译《死魂灵》应取名《农奴魂》,鲁迅译错了,道:"我本来也迷鲁迅,后来就爱吾师尤爱真理,舍直译而取意译了。"[34] 10月29日,他与同学在茶馆谈翻译:"彼得说译文应该力求简练,不用多余的字,像鲁迅那样。我翻译时只是求忠实,却不够通顺。我认为问题不在简练,鲁迅的译文精练,但也不够通顺。问题是如何解决忠实和通顺的矛盾。"[35]当时翻译作品流行全国,鲁迅的直译论为很多进步作家所接受,对他起了很大的作用,但在读了直译的文学作品,基本上都不喜欢。"这就是李政道说的:看出了前人的弱点。不过鲁迅的名气太大我理论上不赞成,实践上却不敢反对,这是我当时在翻译问题上的矛盾。……因此,从前人的实践看来,认为直译不如意译。"[36]

10月11日,吴宓在课堂上讲不赞成拉丁化,当时许渊冲认为从教育的观点看,他的意思未必对,因为教育的目的是要普及,而方块字的确太难了,就是中国人也要学几年才能学会。何如拼音文字能说就能写,能写就能说呢?[37]后来他总结说:"现在看来,吴先生的意思还是对的,我自己的意见却很幼稚,完全是跟着鲁迅走,没有消化鲁迅的思想,也没有用实践去检验拉丁化是不是正确,就说出了自己后来也反对的话。"[38]

在崇敬鲁迅的同时又敢于质疑鲁迅所倡导的"硬译",这对一个在读大学生来说难能可贵。鲁迅的翻译也经历了从意译到硬译的转变,即使在今天看来鲁迅的硬译(宁信不顺)仍具有现实指导价值。但作为立志在翻译上有所建树的外文系的大学生许渊冲而言,对鲁迅硬译的翻译主张做出自己的质疑,从而最终形成自己不同的翻译主张(在保持"信"的前提下尽可能顺)且在后来的翻译事业中做出巨大贡献,何尝不是鲁迅硬译理论接受与思考的另一种收获。

余论

许渊冲在大学时代阅读鲁迅如何选择书籍呢?从其求学日记的记载里可见大概:一是刚入学时候自带3本书中就有2本属于鲁迅的著作:一本《鲁迅杂感选集》;另一本是《死魂灵》之一。二是自己购买,2月16日,因大一国文课外读物选了6本,许渊冲便买了其中的《鲁迅选集》。三是从学校图书馆借来的。值得写上一笔的是,西南联大的图书馆当时就有两套《鲁迅全集》,但是不准借出,因此他的许多阅读就是在图书馆完成的。

通观许渊冲学生时代阅读鲁迅著作的经历,有以下六个显著特点:一是起步早,在中学时代大约十五六岁时的课外阅读中就钟情于鲁迅著作,且在人生选择中深受影响,报考外文系为自己的大学志愿,直接来自鲁迅的青年人的读书主张。二是注重鲁迅著作中思想性的吸收,从他发自肺腑的"够青年用一辈子"的感叹中,折射出鲁迅著作巨大的思想影响力。三是阅读伴随着对自己人生追求的不断思考。四是不为尊者讳。对鲁迅的"硬译"结合自己的具体感受毫不含糊地表达出自己的观点,也因此校正了适合自己的翻译观。五是阅读方法上的渐次提升,由一开始的"自得其乐"的阅读方法,逐渐转变为目的性强、善于吸收鲁迅思想力量、结合自己功课学习重在提高自己翻译水准的阅读方法上。六是阅读相对集中且系统,他在西南联大的前两年里,借助于学校图书馆的方便,通读了二十卷本的《鲁迅全集》。

在20世纪三四十年代国家处于动乱的时期,在西南联大那样艰苦办学的条件下,乃至国民党当局对鲁迅著作传播多加限制的环境里,年仅20岁左右的青年学生,如此如醉如痴地阅读鲁迅著作并影响了人生的选择,引人深思。究其原因:一则西南联大的教风、学风使然;二则作为学生的许渊冲奋发有为的抱负是一个重要的内在因素;三则是鲁迅著作本身在引导青年人不断向上的巨大魅力。一言以蔽之,蕴藏在鲁迅著作中丰富而巨大的思想宝藏和有志青年学子在时代召唤时的碰撞和共鸣!

值得借鉴的是许渊冲"读书要像打仗"的高见:他当年通过广泛的阅读与训练,总结道:读指定参考书好比战略(如持久战),自由阅读好比战术(如游击战)。有战略无战术怎么阵地战持久?有战术无战略游击战也不能速决。所以应该在战略中运用战术,在训练中取得自由,在共性中表现个性,这才是兴趣与成功两全其美之道。他读书做事总追求完美,有时不完美根本不动手,不知道完美要累积经验,长期坚持。人人都是环境的产物、经验的俘虏。要想接近完美,只有不断体验各种环境生活,看见比较好的立刻模仿,发现自己错误立刻改正,这样才有可能接近完美。[39]

注释

[1] 见《日记》第3页。又,1925年鲁迅在1925年2月1日的《京报副刊》上发表《青年必读书》答卷的时候,许渊冲是4岁的儿童,收录这篇答卷的《华盖集》初版的1926年6月,许渊冲才5岁多。

[2] 许渊冲:《西南联大求学日记1939—1943》,中译出版社2021年版,第5—6页。

[3] 许渊冲:《西南联大求学日记1939—1943》,中译出版社2021年版,第10页。

[4] 许渊冲:《西南联大求学日记1939—1943》,中译出版社2021年版,第27页。

[5] 许渊冲:《西南联大求学日记1939—1943》,中译出版社2021年版,第18页。

[6] 许渊冲:《西南联大求学日记1939—1943》,中译出版社2021年版,第44页。

[7] 许渊冲:《西南联大求学日记1939—1943》,中译出版社2021年版,第45页。

[8] 许渊冲:《西南联大求学日记1939—1943》,中译出版社2021年版,第134页。

[9] 许渊冲:《西南联大求学日记1939—1943》,中译出版社2021年版,第48页。

[10] 许渊冲:《西南联大求学日记1939—1943》,中译出版社2021年版,第49页。

[11] 许渊冲:《西南联大求学日记1939—1943》,中译出版社2021年版,第120页。

[12] 许渊冲:《西南联大求学日记1939—1943》,中译出版社2021年版,第122页。

[13] 许渊冲:《西南联大求学日记1939—1943》,中译出版社2021年版,第133页。

[14] 许渊冲:《西南联大求学日记 1939—1943》,中译出版社 2021 年版,第 137 页。

[15] 许渊冲:《西南联大求学日记 1939—1943》,中译出版社 2021 年版,第 121 页。

[16] 许渊冲:《西南联大求学日记 1939—1943》,中译出版社 2021 年版,第 52 页。

[17] 许渊冲:《西南联大求学日记 1939—1943》,中译出版社 2021 年版,第 158 页。

[18] 许渊冲:《西南联大求学日记 1939—1943》,中译出版社 2021 年版,第 30 页。

[19] 许渊冲:《西南联大求学日记 1939—1943》,中译出版社 2021 年版,第 74 页。

[20] 许渊冲:《西南联大求学日记 1939—1943》,中译出版社 2021 年版,第 114 页。

[21] 许渊冲:《西南联大求学日记 1939—1943》,中译出版社 2021 年版,第 13 页。

[22] 许渊冲:《西南联大求学日记 1939—1943》,中译出版社 2021 年版,第 55 页。

[23] 许渊冲:《西南联大求学日记 1939—1943》,中译出版社 2021 年版,第 95 页。

[24] 许渊冲:《西南联大求学日记 1939—1943》,中译出版社 2021 年版,第 182 页。

[25] 许渊冲:《西南联大求学日记 1939—1943》,中译出版社 2021 年版,第 196 页。

[26] 许渊冲:《西南联大求学日记 1939—1943》,中译出版社 2021 年版,第 272 页。

[27] 许渊冲:《西南联大求学日记 1939—1943》,中译出版社 2021 年版,第 254 页。

[28] 许渊冲:《西南联大求学日记 1939—1943》,中译出版社 2021 年版,第 272 页。

[29] 许渊冲:《西南联大求学日记 1939—1943》,中译出版社 2021 年版,第

114页。

[30] 许渊冲:《西南联大求学日记1939—1943》,中译出版社2021年版,第91页。

[31] 许渊冲:《西南联大求学日记1939—1943》,中译出版社2021年版,第160页。

[32] 许渊冲:《西南联大求学日记1939—1943》,中译出版社2021年版,第45页。

[33] 许渊冲:《西南联大求学日记1939—1943》,中译出版社2021年版,第182页。

[34] 许渊冲:《西南联大求学日记1939—1943》,中译出版社2021年版,第246页。

[35] 许渊冲:《西南联大求学日记1939—1943》,中译出版社2021年版,第446页。

[36] 许渊冲:《西南联大求学日记1939—1943》,中译出版社2021年版,第465页。

[37] 许渊冲:《西南联大求学日记1939—1943》,中译出版社2021年版,第177页。

[38] 许渊冲:《西南联大求学日记1939—1943》,中译出版社2021年版,第298页。

[39] 许渊冲:《西南联大求学日记1939—1943》,中译出版社2021年版,第244页。

[40] 许渊冲:《西南联大求学日记1939—1943》,中译出版社2021年版,第190页。

三味杂谈

三新樂府

鲁迅与大运河

何信恩 绍兴市鲁迅研究会

地理空间是文学发生的重要场域,而江河是最富诗意与灵性的地理空间。江河水滨不仅是众多文学家的栖居之地,孕育、留住了他们生命成长中的黄金岁月,更是他们在四处离散、寓居现代都市中带着一种失落的乡愁冲动的怀念之地。故乡的江河往往会成为文学创作的精神原乡。近代开埠以来,水路交通更为便捷,长江航运贯通东西,远涉外洋,是文学游子求学谋生,游历迁居的重要通道。与古人相比,他们拥有了更加丰富的水路空间体验,因而在其笔下形成了独特的现代运河景观,鲁迅也不例外。

鲁迅在世 56 年,有近 20 年时间在绍兴度过。他的足迹遍及稽山镜水,越地江河纵横,湖泊密布,素有水乡泽国之称,早在春秋时期,这一带就是"西则迫江,东则薄海,水属苍天,下不知所止。"(《越绝书》)随着地理环境的不断变迁,这里逐步形成了曹娥江水系、浦阳江水系和三江水系航道,加上浙东运河贯通而过,水网交织,河道遍布。在这样的地理环境中,江河行船成为主要的交通方式,以船为车,以楫为马。少年鲁迅常常乘船往返于城乡之间,比如随母亲到安桥头外婆家消夏,与小伙伴到赵庄去看社戏,到东关去看五猖会,到郊外去扫墓,到皇甫庄、小皋埠探亲寄居等。

鲁迅外婆家安桥头在绍兴城东北 30 华里,是一个离曹娥江不远的偏僻小村。当时全村仅百来户人家,大都姓鲁。正如鲁迅所说:"都种田,打鱼,只有一家很小的杂货店。……他们也百分之九十九不识字。"[1]唯有鲁迅的外祖父鲁希曾是全村最有身份的人。他系清咸丰年间的举人,当过户部主事,后因病告假回家。一条东西向小河横贯安桥头村,外婆家是村里数一数二的书香门第,因其建筑面北,故称朝北台门。台门临河,右侧有一石砌的通宁桥。自从外祖父鲁希曾中举以后,嫌安桥头住所太狭窄,便迁居皇甫庄。此处,四面环水,村内港汊纵横,河湖碧波粼粼,渔船如梭,是典型的平原水乡。村民除了从事农业以外,还兼以捕鱼虾为业。当地有"皇甫庄,大地方,九溇五祠堂,要吃鲜鱼、鲜虾,小库、皇甫庄,要吃老酒,直落后离江"之说。鲁迅儿时常随母亲到皇甫庄去拜年、扫墓及消夏等。

皇甫庄东面有一个很大的湖,名贺家池,湖面开阔,相传有五华里直径,周围数十里,为绍兴八大湖之一。贺家池西岸与皇甫庄隔河相望,有一飞檐高耸的古建筑,这就是远近闻名的包殿。每年农历六月十六日包拯生日那天,人们就在这里搭河台演社戏,祈求村民平安、六畜兴旺、五谷丰登。过去,绍兴的庙宇内或建有戏台,或临时搭台。水乡的寺庙,多数临河而建,搭台时半个在水面,半个在岸上,故称河台。每次演社戏,至少两三天,远近的观众或坐船或步行,汇聚包殿观看一年一度的社戏。有时还在贺家池赛龙舟,热闹的场面可想而知,每逢包殿演戏,少年鲁迅和母亲常被邀请去观赏。

旗杆台朝南面百米处,有一个火烧场。传说当年清朝官兵在这里杀害了一批被俘的太平军将士,皇甫庄村民为了慰藉死难者的亡灵,常在这里演"大戏"和"目连戏"。目连戏本是一出宣扬生死轮回、因果报应的"劝善戏",后来变成消灾祈安的"太平戏"。鲁迅曾说:"凡做戏,总带着一点社戏性,供着神位,是看戏的主体,人们去看,不过叨光。但'大戏'或'目连戏'所邀请的看客,范围可较广了,自然请神,而又请鬼,尤其是横死的怨鬼。"[2]少年鲁迅也曾冒着被父母发觉后有挨打骂的风险,与皇甫庄的农民子弟一起扮演过这种鬼卒。"目连戏"与"社戏"有一个区别,它原先一演总是要好几天,但后来也不一定了,通常是从太阳即将下山开演,到次日太阳出山为止,绍兴人俗称"两头红",以示吉祥之意。

大运河文化是小桥流水、古道西风的乡土文化,在家乡绍兴的运河里"远哉遥遥"看的"社戏",更是让鲁迅感念一生:"真的,一直到现在,我实在再没有吃到那夜似的好豆,——也不再看到那夜似的好戏了。"[3]

鲁迅和二弟周作人在皇甫庄避难半年之后,即 1893 年底,由于外婆的住房典期已满,范姓房东要赎回去,两个舅舅只得各奔东西。小舅父跟着外婆回到安桥头朝北台门老宅,大舅父迁居到离皇甫庄不远,位于绍兴城东 10 公里的小皋埠。传说"皋显子八人,又继子一,居高平。父子有德于乡,卒后乡人思之,各祀其一,大皋埠、小皋埠、唐家衖、漫池、上下蒋、东西堡、郦家埭、临浦等处皆祀之。小皋埠皋王祠,相传祀老皋王之少子,故呼其地名曰'小皋埠'。"(《绍兴县志资料》第一辑)

小皋埠旧属绍兴府会稽县,也是一个典型的水乡村镇,四面环水,村中港河交叉。因村子很大,故当地人有"小皋埠不小,大皋埠不大"之说。村民以种田为主,少数兼以捕捞业。

鲁迅昆仲寄居的小皋埠当台门,是一座胡、秦两家合住的宅院。其中秦家有大量藏书,使鲁迅获益颇多,在这里,鲁迅第一次看到石印的《红楼梦》,精美的插图,引人的序目,使他如获至宝,爱不释手。在当台门,少年鲁迅还阅读了大量的古典小说,这为他后来整理和编写《古小说钩沉》和《中国小说史略》打下基础。

鲁迅初到小皋埠时,人生地不熟,可是不久,就与当地的农家子弟逐渐熟悉。他们也和皇甫庄的小朋友一样,常约他一起到野外放风筝、看牛、戏狗、钓虾,陪他去大皋埠看庙会、看龙舟竞渡、看社戏。在这里,鲁迅同样体察到农民生活的艰难困苦,加深了他对下层人民的了解与同情。

此外,鲁迅还到过啸唫(位于绍兴城东北,距城30公里,旧属会稽县,现属上虞区)阮家大姨父家,1900年农历正月初七日,《周作人日记》有"夜大哥开船至啸唫"的记载。

1901年农历正月初八日,《周作人日记》又有"开船往吴融傍午至。午饭后开舟至寺东社庙看戏"的记载。吴融位于绍兴城东北14公里,现为孙端街道所辖,系鲁迅大姑父家所在地。

鲁迅在绍期间,几乎每年都要到吴融去看望大姑父、大姑母,并趁机看社戏或观潮,此处离曹娥江不远,有一座桑盆殿,殿内供奉的是水神——张神菩萨。每年总要在桑盆殿演戏,举行庙会,鲁迅昆仲和母亲常被邀请去看迎神庙会、社戏或观潮。春节期间,则有拜年活动,1901年农历正月,在南京读书的鲁迅回家度假。初七日晚,他同周作人一起坐船到道墟(位于绍兴城东20公里,当时属会稽县,现属上虞区,有两条东西和南北向的河流穿镇而过,是当时连接各地的重要水乡商埠,每逢单日为集市日,四邻八乡;十里方圆的农民与小商贩均前往赶集,十分热闹)给章家姑丈贺岁。

离道墟不远的东关(距绍兴府城70里,有很多商铺,为会稽县最大的集镇)是鲁迅的小姑父家。镇上建有两座庙,一为梅姑庙;二为五猖庙,规模不小。会稽东关五猖会为八县之冠,极尽奢华,异常热闹。在鲁迅的记忆中,留下了极为深刻的印象。后来,他还专门写了《五猖会》一文,详细记述了这件事。

除此以外,鲁迅还到过亲生祖母孙氏的娘家——偏门外跨湖桥孙家,附近有一个万年台,逢年过节都要演社戏。继祖母蒋氏的娘家——鲁墟蒋家是一个大村庄,有一条南北向的大河穿村而过,把村庄一分为二,故有东鲁墟与西鲁墟之分。村南有一座南北向横跨萧绍运河的三孔石拱桥和二十孔石樑桥组成的大桥,名

"泗龙桥",俗称"廿眼桥"。该桥全长96.4米,至今依然是通往邻村的要道。

鲁迅离乡之后,也常在回乡的短暂时间里乘船游览名胜和走亲访友,如1900年1月,他从南京回绍兴,与章闰水游览风景名胜,到小皋埠拜访舅舅。1910年7月,他从杭州回绍时,曾到小皋埠看绍剧,到昌安门看目连戏;在绍兴任职期间,他常与兄弟友人乘舟同游,到曹娥江观潮。1913年6月,他从北京回绍兴,又与三弟周建人等同游兰亭、禹陵等。故乡的江河及沿河村庄都是他后来文学世界的重要地理空间,水路行船经验则被他写进了多种文学作品。

除了在水乡绍兴的江河体验之外,鲁迅多次离乡求学,回乡省亲,北上南下,外出讲学,常常往返在水乡、运河、长江、钱塘江等水路空间。当时从绍兴出发,唯一的路线就是走萧绍水道(即浙东运河西段,又称西兴运河)到萧山西兴,全程约90公里。据统计,从1898年2月鲁迅首次赴杭到1919年12月举家北上为止,他往返(包括途经)杭、绍间如以单程计,共33次,均为水路。

当时西兴是钱塘江南岸各市县到杭州的必经之路,人与货都须在这里摆渡过江,钱塘江常有潮汛,风急浪高,充满危险,但鲁迅对此早就习以为常。过江后再坐驳船经内河到杭州拱宸桥,再乘船到上海。1895年杭州开埠后,沪杭之间的水路交通十分便利,这为鲁迅的求学之路提供了保证。家乡浑浊的河水把鲁迅送到上海,然后他又乘船沿着长江逆流而上到达南京下关。1902年3月,鲁迅乘日本"大贞丸"轮船从南京出发,顺长江经上海走出国门,到达日本横滨,开启了他的风云人生。鲁迅四次赴日留学及探亲的往返路程,即绍兴—杭州—上海—日本,走的全都是水路。1912年5月,鲁迅赴北京任职,此后的回乡探亲及迁居的路程有了明显变化。北上通常是乘船到上海,经海路到天津,再坐京奉列车(1912年元旦全线通车);南下通常是从北京乘京奉列车到天津,再乘津浦线火车(津浦铁路 1912 年全线通车)到南京,渡长江,乘沪宁路火车到上海,从沪杭车站(1909 年上海南站到杭州闸口全线投入营运)乘沪杭路车到杭州南星桥,渡钱塘江,再坐船到绍兴。

从故乡到远游,鲁迅毕生的江河体验十分丰富。他不但熟悉水乡及运河上的各种船只,也熟悉行走在运河上的船夫与纤夫等形形色色的人物,看惯了水上的江湖世界。江河体验促成了鲁迅丰富的文学世界的建构,其笔下的很多人物、故事、诗意、梦境、理想、批判等都在江河体验中一一表达。

在鲁迅的文学地理版图上,绍兴无疑是最重要的文化地理空间,从 1920 年 9 月在《新青年》第八卷第一号发表《风波》这篇以河流及周边为主要地理空间的小说以后,小说集《呐喊》《彷徨》、散文集《朝花夕拾》中的很多篇目都是以绍兴水乡作为地理空间原型而建构的,如鲁镇、未庄、赵庄、平桥村等。其中《风波》(1920)、《故乡》(1921)、《阿Q正传》(1921)、《社戏》(1922)、《离婚》(1925)等一系列作品都是在河流场域中展开的,是典型的河流文学文本,因此,鲁迅不仅是现代乡土文学的奠基人,也是现代河流文学的开拓者。

现代学人中,鲁迅对扬州运河有着很深的眷念情结,可贵者不是对历史的复说,而是正本清源,以古鉴今,字里行间的点评虽是片言只语,然笔锋犀利,切中肯綮。如《汉文学史纲要》中对吴王刘濞的评价,对他的善于理政,尤其是用人方面,评说极为精彩,尤其是对那位历来褒贬不一的大运河的开启者隋炀帝的评价,更为中肯,对野史和民间传说中对隋炀帝的诸般抹黑,鲁迅认为其叙述颇凌乱,多失实,不足为信,从而把自隋至明有关隋炀帝的小说与历史一一撇清,还一代帝王以本来面目。

鲁迅的大运河情结还体现在他到北京工作以后,曾专门去考察过大运河的始发地万宁桥的遗址。在今地安门北鼓楼南有一座石桥叫万宁桥,民间俗称后门桥,位于积水潭漕运终点的出口处,桥下有水闸,通过提闸放水止水,以保证南来粮船进入码头停泊。

一部绍兴史,半部运河史。包括大运河在内的江河体验生活潜移默化地渗透在文学巨匠鲁迅的记忆中,很自然地融入他的文学表达中,在他的文艺观中,常常有一种江河一样奔腾不息的流动感。他以江河思维看世界、看历史,借古讽今,发思古之幽情。1931年6月14日,他曾写两首无题诗,可作为一例:

> 大江日夜向东流,聚义群雄又远游。
> 六代绮罗成旧梦,石头城上月如钩。
> 雨花台边埋断戟,莫愁湖里余微波。
> 所思美人不可见,归忆江天发浩歌。[4]

注释

[1] 鲁迅:《呐喊·社戏》,《鲁迅全集》第一卷,人民文学出版社2005年版,第590页。

[2] 鲁迅:《且介亭杂文末编·女吊》,《鲁迅全集》第二卷,人民文学出版社2005年版,第638页。

[3] 鲁迅:《呐喊·社戏》,《鲁迅全集》第一卷,第597页。

[4] 鲁迅:《集外集拾遗·无题二首》,《鲁迅全集》第七卷,人民文学出版社2005年版,第452页。

鲁迅的绍兴与绍兴的鲁迅
——鲁迅对绍兴城市文化建设的价值意义

蔡洞峰　安庆师范大学人文学院

民族现代化的前提是文化现代化,当前我国正全力推进中华民族伟大复兴的现代化进程。中国式现代化的特征即现代化与中华文明同频共振、同向共进,让中华民族现代化根植于中华五千年灿烂文明的沃土中,让中华五千年文化在民族复兴的现代征程中不断发扬光大。鲁迅及其文化选择成为中华传统文化创新和现代转型的典型参照,百年鲁迅是一个根植于文学,却又超越文学的宏观文化命题。中华文化是中华民族的立身之本,《周易》说:"刚柔交错,天文也。文明以止,人文也。观乎天文以察时变。观乎人文以化成天下。"可以说是文化成就了人之为人的决定性条件。

鲁迅研究作为 20 世纪文学与文化领域的显学,对中华文化及现代思想的形成有着重要影响,"鲁迅研究发展到今天,面临着历史突破的大契机,或者说,历史已经水到渠成地提出新命题:在鲁迅研究中寻索现代启示,以博大而开放的视野疏通文化血脉和开启文化新机,使鲁迅之学成为中国总体文化精神的一个有机、强劲又充满活力的流脉,从而建立现代大国的文化风范。"[1]鲁迅作为现代中国的杰出文化代表,已成为中国乃至绍兴对外文化交流的一张名片,成为绍兴文化的一个金字招牌和绍兴城市文化的文脉和灵魂。因此如何激活鲁迅文学思想的当下价值,成为鲁迅文化研究和城市文化建设的一项重要课题。

一、鲁迅文化的创新精神与城市文化建设

绍兴在新的历史时期如何利用鲁迅故乡的名人效应,发挥鲁迅在城市文化建设中的引领作用,扩大绍兴在全国乃至世界的知名度和美誉度。借助于鲁迅思想文化传承与创新发展,成为城市发展的文化引擎,提高城市文化品位和软实力的现实资源,是我们面临的一项艰巨而具有重大意义的文化工程。本文从文化创新与发展的角度来探讨鲁迅思想文化在城市文化建设,以及在城市发展的文化引擎方面如何发挥其积极作用,希望将鲁迅文化介入当下绍兴城市发展和文化创新,激活鲁迅文化的当下价值意义,成为绍兴城市文化创新的重要精神资源。

如何在当下时代传承与发扬鲁迅精神和文化,将其转化为新时代城市文化创新的资源,首先要了解鲁迅精神的本质内涵特征。在笔者看来,鲁迅文化精神的核心在于创新,他的主要思想如立人思想、战斗精神、文化批判精神等都是由创新精神衍生出来的。创新是城市文化建设和发展的灵魂。鲁迅文化精神特质首先是其创新精神,具体表现在对待中国传统文化的态度,表现在对传统文化与域外文化选择的眼光和现实品格上,即避免排斥一切外来文化,只信奉中国"传统文化",或者全盘抛弃"传统文化"。鲁迅既不拒绝外来文化,又不"全盘西化",而是信奉"拿来主义"和"送去主义",即"运用脑髓,放出眼光,自己来拿"[2]。让文化在交流碰撞中得到激活和更新,这就需要一种透彻理解中国历史与社会的主体意识的精神担当,一种对中华文化精华和糟粕有所洞察的慧眼,才能够汲取精华,化腐朽为神奇,借此来重建久已失去的刚健清新的中国民魂和国魂,即"明哲之士,必洞达世界之大势,权衡校量,去其偏颇,得其神明,施之国中,翕合无间。外之既不后于世界之思潮,内之仍弗失固有之血脉,取今复古,别立新

宗,人生意义,致之深邃,则国人之自觉至,个性张,沙聚之邦,由是转为人国。"[3]一个民族国家的发展振兴,关键要适应时代的发展,顺应历史潮流,其文化的传承与发展要与人类历史发展的主流相契合。

鲁迅把文化创新精神,提升到关系时代进步、民族命运的高度,同时把敢不敢吸取外来的东西加以创新,作为衡量一个国家、一个民族强弱的标志。鲁迅文化创新的精神,不仅在鲁迅时代产生了巨大的影响,而且在中华民族伟大复兴的历史关头,建设文化自信和文化强国也是极其需要的。鲁迅处在中华民族现代转型的历史时期,面对当时中华民族的积贫积弱,他将民族复兴的文化诉求转向中国古代。复兴究其实质而言是一种复古,即回到民族历史中的盛世。鲁迅将目光转向汉唐文化盛世,崇尚汉唐魅力,推崇汉画像,与当时鲁迅所处的时代积贫积弱,国人精神萎靡,成为奴隶与奴才,因而鲁迅为"立人"实践而求索,希望通过美术革除衰败,重现汉唐盛世文化有着深切的关联。

当前,我们国家非常重视对中华传统文化的继承和弘扬。习近平总书记就曾经说过:"中华文化博大精深,我本人也是一个中华文化的热烈拥护者、忠实学习者。"并提到对待中国传统文化的态度:"我们要学习扬弃,取其精华、去其糟粕,获得正能量。"鲁迅也提到对待中国传统文化是"固有之血脉",借此作为"立人"的前提。

绍兴作为中国有名的"名士之乡",有着弘扬传统文化的得天独厚的优越条件,自古以来文化大家层出不穷,王羲之、陆游、王阳明、王思任以及近代蔡元培、章太炎、鲁迅等文化名人都与绍兴有着密切的联系,留下了许多著名古迹和名人故居。绍兴可以充分利用这些资源为抓手,在发展文化旅游的同时,积极打造中国传统文化强市,利用独特的区位和文化优势,吸引人才,打造传统文化研究和创新的人才高地,通过名人文化和传统文化的有机结合,实现以文化人,以文促进城市文化提升的良性互动,并通过传统文化的创新和宣传促进绍兴市民文化素质的提高,通过文化来培养新一代的绍兴市民,促进城市人文素质的提升。笔者多次来绍兴,感觉绍兴城市面貌近年来发展很快,城市建设有着江南水乡的浓郁特色,在鲁迅故里景区附近明显地感受到《故乡》的审美意境。而在城市软实力方面,通过城市文化建设,促进城市文明进步就具有非常现实的意义。绍兴可以通过名人故居作为文化建设的"点",通过这个"点"来弘扬名人文化,以此来研究名人思想、社会文化历史、民俗、美学、园林文化、江南城市文化等,丰富名人文化和传统文化的内涵,使以鲁迅文化为代表的名人文化彰显强大的集群效应。

二、鲁迅文化创新与城市人文精神

鲁迅的文学实践和文化创新精神都围绕着其一生奋斗的目标:立人。强调"立国"必先"立人",是从"沙聚之邦"变为"人国"的关键,鲁迅通过"国民性批判"来改造国民精神,树立"民魂",提高国民素质。这一"立人"实践思路无疑对当今社会发展有着重要的引领作用。实现伟大民族复兴的基础在于人,因此要以提高人的素质为落脚点,必须着力提高全民族的思想道德素质和科学文化素质,为经济发展和社会进步提供强大的精神动力和智力支持,才能在未来的国际竞争中立于不败之地。

要理解鲁迅文化创新的意义,只有了解鲁迅思想的文化血脉,才能窥见其"文化新宗"。鲁迅的文化根柢既广且深,杨义认为:"鲁迅的文化血脉,论其大宗,相当突出的是要从庄子、屈原、嵇康、吴敬梓,从魏晋文章、宋明野史、唐传奇到明清小说,甚至要从绍兴目连戏、《山海经》、金石学和汉代石画像中去寻找,去把握。"[4]在《摩罗诗力说》中,鲁迅写道:"惟灵均将逝,脑海波起,通于泊罗,返顾高丘,哀其无女,则抽写哀怨,郁为奇文。"[5]中华文化血脉是一个包罗万象的体系,联系着中国历史、神话、民俗,以及古代儒家、道家、释家等各种思想流派通过中国的历史来理解中国的社会和国民精神。在鲁迅留学日本时期的幻灯片事件促使鲁迅毅然弃医从文,在《呐喊·自序》中指出:"凡是愚弱的国民,即使体格如何健全,如何茁壮,也只能做毫无意义的示众材料和看客,病死多少是不必以为不幸的。所以我们的第一要著,是在改变他们的精神,而善于改变精神的是,我那时以为当然要推文艺,于是想提倡文艺运动了。"[6]鲁迅希望通过新文学来改变国民精神。在他看来,国民精神的觉醒是立人兴国的关键,而文艺最能够直接作用于人的精神,这即是鲁迅的"立人"实践,具体的方法即通过国民性批判来进行国民"精神再造",促发传统中国进行现代转型。

中华民族要屹立于世界民族之林,成为现代国家,实现"人国理想",在鲁迅看来,最紧要的是"个人"的自觉。首先是要去除个体精神上的痼疾,因此终其一生,鲁迅通过文学行动,将"国民性批判"实践作为"立人"实践的核心,为此几乎耗去其一生的精力。通过文学(文化)改变中华民族的精神面貌,促进传统国家进行现代转型,突出的是文化的现实功能,在物质条件一定的基础上,现代社会如何反观自我,涵养修身,体悟人生价值意义,走出身与心、人与物的二元对立,中华文明和文化能够为当下社会提供一种有意义的参照和滋养,这对当前绍兴乃至全国的文化建设和精神文明建设都有着现实的启迪意义。

绍兴完全可以通过文学和艺术的方式来提升城市文化内涵,促进市民文化素质的提高,绍兴可以充分利用资源丰富的名人故居、古迹、历史文化博物馆、特色文化小镇等资源对市民进行文化教育,使其成为广大市民增加知识、拓宽视野、愉悦精神的场所,成为市民和外来务工人员的精神家园,让精神得到升华,成为"系得住乡愁"的理想去处。并且积极研究名人"家训"文化,在中央大力提倡"家风"建设的时代背景下,绍兴可以利用其独特的名人资源对中华优秀文化的传承发展进行文化创新进行"创造性转化"以及创新发展,统筹地方文化科研机构,并利用绍兴文理学院高校平台和研究所联合全国高校,进行文化联动,充实文化研究的内涵,挖掘乡贤文化和家训文化,以鲁迅研究为引领,带动传统文化研究的深层推进,促进名人家训文化的普及,为中国全社会家风建设提供有力的文化资源的支撑,为培养新一代国家建设者和接班人做出贡献。这样就可以以鲁迅研究为引擎,激活绍兴其他优秀传统文化资源的创新研究,推动城市文化发展和中华民族传统文化的创造传承,成为展现中华文明魅力的一个窗口,促进绍兴更好地走向世界。

鲁迅文化的创新性还表现在其艺术的修养和造诣上,鲁迅将文艺作为"立人"实践同样可以对当今绍兴的文创开发具有启发意义。20世纪30年代,鲁迅大力提倡新兴木刻艺术,1931年6月在上海举办"一八艺社习作展览会",同年12月作《介绍德国作家版画展》,认为:"世界上版画出现得最早的是中国,或者刻在石头上,给人模拓,或者刻在木版上,分布人间。后来就推广而为书籍的绣像,单张的花纸,给爱好图画的人更容易看见,一直到新的印刷术传进了中国,这才渐渐的归于消亡。……这种艺术,现在谓之'创作版画',以别于古时的木刻,也有人称之为'雕刀艺术'。但中国注意于这种艺术的人,向来是很少的。"[7]正因为鲁迅大力提倡版画,形成与世界对接的风气,促进中国现代艺术的发展,鲁迅说道:"内外两面,都和世界的时代思潮合流,而又并未梏亡中国的民族性"。由此产生的艺术形态和标准"并非'之乎者也',因为用的是新的形和新的色;而又不是'Yes''No',因为他究竟是中国人。所以,用密达尺来量,是不对的,但也不能用什么汉朝的虑傂尺或清朝的营造尺,因为他又已经是现今的人。我想,必须用存在于现今想要参与世界上的事业的中国人的心里的尺来量,这才懂得他的艺术。"[8]民族性与世界性、新的形和新的色,"现今想要参与世界上的事业的中国人的心里"的尺度,是鲁迅反复思考的现代艺术的发展维度、表现形态和评价标准。尤其值得注意的,是鲁迅谈现代艺术的发展,始终告诫人们既不要拒绝"和世界的时代思潮合流",又不能"梏亡中国的民族性",应沟通历史与现代,在两者之间探索融合之途,促进中外文化的交流与融合,从而促进新的民魂的生成,以促进"人国"的建立和艺术的时代进步。中国的现代化进程是在中西文化的交流、冲突以及对话、融合中踏上现代征程的。中华民族在不断探索与自主创新中最终走上民族独立的现代化道路。鲁迅思想文化的形成也正是在这样一种复杂的跨文化对话中,面对中西文化思潮,带着浓厚的越文化传统与西方文化以及中华传统文化相遇,将其化为自身的文化血脉,进而将中国传统文化进行创造性转化,形成了极具创造精神的中国现代文化,适应世界大势,促进中华民族的现代转型。

鲁迅的思想与文章与其生活的时代性息息相关。这主要表现在鲁迅的文化活动和时代相连,成为改造国民精神,塑造国魂、民魂的思想利器,契合了文化与社会发展的同向前进。因此鲁迅的这种在批判基础上的文化创新对我们当今社会的文化建设有着非常现实的启迪意义。

具体从绍兴的发展定位来看,绍兴是鲁迅的故乡,历史上产生过众多名人。作为中国文化名城,绍兴的发展应该以文化为引领促进城市的发展。

首先,应该以鲁迅及绍兴古今名人为中介,通过文化交流促进绍兴与世界相联系,通过文化架起绍兴通向世界的桥梁。最近通过"大师对话"活动,进一步促进中外文化交流,以"名人加民间"之力,促进中华文化与中国名人走向世界,让世界认识中华文化,并且在这种文化交流中促进中华文化的发展与创新,促使中华文化成为中国"一带一路"倡议实施的推进剂。绍兴通过类似的"大师对话"活动,让世界了解绍兴文化,绍兴文化走向世界的一种新气象,从而推动绍兴乃至浙东文化与世界文明对话对接,在新的时代背景下促进中华文化血脉与世界深度融合。

绍兴的城市发展应该将绍兴名人和地域文化作为城市发展的特色定位,成为城市走向全国乃至世界的名片。如何通过文化创新促进绍兴城市建设,首先将绍兴建成浙江乃至全国的文化"高地",努力成为中外文化交流的一个新平台。并且在这个基础上以文化为中介,将这种交流平台扩展到经济、民俗、旅游、科技、商业、金融、艺术、建筑等城市建设发展的方方面面,以文化为引擎促进绍兴各方面的发展提升,增强绍兴的人文魅力和城市魅力。绍兴应该将鲁迅(当然也包括绍兴历史上的名人)作为一个文化符号,充分利用鲁迅故居和鲁迅纪念馆、鲁迅故里建成以鲁迅为核心的人文示范区。

其次,以旅游业和文化产业为引领,多开发有文化创意的鲁迅纪念品和书籍。我作为一个对绍兴怀有十分美好感情的外地人,每次来绍兴都喜欢买一些纪念品,比如书镇和一些书籍、黄酒等。但发现这些纪念品设计并不精美,缺乏特色,材质一般;书籍大多是旅游介绍。就我个人而言,每次来绍兴,我特别想在鲁迅的故乡买到当年鲁迅收藏的书籍和介绍绍兴文化历史且有学术价值的书籍,但这种书籍在鲁迅故居周围似乎不多。因此建议绍兴政府组织一批学术力量编印一些如鲁迅故家藏书、三味书屋藏书、越文化经典藏书、浙东经典文化读本等,甚至可以把绍兴鲁迅故居附近建设一个鲁迅研究学术著作的全国集散地,外面已经难寻踪迹的鲁迅研究经典著作都能在绍兴买到,这必将激发广大鲁迅研究者和鲁迅爱好者前来购物观光。开发一些有收藏价值的文化产品,如材质好的反映绍兴地域文化的笔筒、镇纸等工艺品,以及绍兴传统工艺品的创新等。"把绍兴带回家,把历史带回家,把鲁迅带回家。一件成功的文创产品背后都有一个生动的故事,有故事的产品提高了产品的附加值和竞争力,开发有故事的产品应该成为鲁迅文化类文创产品首选。"[9]但总体来说,"鲁迅文化类文创产品的学术附加值、研发创新率、生活关联度,与同属文化营销的故宫文创开发仍有一定距离。两者的调和,或说资源整合,既符合市场价值规律,又是未来鲁迅文化类文创产品的必由之路。"[10]

三、鲁迅文化精神与城市文化创意

从鲁迅文化精神遗产价值来看,鲁迅及其文学思想给予现代社会、文化以及城市建设等方面的影响是多方面的,已融入了现代中国文化和精神的各个层面,成为中华民族的现代精神资源和宝贵财富。从城市建设而言,作为鲁迅的故乡绍兴,应该将鲁迅文化精神融入绍兴的城市文脉,促进城市文化品位和市民的精神境界,提升城市文明。

绍兴在具体城市文化建设中,如何将鲁迅文化精神转化为物质遗产?笔者认为,可以从鲁迅独特的艺术观以及对艺术实践的创新方面对城市文化建设的启迪之处来看待鲁迅文化的现实意义。绍兴可以依托自身的区位优势和文化底蕴,将传统文化融入现代设计之中,增加文化艺术含量。比如,可以开发名人资源的旅游纪念品,这些产品应该具有丰富的文化内涵和地方特色,如餐具、礼品等。再比如,G20杭州峰会开发的"西湖盛宴"餐具就很有代表性,绍兴完全有能力以"鲁迅故里"、沈园、兰亭等文化遗产作为绍兴文化符号,开发类似的文创产品,具有很高的颜值和独特的文化底蕴,为文化产品的创意开发带来新的机遇。绍兴可以和国内城市合作打造文化产品,如与景德镇合作定制文化陶瓷产品;与各大出版机构和科研院所高校合作开发地方文化传承项目及书籍,打造精品文化工程,促进文化经济的发展,提升城市的知名度和影响力。

总之,绍兴要充分发挥鲁迅故乡的地理和文化优势,以文化为引领,走向世界,将文化优势转化为经济发展、社会发展、城市人文精神发展优势,绍兴市应该让名人历史文化资源通过旅游、纪念活动、学术活动等方式,激发起人们对绍兴历史文化的兴趣,吸引更广大的民众积极参与。提升管理模式,通过扩展文化资源的利用价值,利用报刊、网络、博览会、民俗艺术节、学术研讨会、大师对话等活动,实现绍兴与世界、历史与现在的对接,实现传统文化的现代传承与创新,推动绍兴城市走向国际化,成为"一带一路"倡议中展示中华文化和民族魅力的一个窗口和舞台。同时通过文化建设,建造优雅宜居的人居环境,提高市民的人文素养和文化精神,吸引更多的人来绍兴旅游、居住。

绍兴的城市发展的基础是以鲁迅为代表的地域和历史文化,但着眼点和目标应该是中华文化与世界文化,通过文化建设促进城市的各项功能全面提升和升级,充分利用鲁迅文化作为发展的桥梁和纽带,更要借此打造全新的文化鲁迅与文化绍兴。站在新的历史起点上,鲁迅文化的价值在发挥城市文化引擎方面将彰显更大的现实价值和意义。在文化创新的现代化进程中,让绍兴的鲁迅文化建设与精神传承相得益彰,互融共生,促进绍兴的城市发展和文化兴盛,开拓鲁迅文化的现代精神资源和当下的人文价值意义。

注释

[1] 杨义:《鲁迅与中国文化的现代启示》,《文学评论》2006年第5期。

[2] 鲁迅:《拿来主义》,《鲁迅全集》第六卷,人民文学出版社2005年版,第40页。

[3] 鲁迅:《文化偏至论》,《鲁迅全集》第一卷,人民文学出版社2005年版,第57页。

[4] 杨义:《重回鲁迅》,上海三联书店 2017 年版,第 108 页。

[5] 鲁迅:《摩罗诗力说》,《鲁迅全集》第一卷,人民文学出版社 2005 年版,第 71 页。

[6] 鲁迅:《呐喊·自序》,《鲁迅全集》第一卷,人民文学出版社 2005 年版,第 439 页。

[7] 鲁迅:《集外集拾遗补编·介绍德国作家版画展》,《鲁迅全集》第八卷,人民文学出版社 2005 年版,第 360 页。

[8] 鲁迅:《而已集·当陶元庆的绘展览时》,《鲁迅全集》第三卷,人民文学出版社 2005 年版,第 574 页。

[9][10] 杨晔城:《鲁迅文化类文创产品价值论》,《鲁迅研究月刊》2016 年第 3 期。

[本文系中国社会科学规划项目后期资助项目:"鲁迅多维心境研究"(项目号:19FZWB017)项目成果]

简析鲁迅幽默艺术成因

王致涌　绍兴新闻传媒中心

鲁迅的杂文、小说和散文,如果说有一个共性,一个突出的闪光点,那就是——幽默,即便是他的诗歌,也很是幽默,打油诗则更甚。

林语堂把 humour 译为"幽默",鲁迅就曾嫌它容易被误解为"静默"或"幽静",当时许多文化名人也持有异议。这场争论,几乎成了最好的广告。争论中,"幽默"一词已经广泛流行,其含义也为世人认可,一直沿用至今,还曾被评为 20 世纪翻译最为传神的外来词。幽默作为一种写作技巧,为许多作家所推崇,而文学创作中的幽默已经成了最扣人心弦的艺术魅力。

但从鲁迅的论说中,我们可以看出,鲁迅反对的其实是那种不合时机的、单纯逗笑的幽默。而且应该说,鲁迅是近代最幽默的大师。鲁迅杂文除了深刻犀利外,"幽默"其实是很突出的,其作用也毋庸置疑。如果说他的杂文是"匕首和投枪",那么他的幽默便是"匕首和投枪"上的锋芒。可以说,鲁迅的杂文几乎每篇都闪烁着这种锋芒。他杂文中的幽默可以说是不胜枚举,这里也就不展开了。

鲁迅的小说充满了幽默。《阿 Q 正传》自不用说:面对日常受辱用"精神胜利法"自我安慰,在土谷祠意淫造反那段非常精彩,阿 Q 革命的目的只是为了报私仇、抢钱,抢妹子等很是平常的欲望,只是在鲁迅的幽默地描写下,笑果斐然。

当然,极具幽默的还有鲁迅最喜欢的《孔乙己》。鲁迅的学生孙伏园曾经问过鲁迅觉得哪篇作品最好,他说最喜欢《孔乙己》,所以才会出外文译本。鲁迅后来解释说,能在寥寥数页之中,将社会对于苦人的冷漠不慌不忙地描写出来,讽刺又不失显露,有大家的作风。这其实正是鲁迅文笔中幽默的作用。

清新恬淡与讽刺幽默的统一,这是《朝花夕拾》的艺术风格。这一组回忆散文,基调是恬静明快的,读来亲切动人。但在恬静平淡的回忆中,却时时可见讽刺机锋和幽默笔调,使人咀嚼回味之余,深受启发。即便以神话为题材的《故事新编》,故事有趣,想象丰富,借历史典故映射现实生活,语言也不失诙谐幽默,影射当时社会种种现象。

应该说,一个人的幽默并不是与生俱来的,鲁迅也不例外。我觉得,鲁迅幽默艺术的成因是多方面的。

鲁迅的幽默一部分是得益于外国文学。鲁迅说自己创作起步时,"所仰仗的全在先前看过的百来篇外国作品"。[1]他对外国文学了解的程度非常之深。但同时,俄国、英国、东北欧及日本等国的文学,势必会对鲁迅的创作产生影响。鲁迅作品中存在大量的外国文学元素,当然也包括幽默的元素,而且他对那些幽默大师特别青睐。

鲁迅先生酷爱塞万提斯的《堂·吉诃德》。这部作品语言特色上的成功点就在于作者塞万提斯灵活运用了朴素的语言、幽默的故事情节以及大量民歌民谚,无形之中使作品走进了大众,进而也就走入文学创作的顶峰。有人考证后认为,塞万提斯是有史以来作品被阅读最多的作家。他的写作方式对后世产生了极大的影响,影响了他们如何写故事。鲁迅创作的《阿Q正传》中有很多喜剧元素,其中多少模仿了《堂·吉诃德》。有人则认为,堂·吉诃德名字的第一个字母就是Q(Quijote)。我们看"阿Q"或许可以联想到堂·吉诃德。而且,阿Q身上的精神胜利法与堂·吉诃德精神非常相似。堂·吉诃德正是通过不断的安慰自己,才一次次重振旗鼓。阿Q也是这样,用精神胜利法,给自己找一个台阶下。这里的喜剧元素,同《堂·吉诃德》一脉相承。

鲁迅也很欣赏狄更斯的作品。狄更斯是19世纪英国杰出的小说家,是幽默的巨匠。在他的小说中,一个相当突出的特点就是他的幽默风格:巧妙的漫画手法,夸张、诙谐,处处妙趣横生,引人入胜。狄更斯早期作品都挺幽默的,比如那些短篇作品。长篇的当数《尼古拉斯·尼克尔贝》,当年林纾直接把书名翻译成《滑稽外史》了,就是因为里面笑料百出。

鲁迅在留学日本期间,也接触了大量的外国文学优秀作品,除了如饥如渴地广泛阅读外,他还撰文对此进行了介绍,如最早的《摩罗诗力说》等。当然,也一定程度上接触到日本文学。鲁迅尤其对以幽默见长的日本著名作家夏目漱石十分推崇,说他自然是担得起"日本国民作家"这个称号的。留学日本的鲁迅曾熟读夏目漱石的作品,而且评价非常高:"夏目的著作以想象丰富,文词精美见称……轻快洒脱,富于机智,是明治文坛上的新江户艺术的主流,当世无与匹者。"[2]他后来回忆自己当初"怎么做起小说来"时,也曾明确指出夏目漱石是他那时"最爱看的作者"[3]之一。从《鲁迅日记》可以看出,鲁迅直到逝世那年都还在读《漱石全集》。

有学者认为,鲁迅的《狂人日记》《阿Q正传》等作品也具有夏目漱石想象丰富、富于机智等特点。两人都具有强烈的民族自尊心、"毒舌",但总体而言,鲁迅比夏目漱石更深沉、更内敛,也更厚重。

当然,在外国文学中,俄国文学对鲁迅的影响最为显著。鲁迅的写作生涯与苏俄文学之间有着深厚的渊源,正如冯雪峰所指出:"鲁迅和苏俄文学的关系,是和他的文学活动相始终的。"可以说,鲁迅对苏俄文艺的涉猎是相当广泛的,其中既有在自己藏书方面对俄罗斯的偏爱,在译介外国文学上也对苏俄文学情有独钟,在自己创作方面受苏俄作家影响更大更多。正因为如此,鲁迅在《祝中俄文字之交》中曾由衷的说:"俄国文学是我们的导师和朋友。"

正如鲁迅自己所总结的:"我觉得俄国文学比其他任何外国的文学都丰富些。"鲁迅不仅追求"表现的深切",而且同样注重"格式的特别"[4]。鲁迅不仅在思想性上深受苏俄文学影响,而且在艺术手法和审美表达上有很多的吸纳。他坦承自己的《狂人日记》脱胎于果戈理的《狂人日记》,《药》中也印刻着安德莱夫象征与写实相调和的手法。同时,果戈理融合悲喜剧的讽刺笔法与幽默风格,以及契诃夫的简练朴素与"含泪的笑"所透露出的幽默韵味,都对鲁迅的创作有着重要的启发和影响。有人称鲁迅为"中国的契诃夫",因他们都是短篇小说的大师,都善于用最精练的文字,是"含泪的微笑",也都是幽默大师。

鲁迅所写的《狂人日记》就借鉴了果戈理的同名小说。鲁迅在谈到两者的关系时表示:他取法于果戈理,又不同于他,既有意识地吸收外来影响,又把它融化作自己的血肉。

还有契诃夫,他是19世纪末俄国伟大的批判现实主义作家,情趣隽永、文笔犀利的幽默讽刺大师。其代表作《变色龙》《套中人》《第六病房》均很幽默,堪称俄国文学史上精湛而完美的艺术珍品。鲁迅与契诃夫生活年代相近,尽管他们生活在完全不同的国度和文化中,然而,都曾弃医从文,各自的小说也惊人地相似,甚至有人称鲁迅是"中国的契诃夫"。

鲁迅对外国小说的借鉴和取法是毋庸置疑的,他自己也这样认为:

> 如要创作,第一须观察,第二是要看别人的作品,但不可专看一个人的作品,以防被他束缚住,必须博采众家,取其所

长,这才后来能够独立。我所取法的,大抵是外国的作家[5]。

当然,中国古典文学中的幽默也给鲁迅很多影响。鲁迅出身于文化名城——绍兴的一个封建家庭中。由于家庭的影响及在三味书屋中受到的严格教育,鲁迅的古文基础是相当坚实的。他从幼小起,就通读了《四书》《五经》以及陶潜、李白、李贺、李商隐、温庭筠、苏轼、陆游等人的诗文;他博览了许多古籍,除一些经典外,还涉猎了不少笔记野史。以后,尽管他的生活和环境经历了各种变迁,但鲁迅对古典文学的兴趣一直未见衰减。东渡日本后,他还师承章太炎先生学习古文。

鲁迅是国学研究大师。他整理出版了中国古代小说和小说史料《古小说钩沉》《唐宋传奇集》《小说旧闻钞》等,他的《中国小说史略》是我国学者撰写的第一部中国古代小说史,全面系统地论述了中国小说的发展和变化。

鲁迅的文字风格就是"魏晋文章"。鲁迅"五四"时期的好友刘半农曾经送给鲁迅一副对联:"托尼学说,魏晋文章。"意思是鲁迅在思想上服膺托尔斯泰和尼采,而文字风格崇尚魏晋文章。这副对联得到鲁迅的认可,他认为刘半农是懂自己的人。这一说法曾从其他方面得到印证。鲁迅的另一朋友——著名作家、学者曹聚仁曾回忆,鲁迅受他的老师章太炎的影响很深,章太炎一生推崇魏晋文章,而不喜欢唐宋八大家,认为八大家的文章俗气,没有味道,因此章门弟子都是如此。

魏晋是个文学自觉时期,笑话这种文体也逐渐摆脱了附庸状态,成为面对受众的独立文体。其标志是独立的创作或搜罗笑话的著作出现了。《通志·艺文略》中载有《笑林》三卷,作者为后汉给事中邯郸淳,此人曾为曹操的记室参军。他用"笑"命名了"笑话",并编著了一本书,但此书已佚。

正如鲁迅曾在《中国小说史略》中说过的:

寓讥弹于稗史者,晋唐已有,而明为盛,尤在人情小说中。然此类小说,大抵设一庸人,极形其陋劣之态,借以衬托俊士,显其才华,故往往大不近情,其用才比于"打诨"[6]。

幽默与含蓄是文学中较难达到的一个境界,两者兼备则尤难。我国古代的文言短篇小说,大多是含蓄的,但也有一些是幽默的。

后世的一些笑话书都受《笑林》一书的影响。《笑林》所记都是俳谐的故事,幽默风趣。作者邯郸淳是三国时魏国一位博学多才的文学家,是我国古代最早的笑话专书。今存二十余则,以鲁迅的《古小说钩沉》辑本较完备。

不光是《笑林》,鲁迅对古代的其他笑话书都有广泛的涉猎。例如,鲁迅在《捧与挖》一文中讲了一个古代下属给长官送金老鼠的笑话:"记得有一部讲笑话的书,名目忘记了,也许是《笑林广记》罢。"[7]这说明鲁迅看过很多古代的笑话集,所以记不太真切了,但由于无妨主旨,因此也就没有去检索了。

鲁迅最推崇的小说,无疑是吴敬梓的《儒林外史》了。之前的中国古典小说都未能像《儒林外史》那样,得到鲁迅那么多的赞誉;之前的中国古典小说作者都未曾像吴敬梓那样,让文学家兼思想家的鲁迅如此推崇。鲁迅在《中国小说史略》一书中谈论中国古典小说时,以《儒林外史》评价最高,并很是称道它的讽刺艺术。《儒林外史》之所以被鲁迅如此推崇,自然有其多方面的原因。但幽默无疑是其中之一:"其文又戚而能谐,婉而多讽。"[8]说白一点,就是幽默。

鲁迅认为,《儒林外史》问世以后,"于是说部中乃始有足称讽刺之书。"[9]换言之,《儒林外史》诞生以前,还没有一部小说能够称得上是真正的讽刺小说。鲁迅又说:"在中国历来作讽刺小说者,再没有比他更好的了。""讽刺小说从《儒林外史》而后,就可以谓之绝响。"[10]可见吴敬梓的《儒林外史》是一部前不见古人、后不见来者的古典讽刺巨著。1935年,鲁迅曾经在《叶紫作〈丰收〉序》一文里针对一些看不起《儒林外史》的人,不无讽刺地发出了这样的感慨:伟大也要有人懂。

鲁迅小说和杂文中的讽刺性含有对传统文学的继承。但是鲁迅并不是单纯地继承,是在继承的基础上创新。正像他所希望的一样:择取中国的遗产,融会新机,使将来的作品别开生面也是一条路。

笔者认为,鲁迅的幽默源自绍兴深厚的地域文化。或许是地域原因,或许是文化因素,抑或是其他多种原因,绍兴人的幽默也是得天独厚的。绍兴是一块历史文化沃土,绍兴人富于幽默,并渗透到各个领域。

绍兴人即便心怀抵牾,一般不恶语相向,也很少一言不合就拼体力,虽然历史上越国也是善战的,但这么多年下来,这点优势已荡然无存。而语言的锋利却是让许多地方人望尘莫及的,打口仗很少能在他们这里讨得便宜。就是平时讲话,也处处带着幽默,即便是"下里巴人",绍兴的民间不时能碰上一些话语幽默的,虽然他们或许还不知道"幽默"这个词。绍兴人把幽默的话语分几类,一叫"浮话",就是稍稍有点离谱,比较轻松的幽默,相当于戏剧中的"轻喜剧";二叫"宕话",话中有话的讽刺,让对方自己去体会;三是"屙话",声东击西,有点指桑骂槐的味道;四是"凡话",相对级别低一点幽默,类似于搞笑;五是"搡话";以子之矛攻子之盾,明褒实贬;六是"死话",幽默的含量就大增了,这也是绍兴话的最高一层,这种话类似于象棋中的"闷宫将",让对方无话可说。绍兴人将这些人中的佼佼者称之为"死话客人",亦即讲幽默话的高手。

我们也可以从鲁迅的杂文中看到绍兴人幽默的影子,看似轻描淡写,但却含义深刻,并让辩论对手无路可退,无话可说。

还有一项比较集中绍兴人幽默的内容的,就是民间故事,其中最突出的就是"徐文长故事"系列。徐文长亦即明代中期文学家、书画家、戏曲家、军事家,真实的徐渭多才多艺,在诗文、戏剧、书画等各方面都独树一帜,与解缙、杨慎并称"明代三才子"。由于徐渭多才多艺,且当过师爷,估计也是一个幽默的人。但绍兴的"徐文长故事"完全是民间的口头创作,与真实的徐文长其实已经风马牛不相及了。这些故事更夸张,恐怕是集绍兴师爷之大成,这些故事处处透着绍兴人的幽默。绍兴可谓是有井水处则有"徐文长故事",鲁迅应该也是经常听的。他的杂文就提道:

"幽默"一倾于讽刺,失了它的本领且不说,最可怕的是有些人又要来"讽刺",来陷害了,倘若堕于"说笑话",则寿命是可以较为长远,流年也大致顺利的,但愈堕愈近于国货,终将成为洋式徐文长。当提倡国货声中,广告上已有中国的"自造舶来品",便是一个证据。[11]

鲁迅这里提到的徐文长就不是历史上的徐文长,而是绍兴人口中幽默的"徐文长故事",如果不了解绍兴文化的,恐怕还不一定能看懂。

绍兴的戏剧也是比较幽默的地方戏。比起当时北京、上海流行的京剧,鲁迅还是更喜欢家乡戏,这是他在文章中多次提到的。

在绍兴农村,绍剧十分普及,鲁迅的《社戏》据考证就是演的绍剧,绍剧中的济公、猪八戒都是相当幽默的角色,这些都是必须由绍剧名角来担当的。特别值得一提的是,鲁迅十分欣赏《目连戏》,鲁迅称其"这是真的农民和手业工人的作品,由他们闲中扮演"[12]。由于鲁迅少年时期曾经参演过目连戏,所以在他的《门外文谈》《无常》《女吊》等文章中都提到,从而扬名国内外。周作人曾这样评价目连戏:"这些滑稽当然不很'高雅',然而多是健壮的,与士流扭捏的不同,这可以说是民众的滑稽趣味的特色。我们如从头至尾的看目连戏一遍,可以了解不少的民间趣味和思想,这虽然是原始的为多,但实在是国民性的一斑。"[13]周作人认为目连戏"还有狭义的喜剧,滑稽的角色和诙谐的言动,在戏剧与民间艺术上也相当丰富。占据目连十分之九地位的插曲,差不多都是一个个剧化的笑话,社会家庭的讽刺画。这可以说是目连戏的精华部分,也正因为这些使得群众喜欢看,也冲淡了劝善的宗教剧的空气。"[14]这说明,目连戏是处处透着幽默的。

《无常戏》是目连戏中最具特色的一出戏。它与一般的鬼戏不同,无常的表演十分幽默风趣。鲁迅认为,这无常具有"活泼而诙谐"[15]"鬼而人,理而情,可怖而可爱"[16]的特质,因此,"我们的活无常先生便见得可亲爱了。"笔者于20世纪60年代初看过绍剧名演员"七龄童"的《跳无常》,很是幽默诙谐。但据老一辈人说,早先也就是鲁迅那时候看的《跳无常》还要幽默,演出时即兴发挥,对社会的种种不平和各种丑态,进行抨击;甚至对台下的观众也要揶揄一番。这就是绍兴人塑造的一个极具幽默的鬼,在其他地方、其他戏剧中很难看到。

幽默是一种人生的智慧。它体现的是一种知识,反映的是一种才华,展现的是一种力量。所以,幽默是知识、素养、智慧、文明的综合性产物。正因为如此,那些名家、大家往往就是幽默大师,鲁迅先生如此,其他中国现代文学、当代文学中的佼佼者皆如此。

当然,鲁迅幽默的成因应该是多方面的,除了上文所说的三个主要原因外,其实还有不少其他因素。而且,鲁迅也并不是简单机械地重复和依样画葫芦地照搬照抄,而是博采众长、厚积薄发的结果,是继承转化、融合创造的结晶。我们知道,任何一门艺术,从其自身发展规律上讲,都存在着一种继承与发展的关系,文学更不例外。世界上从来就没有无源之水,无本之木,没有继承,何谈发展、创新？鲁迅曾说过："采用外国的良规,加以发挥,使我们的作品更加丰满是一条路；择取中国的遗产,融合新机,使将来的作品别开生面也是一条路。"[17] 在新文学革故鼎新的历史大潮中,鲁迅以理性清醒的头脑、海纳百川的胸怀,既从古典文学中汲取养分,又从外国文学中获得启迪,还从乡土文化中得到补充,通过创造性转化和创新性发展,形成了属于自己的风格,并深刻影响了中国文学的发展道路。

注释

[1] 鲁迅：《南腔北调集·我怎么做起小说来》,《鲁迅全集》第四卷,人民文学出版社 2005 年版,第 526 页。

[2] 鲁迅：《译文序跋集·〈现代日本小说集〉附录　关于作者的说明》,《鲁迅全集》第十卷,人民文学出版社 2005 年版,第 239 页。

[3] 鲁迅：《南腔北调集·我怎么做起小说来》,《鲁迅全集》第四卷,人民文学出版社 2005 年版,第 526 页。

[4] 鲁迅：《且介亭杂文二集·〈中国新文学大系〉小说二集序》,《鲁迅全集》第六卷,人民文学出版社 2005 年版,第 246 页。

[5] 鲁迅：《书信十二·330813 致董永舒》,《鲁迅全集》第十二卷,人民文学出版社 2005 年版,第 434 页。

[6] 鲁迅：《中国小说史略·第二十三篇　清之讽刺小说》,《鲁迅全集》第九卷,人民文学出版社 2005 年版,第 228 页。

[7] 鲁迅：《华盖集·这个与那个》,《鲁迅全集》第三卷,人民文学出版社 2005 年版,第 150 页。

[8] 鲁迅：《中国小说史略·第二十三篇　清之讽刺小说》,《鲁迅全集》第九卷,人民文学出版社 2005 年版,第 228 页。

[9] 鲁迅：《中国小说史略·第二十三篇　清之讽刺小说》,《鲁迅全集》第九卷,人民文学出版社 2005 年版,第 228 页。

[10] 鲁迅：《中国小说的历史的变迁·第六讲清小说之四派及其末流》,《鲁迅全集》第九卷,人民文学出版社 2005 年版,第 345 页。

[11] 鲁迅：《伪自由书·从幽默到正经》,《鲁迅全集》第五卷,人民文学出版

社 2005 年版,第 48 页。
[12] 鲁迅:《且介亭杂文·门外文谈》,《鲁迅全集》第六卷,人民文学出版社 2005 年版,第 102 页。
[13] 周作人:《鲁迅与社戏·谈目连戏》,江西人民出版社 2025 年版,第 179 页。
[14] 周作人:《鲁迅与社戏·关于目连戏》,江西人民出版社 2025 年版,第 186 页。
[15] 鲁迅:《朝花夕拾·无常》,《鲁迅全集》第二卷,人民文学出版社 2005 年版,第 276 页。
[16] 鲁迅:《朝花夕拾·无常》,《鲁迅全集》第二卷,人民文学出版社 2005 年版,第 281 页。
[17] 鲁迅:《且介亭杂文·〈木刻纪程〉小引》,《鲁迅全集》第六卷,人民文学出版社 2005 年版,第 50 页。

浅谈家庭变故对鲁迅个性及创作影响

姚　洁　绍兴鲁迅纪念馆

幸运的人一生都在被童年治愈，不幸的人一生都在治愈童年。似乎上天对文豪鲁迅也没有例外和偏爱，他的童年充满了坎坷曲折，经历了比我们更多的人情冷暖与世态炎凉。但是，对于鲁迅而言，正是这段童年经历，无论是儿时的欢愉，抑或是痛苦，都对他之后的文学创作带来了重要的影响。由此，我们也可以从中分析、追溯他的性格根源，去真正了解他的性格成因。

一、童年的重要性

前不久，当代知名小说家麦家在接受采访时说："如果给我一个幸福的童年，我宁愿不要今天的成功。"此话一出，不禁引发社会思考：一个人的童年，到底有多重要？童年或是原生家庭对我们的一生究竟会有怎样的影响？

相信很多人一定都有过这样的经历：有人从小被父母不断否定，长大后常常会自我怀疑，待人接物毫无自信；有人从小经历父母分离或者离异，长大后也总是担心会被抛弃，逐渐形成讨好型人格；还有人从小被同龄人排挤和孤立，长大后害怕正常社交，成为一名所谓的"社恐"。

美国一位著名的心理学家研究表明，童年产生的影响伴随一生。弗洛伊德也曾在他的精神分析法中提到，人的一生都是童年的重复。如果说，我们的性格是一篇文章成品，那么童年经历就是这篇文章的大纲,完成写作后,也许这个大纲不在了,但这篇文章字句间都显露出最初的大纲结构。这么说,童年的不幸是需要我们用一生去治愈的。创造童年经历的关键是来自原生家庭。家,毋庸置疑对我们的性格起着决定性的作用,并有着深远的影响。

二、鲁迅的原生家庭

(一)三个女人的关爱中成长

鲁迅小时候家里是很富裕的,7岁便进入私塾读书,在叔父周玉田的花园里一起种花种草,观察植物的生长,养成了对植物的兴趣爱好。

他的继祖母特别会讲故事:"又幽默,古老的传说只要经过她的叙述,就变得非常的生动迷人。"她讲"水漫金山",于是有了鲁迅后来的杂文《论雷峰塔的倒掉》。

他的母亲喜欢看小说、听社戏。他便经常跟着母亲去30多里外的外婆家安桥头村,划船、看戏、放牛、钓虾、捉鱼、摘罗汉果、看煮盐和观潮等。鲁迅的童年过得丰富多彩,无拘无束。这些经历,我们在他的《社戏》一文中就能对他的快乐感同身受。

而他的保姆长妈妈给他讲故事,还送他绘本《山海经》,小鲁迅爱不释手,经常拿起来反复阅读,描绘绣像,对他后来的美术修养产生了很多影响。

鲁迅的童年前半段是幸福的,他在三个女人的关爱中长大。

(二)对父亲周伯宜:强烈的爱意和深深的愧疚

鲁迅出身清末的官宦世家,祖父是清朝官员,但为了帮助长子周伯宜中举,贿赂考官不幸被发现,于是祖父犯罪潜逃,周伯宜被官府抓去顶罪。后来祖父自首,周伯宜才被放归。为保住祖父的性命,周家长房每年上下打点官员。从此,家庭败落。此时的鲁迅年仅十几岁,正是天真无忧的少年时光。过去,他也有过快乐的童年生活。但是,祖父的入狱却结束了这一切,并彻底改变了鲁迅今后人生的色彩和走向。

他不仅被嘲笑为"乞食者",而且父亲周伯宜出狱后,开始喜怒无常,时常无缘无故把妻子鲁瑞端来的饭菜摔出窗外,性格变得十分阴沉。因抑郁成疾,加上酗酒、吸鸦片等嗜好,使周伯宜患上了肝硬化一类的疾病。在这段时期中,鲁迅作为长子长孙,不得不过早地扛起家庭的重担,遭受了种种难堪、屈辱、自卑和压抑。

而对于父亲,鲁迅自小可以说对他的美好印象是极少的。在他的散文《五猖会》中"忽然,工人的脸色很谨肃了,我知道有些蹊跷。四面一看,父亲就站在我的背后"。从文字中可以感受到,父亲给小鲁迅带来的窒息感。在他的心中,父亲是一个不苟言笑、家教威严的长辈形象,他埋怨自己因为父亲的严厉失去了许多童年乐趣。但他对父亲又是热爱且愧疚的。在《父亲的病》中,"我有时竟至于电光一闪地想道'还是快一点喘完了罢'觉得思想不该,就是犯了罪。"从这句话中也体会到了他悔恨自己竟蒙生不孝的念头,这让他一辈子都无法安心,永远痛苦。

周伯宜死后,对一个十几岁的孩子来说,无疑是个沉重的打击,没了父亲就好像人生没了方向。

(三)对母亲鲁瑞:爱得深也伤得深

父亲去世后,识大体、决断的、能干的母亲对鲁迅的影响自此无人替代。她在家道中落、早年丧夫的情况下,苦苦撑起了这个家,生活很艰苦,但还是把3个儿子都培养成才。尤其当鲁迅提出去南京求学时,母亲顶住了各方非议和压力,毫不犹豫地变卖首饰作为长子异地求学的川资。母亲竭尽所能地去培养鲁迅,这无疑给了他重新选择、创造自己人生的机会和能力,鲁迅也因此感激母亲。

母亲待人和蔼、宽厚仁慈且有同情之心,她时常把自己不多的零钱拿来救助急需帮助的人,甚至对待佣人,也非常温和。鲁迅深受母亲的影响,他的作品中充满了对弱势群体的悲悯同情,生活中也是尽力对困难的青年学生能帮就帮。

鲁迅还遗传了他母亲疾恶如仇的性格。在北京生活时,每天早上,鲁瑞都会戴上老花镜看报纸,看到不平,会气呼呼地骂一通。鲁迅深感母亲养育自己的不容易,使得他对母亲言听计从、百依百顺,对母亲发自内心的真诚而又炽热的爱。鲁迅在晚年时曾对妻子许广平说:"在这个世界上,除了母亲,我只爱你一个人!"可偏偏是母亲,把他伤得最深,她亲手将鲁迅推进了包办婚姻的坟墓,而鲁迅却只能选择委屈自己,接受了母亲的安排,造就了他一生婚姻的悲剧。提到母亲,鲁迅也说过:"母亲像湿棉袄,脱了觉得冷,穿着觉得也冷。"

三、鲁迅的童年影响、创作心态与作品基调

鲁迅的作品极具风格,他不像郁达夫、郭沫若将留学生孤独寂寞的生活写进自己的文字中,也不像叶圣陶、冰心在苦闷与彷徨中追求爱和美的理想天国,他只会用自己的生活、身边的人和事为素材,对中国封建社会做出掷地有声的批判。

家庭的变故对小鲁迅产生了深刻的影响。此时,周围人的态度变化对他打击很大,天真活泼的童年生活就这样结束了,他过早便看清了社会丑陋、人性卑劣,这使他深切体会到当时国人的"看客"精神。鲁迅的童年经历使得其对旧的社会、旧的人生方式感到彻底地绝望与憎恶,并最终作出成为封建阶级的逆子贰臣这个决定。他身边的亲人一个个惨死、离他而去的不幸命运,则在他心中留下了深深的伤痕,并使他开始陷入了对人生、对死亡的探索和思考。多年以后,鲁迅还非常沉痛地说:"有谁从小康人家而坠入困顿的么,我以为在这途路中,大概可以看见世人的真面

目。"(《呐喊·自序》)

家的影响又何止如此？弥漫在他成长环境中的封建大家族的传统氛围，就像一张无形的巨网，妄想把他永远地禁锢并扼杀其中。我们可以想象，当时的鲁迅是怀着一种怎样的心情走向后来的人生和社会中。在那些年对人世的感慨和洞察的背后，不知隐藏了他多少童年厚重的记忆，也由此影响了鲁迅后来学医和弃医从文的决定，致使后来他字字珠玑、言辞犀利，所写的文章字里行间无不流露出那个时代的不堪与窒息。所以鲁迅能够写出影响了几代人的作品，能够用文字医治国人思想上的病根，能够成为我国现代文学史上的大家，与其童年的悲剧经历有关。家庭的败落使他看到了"世人的真面目"，铸就了他想用文字来唤醒国民的觉醒的思想基础。

正是在这种大环境下，我们从鲁迅的作品中发现了他对于中西、新旧两类文化观念的碰撞之后所产生的内心冲突、无奈不安及敏感矛盾。特别是在他童年体会过封建大家族的聚族而居的生活，那种纠缠、复杂的人际关系，除了与之"决绝""逃到异地"之外，也没有更好的选择。但逃避并不等于解决，当鲁迅数年后在创作中重新面对它们的时候，也就不能不感到"无法排遣的悲哀"与无法解决的伤怀。

可以这么说，鲁迅的作品充斥着一种黑色的悲剧基调，这里聚集着中国封建文化的压迫和那个时代的苦闷悲哀。鲁迅作品中的这种悲剧基调，是与他对"病态社会的不幸的人们"的关注密不可分。所以鲁迅的文字给人印象很有时代强音感。他曾说："偶然得到一个可文章的机会，我便将所谓上流社会的堕落和下层社会的不幸，陆续用短篇小说的形式发表出来了。"鲁迅终其一生追求民主，早在新文学运动开始之际，他就对旧的封建文化宣战，不断与压迫人民的旧观念和旧文化作斗争。他写得最多的、最成功的是"下层社会的不幸"，以及各种各样的悲剧。这一切，归根结底来自鲁迅的童年经历对他的创作影响所造成的必然结果。我们常说,艺术来源于生活,是童年的遭遇所形成的性格发展决定着什么故事被讲述,而不是外在力量的使然。

  鲁迅的童年经历是不可复制的,也是必然会发生的。这段不堪回首的童年时期也造就了后来鲁迅的诸多优秀作品。我们不难从他的散文集《朝花夕拾》中体味这为数不多的童年甜味,与他一同用文字治愈童年带来的伤痕。也许,年少的我们没有经历过他的童年,他的文字对我们来说晦涩难懂。随着岁月的推进,我们慢慢也体会到了生活的无力感,重读先生作品,我们开始理解他文字背后深藏的呐喊。他的事迹永远不会磨灭,而他也永远是我们的"民族魂"。

编后记

　　2023年是《呐喊》发表100周年。1923年8月,《呐喊》由北大新潮社初版印行,收录了包括《狂人日记》《阿Q正传》《孔乙己》《故乡》在内的15篇小说。此时正是封建主义与资本主义社会交替,社会矛盾最突出、最黑暗的一段时间。鲁迅把当时的社会比喻成一座封闭的"铁屋子"。这部小说对于当时的黑暗社会,无异于在密闭的"铁屋子"里照进了一道光,划破了黑暗,唤醒了国人。《四面出击读〈故乡〉》一文作者通过对鲁迅的日记、书信、创作和翻译,旁及相关资料和研究,将鲁迅的创作活动还原到历史的脉络中,回到文学现场,成功让作品鲜活了起来。《论〈阿Q正传〉的"绍兴戏"改编》一文则通过对绍剧《阿Q正传》和莲花落《阿Q与辫子》《阿Q进城》等改编自《阿Q正传》的"绍兴戏"的研究,展现了鲁迅小说本身的艺术价值和绍兴特色剧种的思想内涵。《百年已逝　〈呐喊〉有声》一文以《呐喊》中收录的多篇文章为例,寻找那些黑暗中发出的微光,绝望里长出的新芽,致敬《呐喊》百年诞辰。

　　日本文化得益汉文化影响甚多,日本人对汉诗情有独钟,鲁迅一生与日本人交往很多,赠诗是其很有特色的交往方式。《翘首东云惹梦思——鲁迅诗赠日本友人》罗列了多首鲁迅赠与日本友人的诗作,除了对诗作的注释,还通过鲁迅自己记述、他人回忆等,完整还原了当时的场景,详细阐述了鲁迅当时作诗的背景、成因。作者涉猎之广博,足见一斑。

　　《绍兴鲁迅纪念馆藏三封名人家书释读》详细介绍了绍兴鲁迅纪念馆藏的鲁迅、周建人、许寿裳的三封家书。随着时间的远去，历史的轮廓也逐渐隐去它本来的姿态，这些珍贵的文物藏品抹去了蒙在历史上的尘垢，还原出本来的面貌，是研究鲁迅，了解那时期与鲁迅相关人物最宝贵的资料。

鲁迅的生活、生存、生命与绍兴息息相关。《鲁迅精神和会稽风度》一文选取了鲁迅与五位会稽名士的精神灵犀，分别从陆游的诗魂、徐渭的奇才、张岱的史识、王思任的文魄、李慈铭的厉风等方面来阐述，"身为越人，未亡斯义"的鲁迅，从越中前贤那里找到了人格榜样和精神偶像。《鲁迅文化与"於越"基因》又从越人尚"乌"的角度，展现了鲁迅身上独有的"会稽风度"——铮硬的石骨与慷慨的剑气。

鲁迅于1924年3月，发表《彷徨》中的首篇小说《祝福》，塑造的祥林嫂这个人物虽脍炙人口，但一直不被一些学者、评论家看好。《百岁祥林嫂——"精神之母"论》一文为祥林嫂正名，还原了一个纯洁、善良、坚毅、拥有朴厚的性格和灵魂的祥林嫂。作者称其是鲁迅塑造的唯一正面典型，虽系生存在社会底层的卑贱女人，却保有并维护人的本性和自身尊严，是国人的精神之母。

中国的祭祀文化历史悠久，鲁迅周氏家族族中就有两个重要的祭祖仪式，一为"佩公祭"，一为"智公祭"，《覆盆桥周氏房族"智公祭"刍议》从现有的文献资料中，详细解读了其中的"智公祭"，同时推导出"智公祭"相对合理的名称。

《鲁迅著译编广告辑校（上）》一文作者收集了鲁迅著译编作品的广告文字近百则，按时间顺序进行辑校，有助于我们了解作品出版时的原始风貌，洞察鲁迅作品传播的方式，弄清作品的销售情况，以及窥探鲁迅的文坛境遇等。

"与鲁迅有关的人物像传"专栏今年依旧推出了20位与鲁迅相关的人物，除了其生卒年、籍贯、主要学历、简历，工作成果或学术成就、社会影响等外，还叙述了鲁迅与传主的关系并略加评价。辅以照片、画像更有助于对传主和鲁迅作品的理解。"鲁迅活动

"采撷"版块则着重展示了"古越精神：从大禹到鲁迅"青年学术工作坊这个活动的成果。进一步诠释鲁迅与绍兴名人的根脉传承，打造了属于绍兴自己的"大师对话"。

  本刊欢迎鲁迅研究界同仁及其他对鲁迅研究感兴趣的人士赐稿。本刊整体版权属于《绍兴鲁迅研究》所有，未经许可，不得以任何方式复制、选编。经许可需在其他出版物上发表或转载的，须注明"本文首发于《绍兴鲁迅研究》"字样。

  为扩大本刊及作者知识信息交流渠道，本刊已加入"中国知网"（光盘版）电子期刊出版系统，作者的著作权使用费与本刊稿费将一次性给付，如作者不同意编入该数据库，请于提交论文时向本刊说明。凡在投稿时未作特别声明的，本刊视同作者已认可其论文入编有关电子出版物。

编　者
2023 年 6 月

编委主任：龚　凌

编　　委：(按姓氏笔画为序)

　　　　　田　菁　任　凌　刘维佳　孙　蓝　李秋叶
　　　　　张　许　陈丽君　邵　炯　卓光平　周玉儿
　　　　　胡静雯　胡慧丽　洪志祥　曹　冰　龚　凌
　　　　　尉　加　傅　键　谢依娜　蔡凌飞

主　　编：周玉儿

副 主 编：卓光平

封面设计：陈建明　赵国华

图书在版编目(CIP)数据

绍兴鲁迅研究. 2023 / 绍兴鲁迅纪念馆,绍兴市鲁迅研究中心,绍兴市鲁迅研究会编. — 上海：上海社会科学院出版社,2023
ISBN 978-7-5520-4224-5

Ⅰ.①绍… Ⅱ.①绍…②绍…③绍… Ⅲ.①鲁迅(1881—2022)—人物研究—文集②鲁迅著作研究—文集 Ⅳ.①K825.6-53②I210.97-53

中国国家版本馆CIP数据核字(2023)第163603号

绍兴鲁迅研究 2023

绍兴鲁迅纪念馆、绍兴市鲁迅研究中心、绍兴市鲁迅研究会　编
责任编辑：章斯睿
封面设计：陈建明、赵国华
出版发行：上海社会科学院出版社
　　　　　上海顺昌路622号　邮编200025
　　　　　电话总机021-63315947　销售热线021-53063735
　　　　　http://www.sassp.cn　E-mail：sassp@sassp.cn
照　　排：南京前锦排版服务有限公司
印　　刷：上海龙腾印务有限公司
开　　本：890毫米×1240毫米　1/32
印　　张：11.375
插　　页：2
字　　数：294千
版　　次：2023年8月第1版　2023年8月第1次印刷

ISBN 978-7-5520-4224-5/K·703　　　定价：88.00元

版权所有　翻印必究